JN220357

近世新潟の城と陣屋

杉浦昭博
Sugiura Akihiro

随想舎

はじめに

新潟の近世城郭史には三つの大きな転機があった。その第一は慶長三年（一五九八）。上杉景勝の会津移封に伴い、多くの国人領主たちが越後を去っていった時である。上杉氏に代わって入部した堀秀治、村上頼勝、溝口秀勝等豊臣大名は、上杉時代から脱却した新たな支配を確立するために、それぞれの本拠としていわゆる織豊系の城郭を築く一方で、旧上杉家臣の在地城館の大多数を廃したのであった。

二度目の大きな転機は、上杉氏の後に越後国主となった堀氏の改

易である。即ち慶長十五年（一六一〇）、福嶋城主堀忠俊の改易に伴い、領国内に堀氏支城として残っていた上杉氏以来の中世山城が廃城となったが、それは越後国内の中世城郭の終焉をも意味する出来事であった。

さらに堀氏の後、高田に新城を築いた松平忠輝が元和二年（一六一六）改易になった事件が越後近世城郭史三度目の転機となった。この時、旧高田領は幕領と五藩（高田、長峰、藤井、長岡、三条）に分割され、越後佐渡には中小数藩の領分、飛地と幕府領が複雑に交錯して存在する幕藩体制が現出した。以降、高田、村上、新発田、長岡の四大城郭とその他の城、陣屋に大別される「近世新潟の城と陣屋」が幕末まで続いたのであった。

本書では、堀氏改易以降に越後国内に存在した大名の居城と陣屋、旗本陣屋、越後飛地を支配した越後国外大名の出張陣屋、新潟と佐渡の奉行所と幕府代官陣屋、幕府代官出張陣屋を詳述し、台場や関所などを補足した。

加えて堀氏が支城として存続させた旧上杉氏城郭の概略を記し、最後に新潟県内の城郭建築遺構と再建建物を付記している。

新発田城御三階櫓

近世新潟の城と陣屋

目次

はじめに　2

第一章　主な居城と大名陣屋　13

高田城……15
村上城……24
新発田城……34
長岡城……46
村松陣屋（城）……51
与板陣屋（城）……54
椎谷陣屋……61
三根山陣屋……64
黒川陣屋……66
三日市（館村）陣屋……69
糸魚川陣屋……72

第二章　その他の城郭・大名陣屋　75

福嶋城……77
津川城……80
清崎城……82
長峰城……84
三条城……86
藤井城……90

稲葉氏小島谷陣屋正門

沢海城……91
安田城……93
高柳陣屋……94

第三章 旗本陣屋 95

溝口氏豊浦陣屋（池之端陣屋）……97
溝口氏切梅陣屋……98
溝口氏二ツ堂陣屋……99
溝口氏水原陣屋……100
溝口氏山口陣屋……100
小浜氏沢海陣屋……101
安藤氏春日陣屋……102
稲葉氏小島谷陣屋……103
松平氏高野陣屋……105
◆近世新潟の城と陣屋（大名・旗本）存在期間年表……106

第四章 諸藩出張陣屋 107

高田藩今町出張陣屋……109
高田藩堀之内出張陣屋……110
高田藩松代出張陣屋……111
高田藩柏崎扇町出張陣屋……112

会津藩津川出張陣屋跡

白河（桑名）藩柏崎大久保出張陣屋……113
白河藩桃川出張陣屋……114
長岡藩巻町出張陣屋……115
長岡藩曽根出張陣屋……116
長岡藩吉田出張陣屋……118
長岡藩三本木出張陣屋……118
長岡藩栃尾出張陣屋……119
村上藩寺泊出張陣屋……120
村上藩燕町出張陣屋……123
村上藩宮前出張陣屋……123
村上藩三条出張陣屋……124
椎谷藩橋田出張陣屋……125
糸魚川藩須原出張陣屋……126
高崎藩一の木戸出張陣屋……127
館林藩海老江出張陣屋……128
会津藩津川出張陣屋……129
会津藩福岡出張陣屋……130
会津藩小出島出張陣屋……131
会津藩酒屋出張陣屋……132
佐倉藩（淀藩）脇野町出張陣屋……133
沼津藩五泉出張陣屋……134
上山藩七日市出張陣屋……136
米沢藩上関出張陣屋……137

佐渡奉行所玄関

田沼家川浦出張陣屋……138
田沼家上出出張陣屋……139
一橋家荒川出張陣屋……140

第五章　天領陣屋　141

(一) 奉行所
佐渡奉行所……143
新潟奉行所……148
(二) 幕府代官本陣屋
黒井代官陣屋……151
四ケ所代官陣屋……151
潟町代官陣屋……151
馬正面代官陣屋……152
福田代官陣屋……152
黒川代官陣屋……153
楯代官陣屋……153
館村代官陣屋……153
出雲崎代官陣屋……154
川浦代官陣屋……156
新井代官陣屋……159
吉木代官陣屋……160
高野代官陣屋……161

水原代官陣屋役所建物

小千谷代官陣屋……162
十日町代官陣屋……165
石瀬代官陣屋……166
水原代官陣屋……167
脇野町代官陣屋……170

（三）幕府代官出張陣屋

能生出張陣屋……173
桂出張陣屋……174
糸魚川出張陣屋……174
梶屋敷出張陣屋……174
戸野目出張陣屋……175
百間町出張陣屋……175
稲村出張陣屋……176
真砂出張陣屋……176
上三分一出張陣屋……176
安塚出張陣屋……177
小泉出張陣屋……177
下条出張陣屋……177
大久保出張陣屋……178
比角出張陣屋……178
半田出張陣屋……178
宮川出張陣屋……178
満願寺出張陣屋……179

塚野山出張陣屋跡

沢海出張陣屋……180
竹森出張陣屋……180
塚野山出張陣屋……181
千谷沢出張陣屋……182
相野原出張陣屋……183
浦出張陣屋……183
千手出張陣屋……184
上野出張陣屋……185
中条出張陣屋……185
塩澤出張陣屋……186
六日町出張陣屋……188
浦佐出張陣屋……189
大崎出張陣屋……189
片田出張陣屋……189
虫野出張陣屋……189
塩野町出張陣屋……190
鶴子銀山出張陣屋……191
小木出張陣屋……192
河原田出張陣屋……193
湊出張陣屋……195
越後府……196
◆代官陣屋に関わる用語について……198

関川関所

第六章　関所・台場・その他　199

(一)　関所、口留番所
関川関所……200
鉢崎関所……201
市振関所……202
虫川関所・山口関所……203
八木沢口留番所（荒砥城）……204
その他の主な口留番所……205
(二)　台　場……208
【村上市】　岩ヶ崎台場　【新潟市】　洲崎台場　関屋浜台場　五十嵐浜台場
【柏崎市】　沼垂台場　池の平台場　大浜平台場　後山台場　番神岬台場
鯨波台場　青海川向田台場　笠島岩の谷台場　【上越市】　竹ヶ鼻台場
柿崎鍋屋町台場　上下浜堂の鼻台場　下土底塩地頭台場
行野浜古宮台場　高崎新田市野町台場　今町塩谷新田台場
虫生岩戸台場　長浜台場　有間川家浦台場　名立小泊浜平台場
【糸魚川市】　徳合馬鍬台場　藤崎塩浜台場　能生町古川尻台場
鬼伏崩山台場　田伏台場　中宿扇谷台場　須沢台場　青海荒登台場
外波台場　風羽見台場　市振角が鼻台場　【佐渡市】　小川台場
浜梅津台場　春日台場　住吉台場　小木台場　真野台場　二見台場
春日崎台場
◆高田藩の台場・幕末の新潟湊……218

春日山城本丸遠望

(三) 堀氏が使用した中世城郭
春日山城……220
栃尾城……223
下倉城……224
犬伏城……225
直峰城……226
根知城……227
渡部城……228
護摩堂城……229
坂戸城……230
桐沢城……231
蔵王堂城……232

附章

新潟県内の城郭建造物 233
柿崎城 搦手門……238
北条城 豆の口門……239
北条城 裏門……240
羽茂城 裏門……241
沢根城 長屋門……242
江上館 南門 北門 宿直所 板蔵……243
節黒城 模擬物見櫓……245
茶臼山城 模擬物見櫓・井戸屋形……246

松代城模擬天守

松代城　模擬天守……247
室野城　冠木門……248
勝山城模擬　天守・柿崎城展望台・鷹持城展望台……249
木場城展望台・剣ヶ峰城　展望台……250
大面城　冠木門・朝日城　展望台・天神山城　冠木門……251
県内の城郭風建物……252
◆移築城門について……253
「近世新潟の城と陣屋」について……254
参考書籍と現地調査……257
あとがき……270

凡例

◆本書に掲載している地図及び縄張図などの図面は、全て上を北とする。なお、紙面構成の都合から、縮尺は統一していない。

◆くるわ表記について、固有名称がある場合はこれに従い「曲輪」もしくは「郭」を、一般名称としては「郭」字を当てた。

◆本書に掲載した城や陣屋のイラスト画は、古絵図や平面図を参考に筆者が描いた。これらは全くの空想画ではないが、たとえば屋根の形態など、事実が詳細に検証できていない部分もあることから、「復元」ではなく、「情景」という語を用いた。

◆城館遺跡の様子は、土地利用の変化や公園化などに伴い、今後も変貌していくことが予想される。そこで、本書の記述がいつの時点のものか明確にするために、巻末索引にそれぞれの遺構を本格的に調査した初回日と最新日を明示した。

第一章　主な居城と大名陣屋

主な居城と大名陣屋

越後には近世城郭として、上越に高田城、中越に長岡城、下越に新発田城と村上城が存在した。高田城、長岡城、新発田城は平城であり、村上城は山城と山麓の居館部から成る城であった。また、高田城と長岡城は土塁造り、新発田城と村上城は石垣を多用した城で、四城ともある時期に天守（御三階櫓）を揚げていた。高田城と長岡城は近世になってから新たに築かれた城郭であったが、新発田城と村上城は中世城郭を引き継いで近世に入り大規模な改修が行われた城であり、特に村上城は山城部に中世城郭の遺構を残しつつ近世城郭に発展した城であった。

越後は穀倉地帯であり、特に高田は軍事的にも重要視されて江戸初期には大身の将軍家一族が配置され、石高も二十万石を越えたが、越後騒動以降は七万石から十五万石程度の親藩大名が四代入れ替わり明治に至った。村上城も城主の交代が激しく、五万石から十五万石の大名が八代交代した。一方、長岡城主は堀氏と牧野氏の二家だけであり、新発田城は城主溝口氏の支配が江戸時代を通して続いた。

幕末に存在していた一万石以上の大名陣屋は七カ所である。この内、村松、与板、椎谷、三根山陣屋は江戸期新規造営で、黒川と三日市陣屋は幕府代官陣屋を大名陣屋に取り立てた陣屋であった。村松、与板、椎谷は陣屋町を形成し、軍事的経済的に在地支配の中核となったが、三根山、黒川、三日市は定府大名で、陣屋も軍事要素の少ない構造のものであった。また、糸魚川陣屋は江戸中期に旧城地から街道筋へ移転し、幕末に再び旧地へ戻された経歴を持つ陣屋であった。

高田城《たかだじょう》

上越市本城

◆高田城の別称
鮫が城　高陽城　螺城
関城

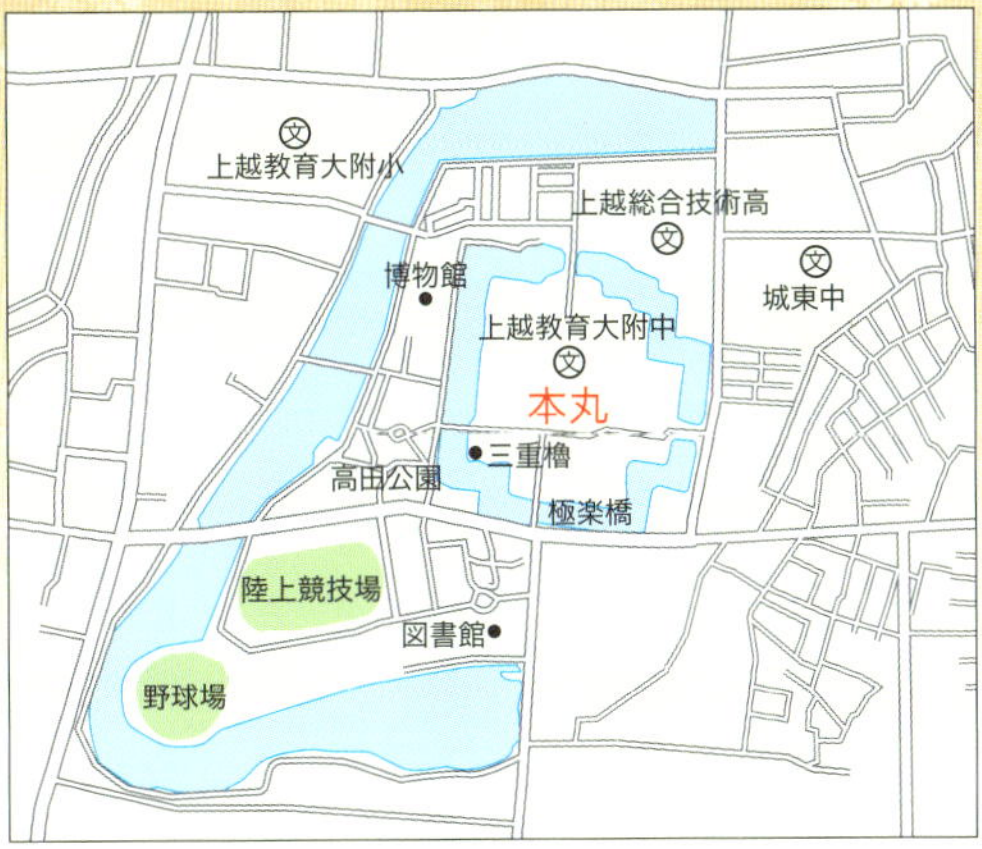

略史

慶長十五年（一六一〇）、徳川家康の六男松平忠輝が越後福島に六十万石で入封した。忠輝の新封は、第一に大坂の豊臣秀頼に対する包囲網の一つであり、また越後に依然影響力を残す上杉氏と加賀の前田氏を抑える目的があった。このため、忠輝は直ちに高田築城に着手し、慶長十九年（一六一四）までに伊達政宗、上杉景勝、前田利常等十三大名の助役普請で新城を完成してこれに移った。特に舅の伊達政宗は自ら采配を振って築城を仕切ったという。

しかし、忠輝には日頃より将軍秀忠に対して不遜の行状が多く、特に大坂の役に際して軍令違反を犯したことが直接の理由となって、元和二年（一六一六）、ついに所領を没収され伊勢に配流となってしまった。

忠輝断絶の後には上野高崎から酒井家次が十万石で入封する。酒井氏は二代にわたり在城するが、高田には徳川一門を置いて北陸支配を安定させたいという幕府の方針から、元和五年（一六一九）、酒井忠勝は信濃川中島へ移封となり、代わって北ノ庄城主松平忠直の弟、松平忠昌が信濃川中島から二十五万石で入封した。

◆**高田大地震**
寛文五年十二月二十七日発生。城や武家屋敷七百余戸と町屋の大半が倒壊、藩は復興のため幕府から五万両を借用した。

本丸虎口桝形跡

　寛永元年（一六二四）、松平忠昌は北ノ庄の越前松平本家を継承することとなり、代わって松平忠直の子、松平光長が新封二十六万石で入封する。

　寛文五年（一六六五）、北陸一帯を襲った大地震により城は大破した。地震後の復興で高田城の城櫓は面目を一新するが、この中で光長は、本丸二階大櫓を三階櫓に改め、以後天守代用とした。この頃は高田城が最も整備された時代であった。しかし、光長は将軍継承問題の際に綱吉を推薦しなかったことが災いし、天和元年（一六八一）、御家騒動（いわゆる越後騒動）で改易、高田藩も廃藩となってしまった。

　四年間の天領代官支配の後、貞享二年（一六八五）、稲葉正通が小田原から十万二千石で入封し、高田藩が再興される。元禄十四年（一七〇一）、正通は下総佐倉へ移封となり、代わって戸田忠真が下総佐倉から六万七千石で入封したが、忠真も宝永七年（一七一〇）、下野宇都宮へ移封となり、戸田氏の後には久松松平定重が伊勢桑名から入封した。高田藩松平氏は五代（定重―定逵―定輝―定儀―定賢）続く。所領は十一万三千石であった。

　寛保元年（一七四一）、松平五代定賢は白河へ移封となり、代わって榊原政永が姫路から十五万石で入封する。以降、榊原氏六代（政永―政敦―正令―政養―政愛―政敬）が明治まで高田藩主を継承した。

　この間、宝暦元年（一七五一）には宝暦大地震により城が大破し、寛文以来の城櫓の再建が行われ、御三階櫓なども復興されたが、享和二年（一八〇二）、今度は火災により多くの殿舎が焼失してしまった。この時

本丸土塁と東不明門脇内堀

も御三階櫓などは再建されたが、弘化四年（一八四七）、世に言う善光寺大地震が発生、またもや城は大破した。

慶応二年（一八六六）、藩は藩校修道館を創設するが、翌年には明治維新となった。高田城は明治三年（一八七〇）、火災により建物の多くを焼失、以後建物に修理を加えないことを願い出てこれが許され、荒廃した。

明治四年（一八七一）、城跡は高田県庁となるが、同年の内に柏崎県に編入され、高田県は廃止。この頃から外堀で蓮の栽培が始められた。明治四十一年、城跡が陸軍第十三師団の駐屯地となり、二の丸、三の丸の土塁を撤去、一部堀の埋め立てが行われた。以後高田は軍都として歩むこととなる。

◆越後騒動

松平光長は越前松平忠直の長子で御三家に次ぐ待遇を幕府から与えられ、「越後中将家」と呼ばれた。しかし光長の嫡子綱賢は父に先立って病死、跡継ぎを巡って家老の小栗美作と反対派の永見大蔵の対立が起きると、光長は自ら収拾できずに公儀評定となった。一旦採決が成されたものの、一方が不服を申し立て再審を願い出たために今度は前例のない将軍親裁となり、結果、両者成敗、中将家は取潰しとなった。

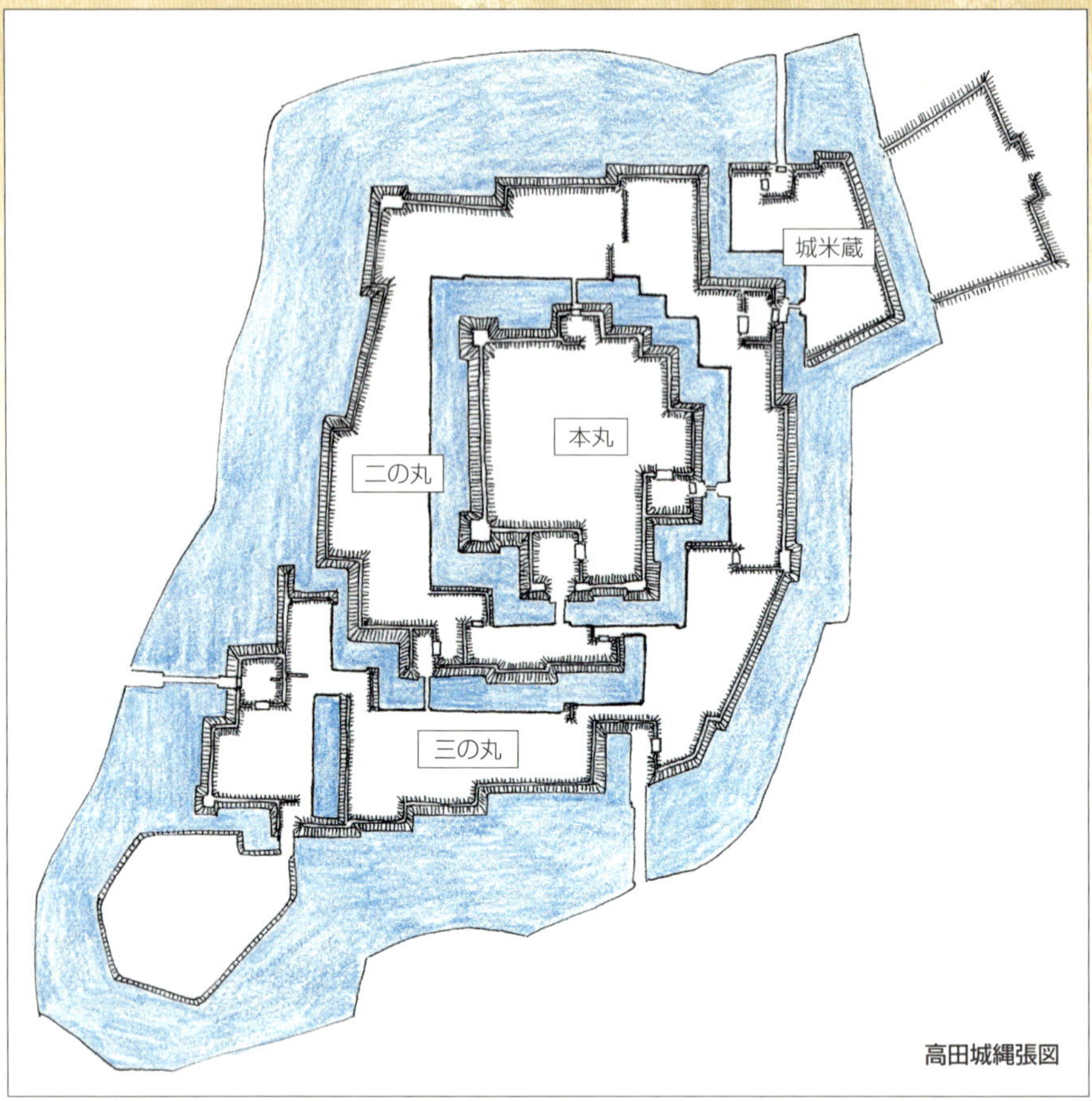

高田城縄張図

二　構造

高田城は高田平野の中心に築かれた平城である。本丸（一辺二二〇m）と二の丸（四〇〇m四方）が輪郭式に展開し、北東と南西に三の丸が出丸状に築かれた。城域は東西六〇〇m、南北一〇〇〇mに及ぶ。

（一）本丸

南西隅に二階大櫓が築かれたが、これは松平光長の時代に御三階櫓に改められた。櫓は東南隅と北西隅にもあった。また本丸表門である本城御門（桝形。櫓門。一の門高麗門は極楽橋門と呼ばれた）の両脇にも二重櫓（後に多聞櫓）が構えられた。本丸虎口は他に東不明門（桝形。櫓門と高麗門）と北不明門（桝形。櫓門と高麗門）があった。特に東大

◆**桝形**
城の出入り口（虎口）を守るために設けられた方形の区画。大きくは外桝形と内桝形に分けられる。

「高田城絵図」をもとに復元した御三階櫓
初重、三重の切妻破風や真壁造は再建櫓同様だが、初重の大入母屋はない。

手門はかつての春日山城大手門で、福嶋城表門として移築されていたものを再々移築したと伝えられている。

（二）二の丸

本城御門の馬出となっている南部には東西に仕切り門があり、三の丸に対しては南西（桝形。櫓門）、北東（桝形。櫓門と一の門高麗門）に虎口があった。また、南門（桝形。櫓門）からは直接に城外勝曲輪へ出ることができた。二の丸内には城代屋敷や武具蔵、煙硝蔵などがあり、郭内はさらに、人質曲輪（南西部）、北の丸（北部）、八幡丸（南東部）などに分かれていて、それぞれの間に仕切り門があった。

本城御門

松平忠輝時代の本丸南虎口情景

（三）三の丸

二の丸の南西に突き出した三の丸は陽戦曲輪とも呼ばれ、南と西に虎口があり、西の虎口が大手口となって桝形門（櫓門と高麗門）が構えられた。大手桝形は虎乱郭とも呼ばれ、桝形を入ったところに役所があった。

（四）三の丸城米蔵

二の丸の東門外に位置する大きな馬出曲輪である。別称を狐丸、山里丸、内出丸と言った。城外に向けては北に狐門があり、さらに堀を隔てて外出丸があった。総構えは関川と矢代川を外堀に見立て、西から南にかけて堀を掘って備えた。西を不破騎曲輪、南東を甲陽曲輪、南を勝曲輪などと記した古絵図がある。

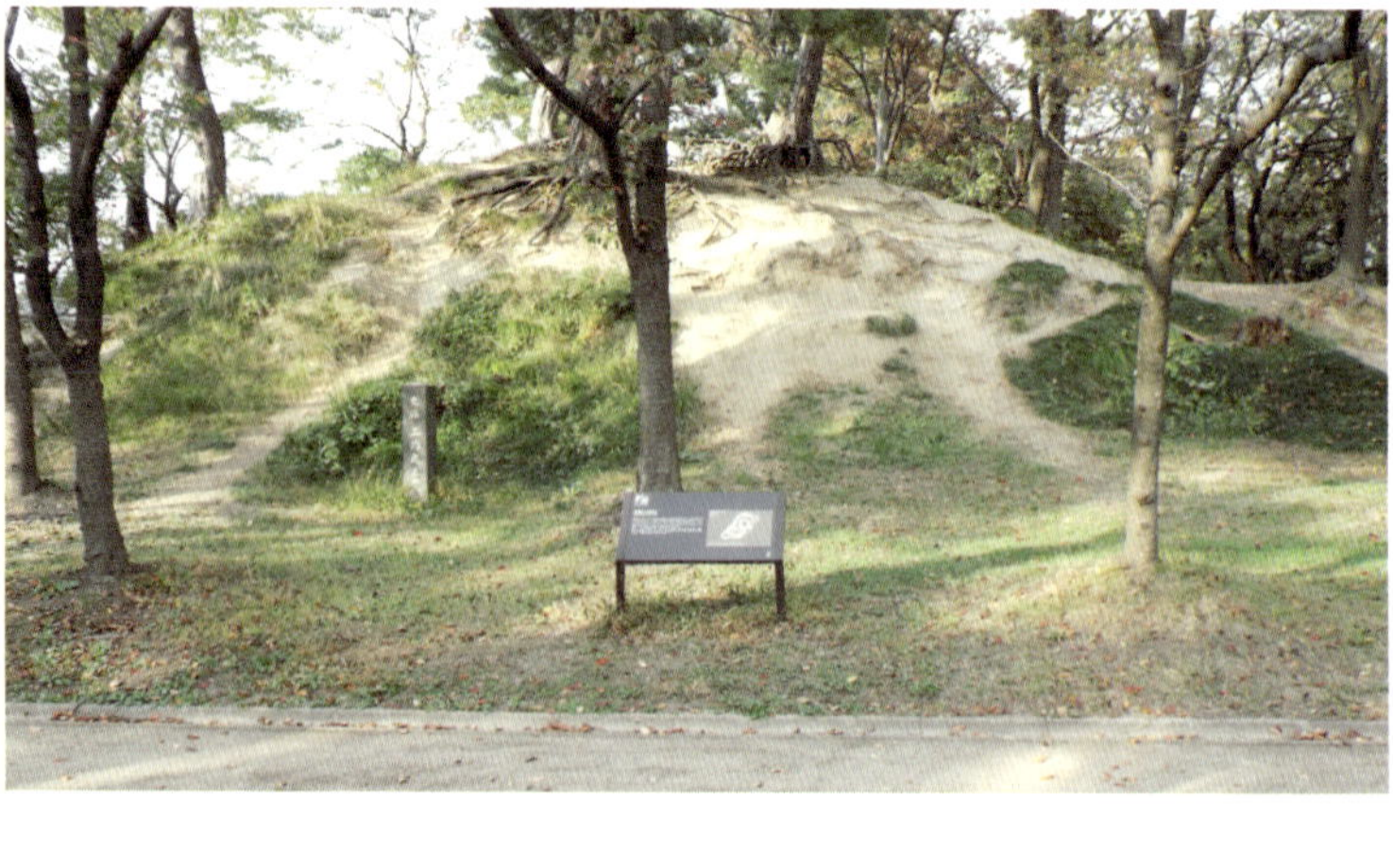

二の丸土塁の残欠

西外堀の蓮

◆高田城跡の蓮と桜

高田城跡西堀の蓮は明治四年に保坂貞吉が凶作に備えて植えた蓮根が増えたもの。日本三大夜桜に数えられる高田公園の桜は、明治四十二年に在郷軍人団が植えたことが始まりである。

三 遺構

（一）土木遺構

現在、本丸と二の丸の南半は高田公園となって、内堀と二の丸の北から南西にかけての広大な外堀が残っている。しかし、本丸虎口の土塁は明治四十一年の陸軍第十三師団駐屯地になった際に切り崩されて三か所すべての桝形を失った。なお復興三重櫓下の西虎口と土橋は新規に造られたものである。本丸内には上越教育大学付属中学校があるため、公園として開放されているのは郭の南半のみとなっている。

二の丸、三の丸の北から東にかけては学校や住宅が立ち並び、城の遺構は全く失われた。西から南側も公園の中に総合博物館や陸上競技場など様々な施設があって、かつて複雑に曲輪を隔てていた土塁や中濠は残っていない。特に土塁はほぼ全壊の状態である。

それでも高田公園は、春の桜と広大な西外堀の蓮の花が全国的に有名で、多くの観光客で賑わう都市公園となっている。

内堀と本丸南西隅土塁

本丸三重櫓西面

（二）建　築

◆本丸三重櫓

平成五年に木造で復興した。この場所には往時、天守代用とみなされた大櫓があった。

櫓の復興にあたっては櫓台の発掘調査が行われ、建設規模は調査結果に基づいている。しかし外観は、松平光長時代の『本丸御殿絵図』や稲葉正通時代の『高田城図間尺』に準じたものの、建築の詳細については同時代の各地の城郭を参考とせざるを得ず、厳密な意味の復元建築ではない。

◆模擬木戸

本丸内の公園整備に伴い、南の虎口内に冠木門と木戸が設けられた時期があったが、現在は撤去されている。

本丸南門内木戸（平成８年）

◆極楽橋

本丸と二の丸を結ぶ南虎口に架けられた橋。一九九九年に往時のままの姿で木造復元された。

復元　極楽橋

◆高田の口留番所

高田城下には伊勢町、陀羅尼町、鍋屋町に口留番所があり、城下の出入り警備や運上金の取り立てを行っていた。榊原時代には領国内に二十三か所の口留番所が設けられていた。いずれも遺構はない。

奥州街道鍋屋町口留番所跡

村上城《むらかみじょう》

村上市本町

◆村上城の別称
舞鶴城

一 略史

村上城は中世以来の国人領主本庄氏の居城であった。本庄氏は繁長の時に上杉謙信と対立するが、後に臣下、慶長三年（一五九八）の上杉景勝会津転封に従って越後を去った。

替わって村上城に入ったのは堀秀治の与力大名村上頼勝で、越前から九万石で入城し、石垣を普請、八つの櫓を揚げるなど村上城を近世城郭に改修した。村上氏は元和四年（一六一八）、頼勝の子忠勝のとき、家中騒動により領地没収となり、堀直寄が長岡から十万石で入封した。

元和五年（一六一九）、直寄は城の拡張整備に着手する。三階天守を揚げ、本丸・二の丸石垣などを整備して屋敷を築き、城下も整えた。寛永十九年（一六四二）堀家は無嗣断絶。正保元年（一六四四）、堀氏に替わって本多忠義が遠江掛川から十万石で入封。慶安二年（一六四九）には松平直矩が姫路から十五万石で入った。

直矩は寛文元年（一六六一）から堀氏が整えた城の改修に着手、本丸を再整備して同三年には切妻破風付三階天守を造営した。城の改修は同五年に完成するが、同七年、直矩は姫路に転封となった。直矩の後

本丸高石垣

には榊原政倫が姫路から十五万石で入封したが、その直後、落雷で天守が焼失。以後、天守は再建されなかった。

宝永元年（一七〇四）、榊原二代政邦に替わり本多忠孝が姫路から入封、十五万石を領したが、同七年には本多二代忠良に替わって大河内松平輝貞が高崎から入封し、村上藩の石高は七万二千石となった。さらに享保二年（一七一七）、間部詮房が高崎から入封したが、石高は五万石と松平、榊原、本多氏時代の三分の一に減少した。詮房入封の翌年、落雷で鐘の丸櫓が焼失している。

享保五年（一七二〇）、大阪城代を辞し領地を村上に移した内藤弌信が、間部二代詮言に替わって入封して以来、村上は内藤氏五万石支配（弌信―信輝―信興―信旭―信凭―信敦―信親―信民―信美）で明治を迎えた。内藤氏時代には宝暦二年（一七五二）に中の門が焼失、安永七年（一七七八）には大火があり、本丸、二の丸を始め主要な門櫓を焼失している。

慶応四年（一八六八）の戊辰戦争では藩論が統一できないまま新政府軍の攻撃を受けたため、山麓の居館を自焼して開城した。明治四年（一八七一）、山麓城跡は村上県庁となるが、同年新潟県に編入され廃止。同六年には城の取り壊しが始まり、同八年頃までに本丸を含め全ての建物が解体された。

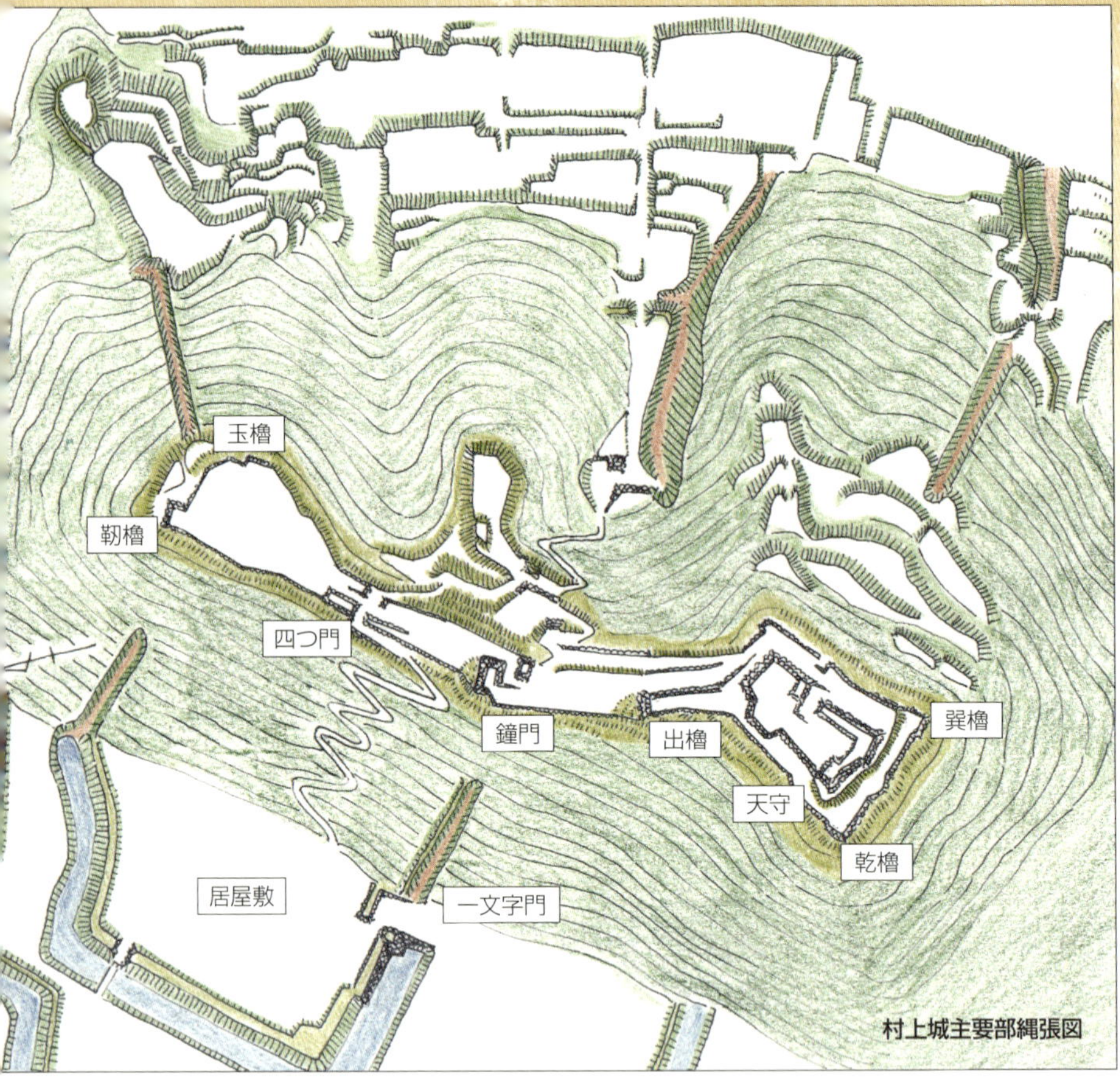

村上城主要部縄張図

二 構造

村上城は標高百三十ｍの山城要害と西側の山麓居館とから成り立っている。山城の主要部分は総石垣造りで各所に折があり、虎口には桝形が多用されていて堅固である。山城から東山腹に展開する段状の腰曲輪群は中世村上城の遺構と考えられ、複雑な構造と縦堀の様子から、中世においてはこちら側が城の表であったことが分かる。

一方、西山麓の居屋敷は堀氏によって整備されたもので、山上の諸施設が失われた後は城機能の中枢となった。さらに西に広がる町屋をも外郭に取り込み、堀と土塁、諸門を築いて城と一体化していた。

(一) 本　丸

山上の本丸は総石垣造りで、天

堀氏創建の村上城天守想定復元図
白漆喰大壁造で三重に切妻破風が付く。（財 文化財建造物保存技術協会作成図をもとに想定）

◆**天守の屋根**

天守建築の屋根は通常、本瓦葺きであったが、寒冷地では凍害を受けるため、瓦の使用を断念して柿葺き（檜皮葺）や銅板葺、鉛葺とした天守があった。

守が揚げられていた。天守は遺構の状況から瓦葺ではなく檜皮葺もしくは銅板葺で三階建と推定されるが、指図などがなく外観の様子ははっきりしない。本丸は天守と二階櫓五棟（『正保絵図』）、多聞櫓でほぼ全周を囲み、虎口は櫓御門一か所のみで、枡形虎口（一ノ門は高麗門。）とした。本丸の一段下には腰曲輪（絵図によっては二の丸と称している。）があり、黒門（別称「並び門」）と出櫓多聞（一部二階造り）、平櫓四棟（『宝永絵図』では乾櫓と辰巳櫓を二階櫓とする。）、埋門（『正保絵図』では櫓門。）があった。この内、黒門は下通り門と上通り門を一つに合わせた特異な形態の櫓門であった。これらの諸建築は前述の通

本丸御門の情景

り寛文三年（一六六三）に完成を見たが、同七年十月の落雷によりその多くを焼失した。以降天守の再興はついに行われなかった。

（二）二の丸

二の丸は本丸に至る唯一の郭で、四つ御門（櫓門で北多聞櫓、南多聞櫓が接続する。南多聞櫓は一部二階造り。）、表門（別称鐘御門。渡櫓門で東多聞櫓、西多聞櫓が接続する。）、東門（櫓門。但し宝永絵図では平門。）が設けられていた。

四つ御門は名の通り、東西南北四方向に門が開かれた他に類を見ない形態の櫓門である上、現存石垣から想定される外観はかなり複雑な構造であったと推察される。また、東門を下る城道の山腹及び山麓には坂中門（番所付櫓門）と東口門（別称搦手門。櫓門）があった。

出御櫓、黒門付近の情景

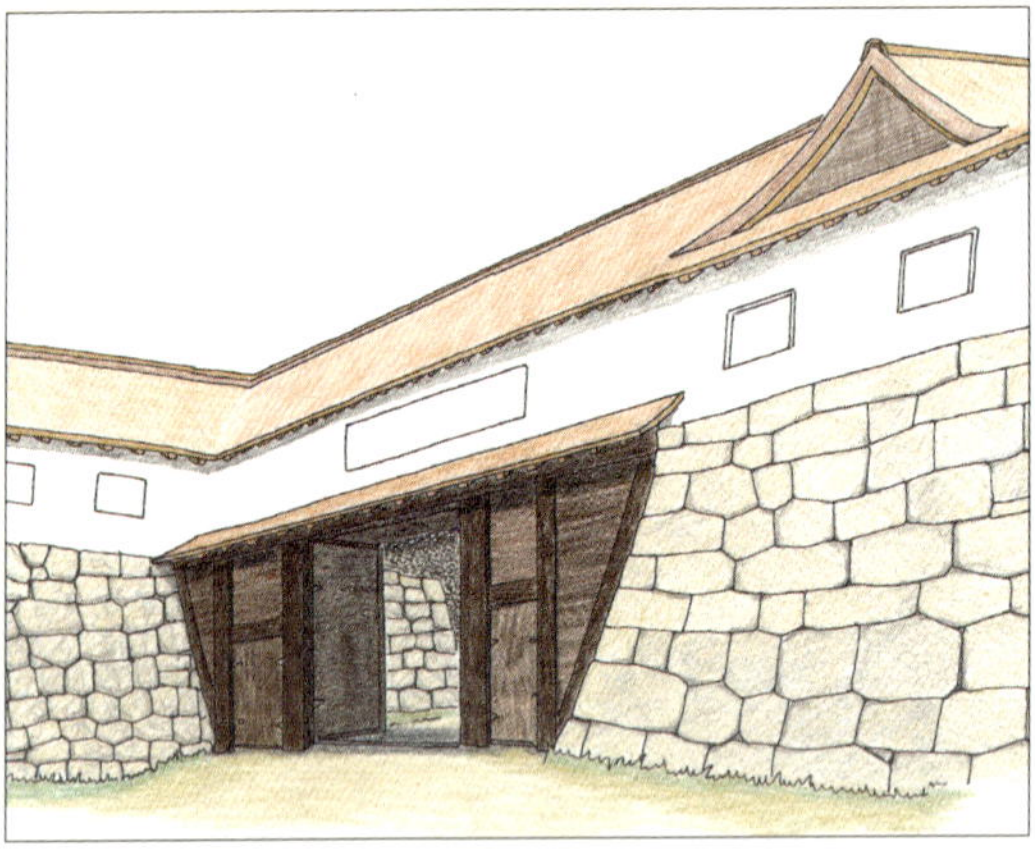
鐘御門の情景

四つ御門石垣

四つ御門想定復元図

（三）三の丸

四つ御門以北を三の丸と称する。四つ御門を抜けて本丸を目指す敵勢を背後から突く役割をもつ郭である。郭の北西隅に靫櫓（平櫓付二階櫓）、北東隅に玉櫓（平櫓付二階櫓）があった。

（四）山麓居館（居屋敷）

西側山麓の曲輪は一部石垣造りで堀を巡らし、江戸中期以降の政庁であった。内には三階櫓一棟、二階櫓二棟、中櫓（平櫓。『宝永絵図』では二階櫓。）と一文字門桝形（渡櫓門続多聞櫓。一の門は高麗門。）、刎橋門（渡櫓門）、榧門（櫓門　『宝永絵図』では平門。）があった。

山麓居館の情景

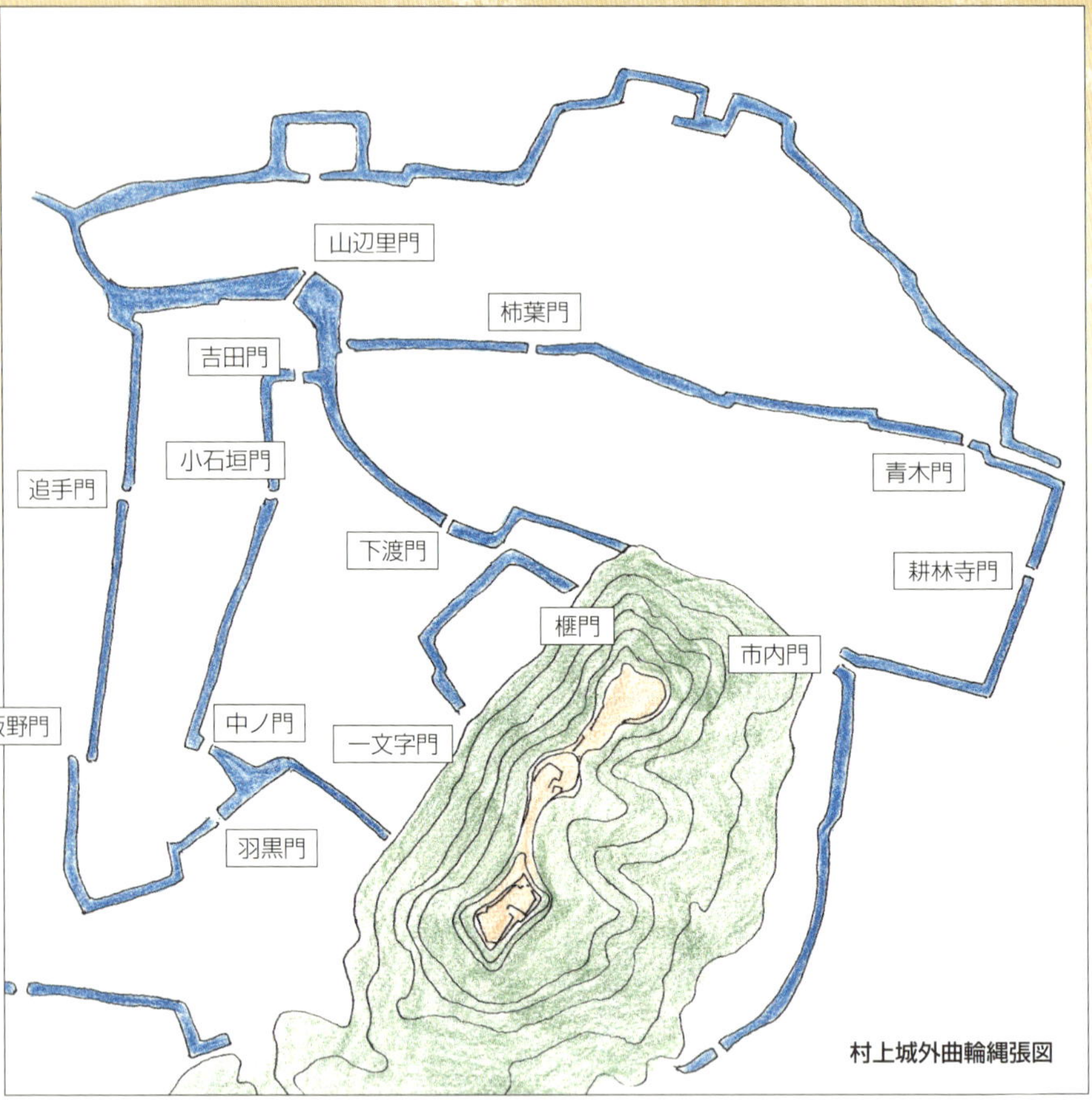

村上城外曲輪縄張図

（五）外曲輪総構

総構えの諸門の様子は明治元年に写生された絵図が残っており、その詳細を知ることができる。同絵図によれば、内側の曲輪に下渡門桝形（別称勘定門。渡櫓門続多聞櫓）、吉田門桝形（別称不明門。渡櫓門）、小石垣門桝形（渡櫓門続多聞櫓。付平櫓あり。）、中の門桝形（渡櫓門続多聞櫓。一の門高麗門）があった。さらにその外郭には山辺里門桝形（渡櫓門　平櫓あり。幕末絵図には二階櫓あり。）、北西隅二重櫓（『正保絵図』にはない。）、大手門桝形（渡櫓門続多聞櫓　一の門高麗門。）、飯野門桝形（渡櫓門続多聞櫓、二階櫓あり）、南西隅平櫓（正保絵図にはない。）、南東隅平櫓（『正保絵図』にはない。）、南東多聞櫓（『正保絵図』にはない。）、羽黒門桝形（渡櫓

◆総構え内の武家屋敷

村上城旧外曲輪内には若林家、旧成田家住宅が残る他、市はまいづる　公園を整備して旧嵩岡家、旧岩間家、旧藤井家の武家住宅を移築、復元保存している。

門続多聞櫓。一の門高麗門）があった。さらに城山北側麓の外郭に市苗門（別称市内門。『宝永絵図』では櫓門。）、耕林寺門桝形（渡櫓門）、青木門桝形（渡櫓門）、秋葉門桝形（渡櫓門）、袋門（別称堀片門。渡櫓門。付平櫓あり）があった。城山東麓の外郭には田口門があった。

下渡門の情景

下渡門現存石垣

山辺里門の情景

本丸櫓御門虎口石垣（往時の情景は27頁）

三　遺構

平成五年、村上城跡は国指定史跡となった。山上には、天守台・本丸虎口跡・二の丸出櫓多聞跡・四つ御門跡・三の丸靫櫓多聞跡などの石垣が残るが、その多くは修復の必要に迫られており、現在も順次積み直しが行われている。

また東山腹には中世村上城の遺構である腰郭跡や土塁、縦堀が山林の中に残っている。

山麓居館部は一部が公園となって一文字門脇の石垣が現存、総構えでは下渡門石垣の一部と藤基神社大土塁がわずかに残存している。

城下には武家構えが数棟遺存するが、城の建築遺構で移築現存しているものはない。

黒門跡と石垣（往時の情景は28頁）

鐘御門桝形石垣（往時の情景は28頁）

外郭土塁

一文字門石垣

城下武家町筋から見た城山

新発田城《しばたじょう》

新発田市大手町

◆新発田城の別称
舟形城　菖蒲城　浮舟城
狐の尾引城

一　略史

中世は新発田氏の本拠であったが、天正十五年（一五八七）に新発田重家は上杉景勝に敵対して滅んだ。慶長三年（一五九八）、越後新国主となった堀秀治の与力大名として加賀大聖寺から溝口秀勝が六万石で入封し、城を大改修した。慶長五年（一六〇〇）秀勝は上杉一揆を鎮圧して所領安堵。慶長十五年（一六一〇）二代宣勝は弟義勝に一万石を分地（沢海藩）し、本家は所領五万石となる。

承応三年（一六五四）三代宣直の時、城の改修を行ったが、寛文八年（一六六八）、三の丸屋敷から出火、本丸藩庁などと二の丸の大半を焼失し、さらに寛文九年（一六六九）には大地震で石垣や土塁の一部が崩落してしまった。再建は寛文十年（一六七〇）から着手され、元禄十三年（一七〇〇）に完成する。本丸の大半は石垣造りとなり、延宝七年（一六七九）には本丸西北隅二階櫓を御三階櫓として新造した。享保四年（一七一九）城下の大火により二の丸、三の丸の一部が延焼するが、延享三年（一七四八）城櫓は再建された。

万延元年（一八六〇）十一代直溥は十万石に加増となる。

旧本丸鉄砲櫓台に移された二の丸隅櫓と土橋門馬出

◆溝口氏
現在の愛知県稲沢市付近の小領主で、甲斐源氏の庶流と称する。秀勝は初め丹羽長秀に仕えたが、天正九年に織田信長に見出され、若狭高浜五千石を与えられた。

慶応四年（一八六八）、藩は新政府軍に付き、奥羽諸藩と戦った。明治二年（一八六九）廃藩。

新発田は幕末まで溝口氏十二代（秀勝―宣勝―宣直―重雄―重元―直治―直温―直養―直侯―直諒―直溥―直正）が在城、慶長以来、城主家の交代は一度もなかった。明治四年（一八七一）、城地は新発田県庁となるが、同年新潟県に編入されて廃止。明治七年（一八七四）東京鎮台所轄となり城櫓の殆どは取り壊された。

二　構造

新発田城は本丸の周囲に内堀を巡らし、外側に二の丸、三の丸を梯郭式に配置。会津・羽前街道が通る南以外の三方は新発田川支流の湿地帯で、平城ながら要害の地であり、水利にも恵まれていた。

（一）本丸

往時は、檜皮葺の藩主居館が曲輪内いっぱいに構えられていた。周囲には土塁と塀が巡り、外側は鉢巻石垣となっており、特に御三階櫓や表門側の西面・南面は全面石垣であった。

虎口は南北にあり、南が表で、現存の表門（櫓門）があった。表門の

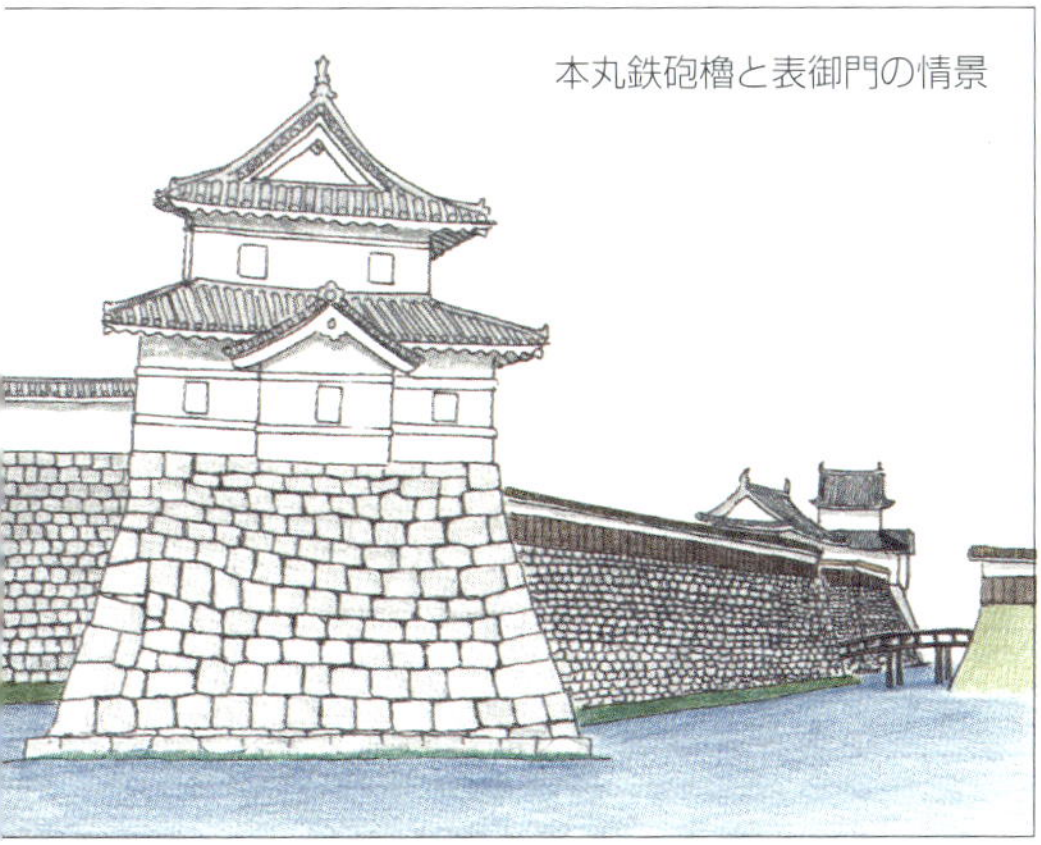
本丸鉄砲櫓と表御門の情景

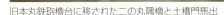

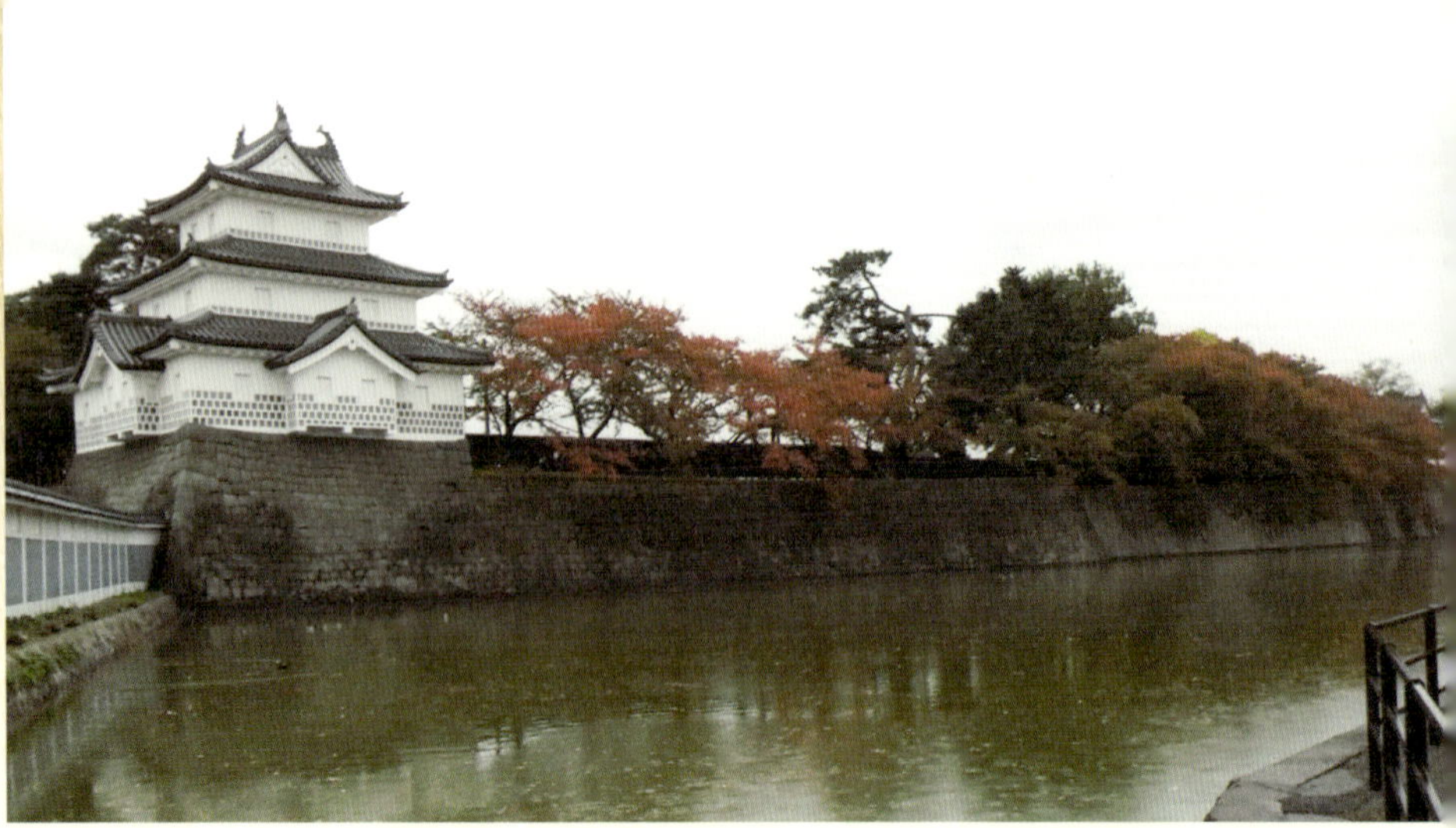

新発田城本丸

外側には橋を越えて馬出状の腰曲輪があり、薬医門の土橋門があった。裏門（櫓門、桝形一の門）は北口で古城と伝わる古丸に通じていた。

本丸北西隅には延宝七年（一六七九）建造の御三階櫓があった。御三階櫓は全国唯一、T字形の三方入母屋屋根に鯱が三匹乗る独特な外観をしており、壁の腰板は海鼠壁となっていた。

この他本丸には、辰巳二重櫓と鉄砲二重櫓、折掛櫓（矩折形腰板張りの平櫓）があった（元禄の再建以前は三重櫓が建つ場所に二重櫓があり、他に平櫓がもう一棟あった）。

（二）二の丸

二の丸は本丸を南から西に囲む曲輪である。内部には家老屋敷など重臣の屋敷があった。表虎口は南側の大手中の門（桝形一の門が櫓門、二の門が高麗門）、搦手は西側に西の門（桝形一の門が櫓門、二の門が高麗門）があり、ともに内桝形を構えていた。

二の丸の内、本丸の北側の部分は特に古丸とも呼ばれ、南部には古丸御殿や蔵屋敷、稲荷社などがあっ

本丸裏御門と折掛櫓付近の情景

◆越後の天守建築

越後には、村上、新発田、長岡、高田の城に天守（御三階）が存在した。この中で現在も見ることができるのは、新発田城復元御三階だけであるが、他の城についても古絵図が残っており、外観を知ることができる。特徴的なのは、全てに切妻出窓が採用されていたことである。特に村上、長岡、高田城では、最上階に切妻出窓があり、これは全国的にも珍しい。

海鼠壁や鉛瓦などのように、切妻出窓は勾欄を巡らせることができない北陸天守特有の寒冷地仕様の一つであったのか。新発田城の三方入母屋造と同様、切妻出窓採用の理由は不明である。

た。虎口は東向きに蔵屋敷に通じる門（平門）があった。櫓は古丸乾櫓（現存。二階櫓）、古丸丑寅櫓（矩折形二階櫓）、二の丸東櫓（二階櫓）、二の丸大手中の門脇櫓（矩折形腰板張りの平櫓）、二の丸西櫓（二階櫓）、西の門脇櫓（二階櫓）の六カ所の櫓があった。これらの櫓の外観は、乾櫓（現存）と東櫓が無破風腰海鼠壁、西櫓と西の門脇櫓が共に白壁切妻破風付で本丸辰巳櫓（復元）と同様であった。丑寅櫓は矩形白壁の重箱櫓で、現存する大坂城乾櫓のような外観をした櫓であった。このような外観の違いは櫓の創建（再建）年の違いが要因であると思われる。

（三）三の丸

三の丸は二の丸の南側を守る曲輪で、内部には家臣屋敷が　軒を連ね、南に外桝形を構えた大手門（桝形一の門が櫓門。二の門に高麗門二棟）があって、大手櫓（二階櫓。無破風腰海鼠壁）が横矢をかけていた。また、菅原門は北西の虎口で、平門であるが、二の丸西櫓から横矢が掛けられるようになっていた。北東虎口には平門の榎門（馬場口門）があったが、これは二の丸大手中の門脇櫓から横矢が掛かるように

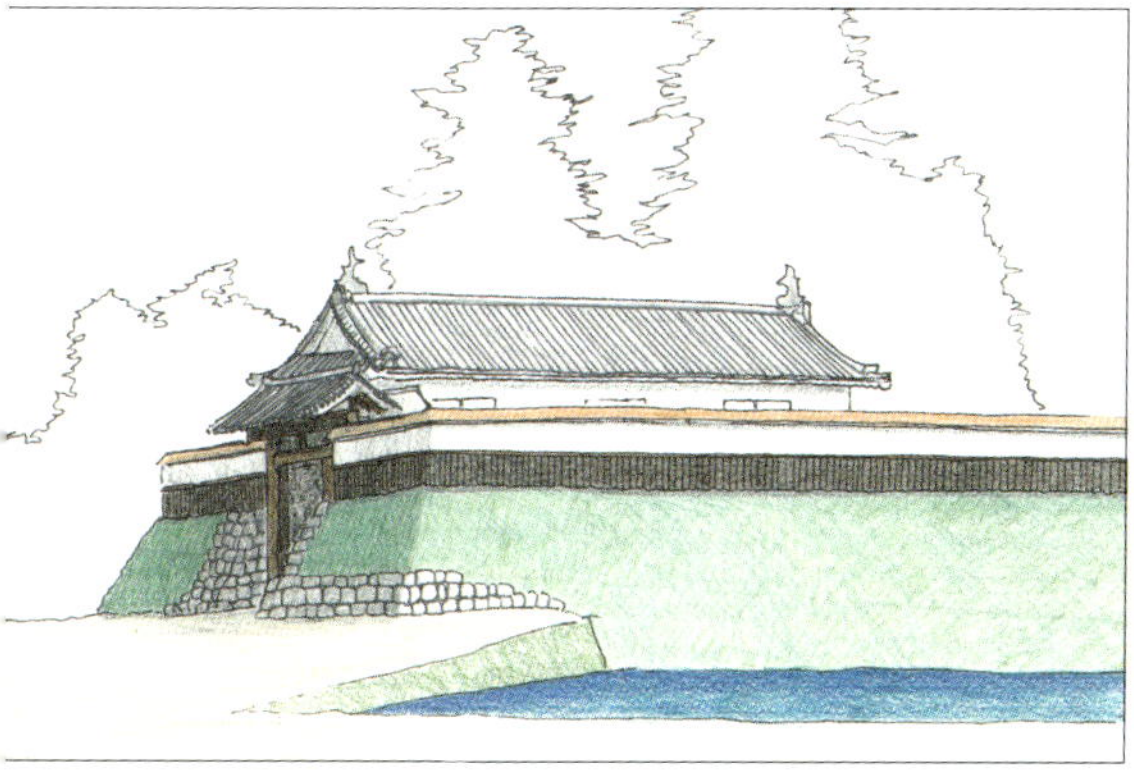

三の丸大手門の情景

なっていた。

三の丸までの城郭を囲むように家中屋敷があり、外曲輪、西曲輪と称されたが、これらを囲む土塁などはなかった。

三　遺構

本丸跡地は陸上自衛隊新発田駐屯地となるが、本丸西縁と表門周辺が史跡公園として石垣、堀を残している。表門外には馬出の一部も残るが、二の丸、三の丸などは市街地化し、遺構は残らない。

本丸表門と土橋

本丸表門正面

本丸表門背面

本丸表門渡櫓内部

◆本丸表門

渡櫓門。桁行九間、梁間三間。白漆喰壁、腰壁海鼠造。
享保十七年（一七三二）建造。国指定重要文化財。

◆旧二の丸隅櫓 別称古丸乾櫓

本瓦葺 白漆喰壁、腰壁海鼠造。二層二階。寛文八年（一六六八）から正徳二年（一七一二）頃までに建造。

昭和三十五年、本丸鉄砲櫓台に移築される。

昭和三十二年国指定重要文化財。

本丸鉄砲櫓台上の旧二の丸隅櫓

旧二の丸隅櫓内部二階

旧二の丸隅櫓南面

旧二の丸隅櫓内部一階

◆御三階櫓

平成十六年、木造復元。三層三階。本瓦葺で最上層はT字形の三方入母屋屋根。白漆喰壁、腰壁海鼠造。一階西面と北面中央に切妻破風出窓。北東部に二間四方の「つのや」と称する出櫓が付く。

御三階櫓南西面

御三階櫓南東面

◆本丸辰巳櫓

平成十六年、木造復元。二層二階。

本瓦葺 白漆喰真壁造。

一階東面中央と南面中央に切妻破風出窓。

本丸辰巳櫓南面

本丸辰巳櫓東面

本丸表門内の番所風休憩施設

◆本丸塀重門　木戸門
表門内番所

本丸表門付近の公園整備に伴い公園管理のために建設された模擬建造物群。

本丸辰巳櫓東下の塀重門

本丸表門内の木戸門

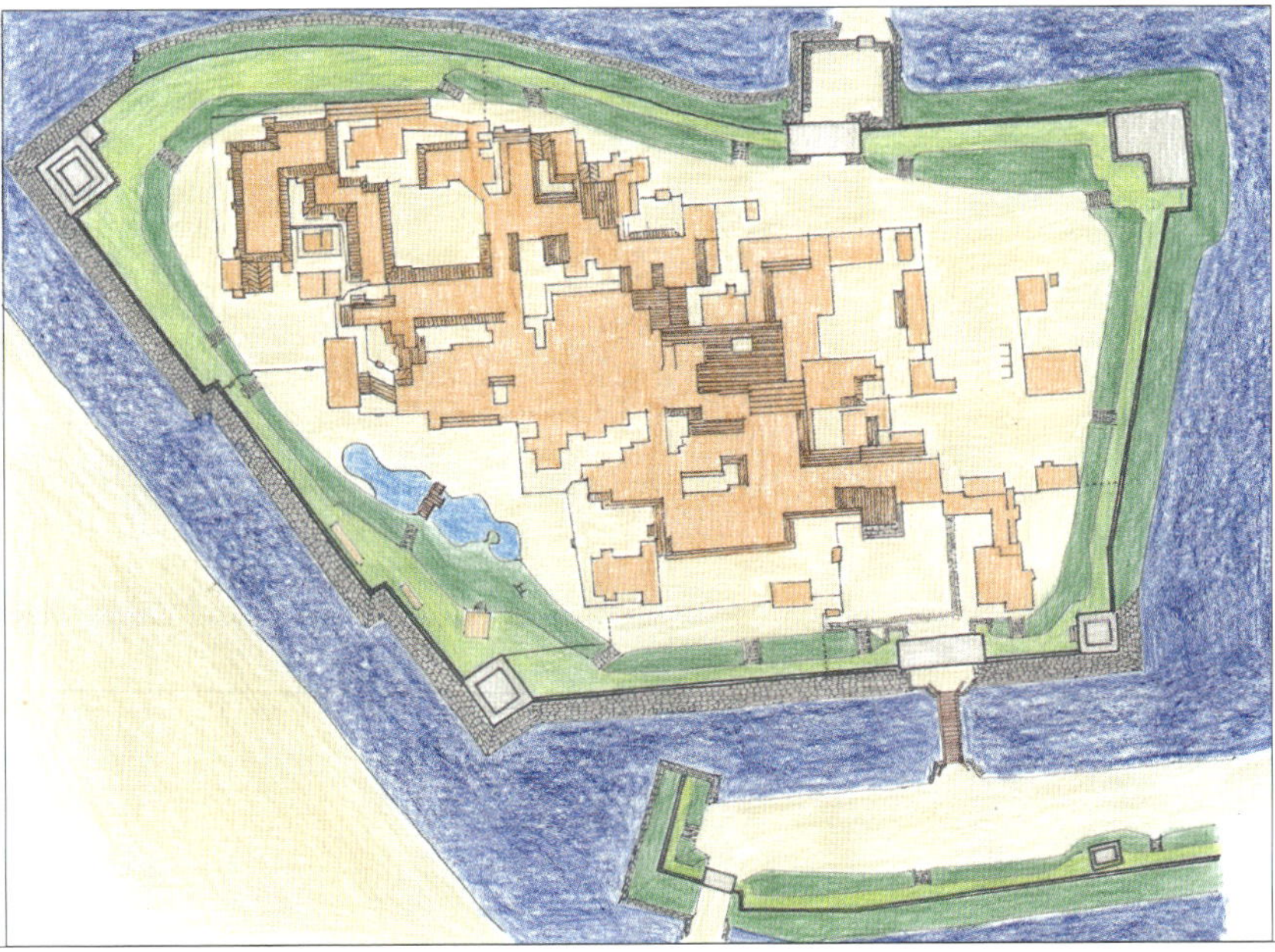
本丸御殿図

◆三の丸知行所門
清水園表門として現存。

◆清水谷御殿書院
寛文六年（一六六六）建造。寄棟数寄屋造杮葺き平屋建八十坪。清水谷御殿は新発田藩下屋敷で三代宣直が造営した。四千六百坪。現在の名称は「清水園」。

◆清水谷足軽長屋
天保十三年（一八四二）普請奉行が建造。元は同規模の長屋が四棟あった。そのうちの北から二棟目の長屋建物が現存する。八住居に分かれていた。

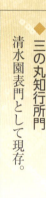

◆五十公野御茶屋　数寄屋造平屋建物

文化十一年（一八一四）建造。五十公野は溝口秀勝が新発田築城の際に陣屋を置き、指図を行った場所である。その後も藩主別邸として維持され、明暦元年（一六五五）、御茶屋が造営され、文化年間に至って改修された。茶屋建物の南には苑池が広がり、南の縁は高土塁によって仕切られている。正門は北側にあった。敷地面積は三万四千坪。

心字池と茶屋建物

御茶屋南辺の土塁

茶屋建物（通称熊野沢の茶屋）

長岡城《ながおかじょう》

長岡市城内町

◆長岡城の別称
苧引形兜城

略史

慶長十年（一六〇五）蔵王堂城主長尾氏の後見人であった堀直寄が築城に着手するが、慶長十五年（一六一五）主家である越後福島城主堀忠俊が改易。原因は直寄と兄直次の争いであったため、直寄も連座して所領没収となり、長岡城は未完のまま放置された。堀家の後は松平忠輝の家臣山田勝重が城を預かるが、築城は中断したままであった。

元和二年（一六一六）松平忠輝は改易になり、堀直寄が再び入封し、翌年再築城を開始する。石高八万石。しかし元和四年（一六一八）、直寄は加増の上、村上に転封となった。後には牧野忠成が越後長峰から入封する。石高六万四千石。忠成の時に城が完成し、以後代々牧野家が長岡を襲封することとなる。

牧野氏時代の貞享元年（一六八四）に堀浚いと橋台、石垣の改修が行われたが、享保十三年（一七二八）、火災で建物（櫓九、多聞一、二階門九、冠木門六など）が全焼してしまった。再建は宝暦四年（一七五四）に終了する。下って慶応四年（一八六八）、北越戦争が勃発。長岡藩は家老河井継之助の指揮のもとで三か月にわたり西軍と激戦を展開したが、七月二十九日ついに落城

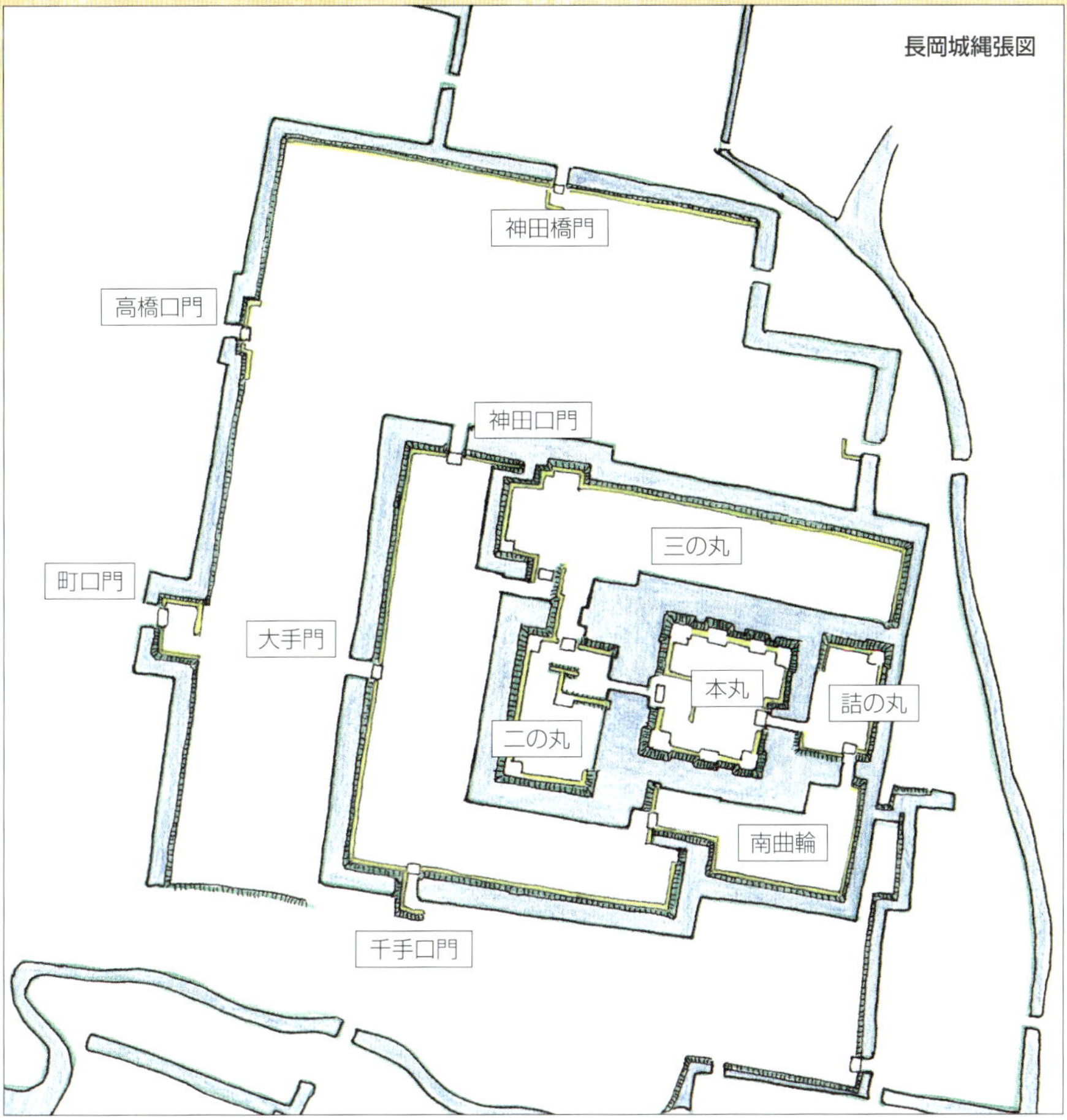

長岡城縄張図

した。

明治四年（一八七一）、城櫓樹木は売却、同三十一年に鉄道が敷かれて本丸跡に長岡駅が建設されると、城地は急速に都市化し塁堀は失われた。

◆長岡戦争

大政奉還に際し長岡藩は河井の指導のもと中立非戦を標榜したが小千谷の会談で西軍岩村誠一郎はこれを一蹴したため、開戦となった。五月十九日、西軍が城を占拠するが、七月二十五日東軍が奪還。しかしこの戦闘で河井が負傷し、増派された西軍の猛攻を受けた城は二十九日に落ちて戦争は終結した。

二の丸跡と城跡碑

二　構造

長岡城は信濃川中州に発達した低丘陵地を利用した総土塁造りの平城である。詰の丸、本丸、二の丸が東西に並び、周囲に三の丸、南曲輪を配する。

（一）本丸

東西四十三間、南北四十二間。藩主居館と藩庁（本丸御殿）の他、北隅に天守代用の御三階櫓があった。御三階櫓は塔層式で最上階に切妻出窓が付いていたらしい。本丸には他に二階櫓が三棟と多聞櫓が一棟（正保絵図には二重櫓が五棟の他、多聞櫓二棟と九間門の外門、内門が描かれている）。石垣は本丸表門（別称九間門。櫓門、桝形一の門高麗門）付近にのみ築かれた。本丸裏門は塩門（正保絵図では櫓門）。

（二）詰の丸（東郭）

東西二十二間、南北五十一間。本丸の東に位置し、正保の頃には北東隅に三重櫓が建っていたが、享保十三年の火災で焼失したらしい。以後は内の御宮以外、目立った建物は

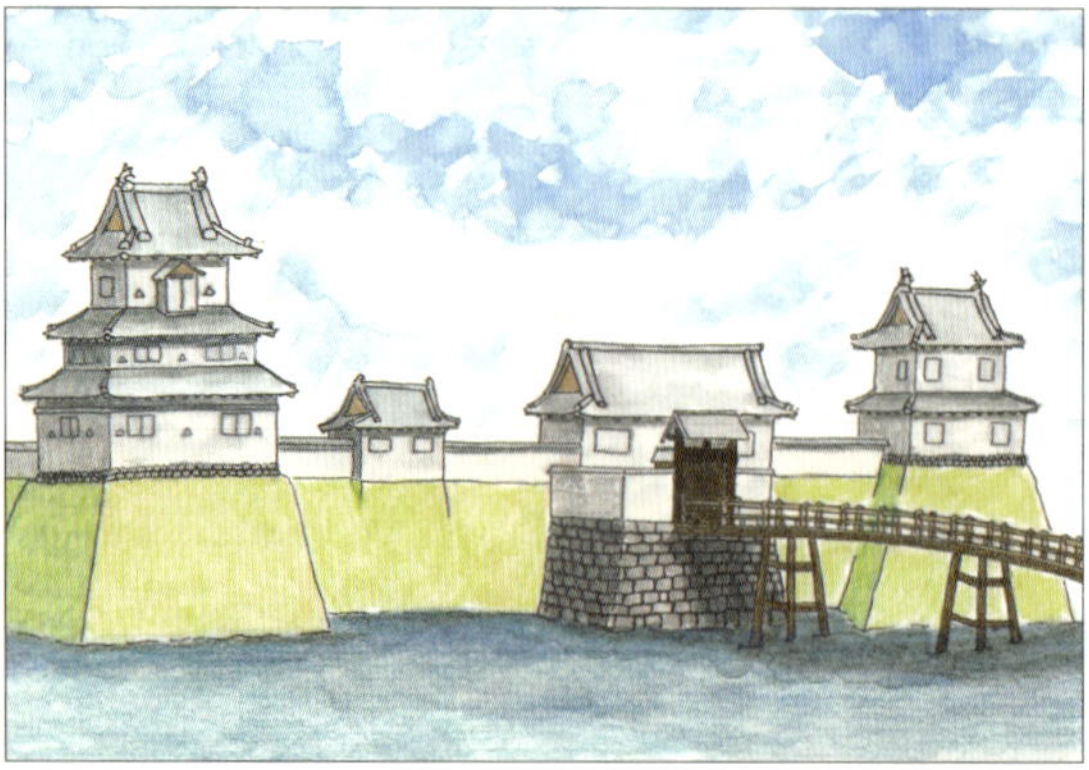
御三階櫓・九間門付近の情景

長岡城御三階復元模型
「長岡藩主牧野家史料館」内に展示されている。

なかった。虎口は本丸側と南曲輪側にあったが、門建築は南曲輪側のみ建てられていた。

（三）二の丸

東西四十五間、南北五十八間。内部には兵糧蔵があり、二階櫓は南北隅に一棟ずつ。虎口は二の門（櫓門）。詰の丸（東西二十二間、南北五十一間）には、享保の大火まで三階櫓一棟があり、三の丸（南曲輪）に至る虎口には棍門（正保絵図では櫓門）があった。

（四）三の丸・西曲輪

三の丸内部には作事所、武器役所、蔵などがあり、享保の大火後には作事所隅に二重櫓一棟が建てられた。虎口は二の門の向かいに桜門（櫓門）があった。

西曲輪の内部には、厩役所、会所、勘定所などがあり、北口に神田口門（別称北の門。櫓門）、西口に大手門（櫓門）、南口に千手口門（別称南の門。櫓門）、南曲輪との仕切りに太鼓門（櫓門）があった。

（五）南曲輪

内部には台所や籾蔵があり、曲輪外への虎口はなかった。

（六）総構え

三の丸の北から西にかけて総構えがあり、城下に対して追手町口門（櫓門）、高橋口門、神田橋門の他、東口に四郎丸口門と今朝白口門が建てられていた。

以上、長岡城の建築については詳細を伝える建築図面などの資料が残されていないが、古絵図を見る限り、全ての櫓には破風などの飾りがなく、櫓門は土塁に乗らずに門上

御三階櫓付近

悠久山公園 長岡郷土資料館

長岡城御三階櫓復元想定図
長押を見せる大壁造で、三重に切妻破風が付く。

の庇屋根をもたない形態であったことが推定される。

三 遺構

城跡は現在、JR長岡駅など市街地となりその跡をとどめない。昭和三十三年に最後まで残っていた二の丸櫓台も崩されて、土木遺構は全く消滅した。長岡城がかつて存在したことを表すのは、駅前の本丸跡、二の丸跡石碑のみである。幕末まで存在した近世城郭でこれほど完全に破壊された城は珍しい。長岡戦争がその一因であろう。

なお、城東の悠久山公園には長岡城をイメージして昭和四十三年に建てられた三階天守風な建物がある。また、市内さいわいプラザ三階に平成二十六年、長岡城資料も展示する牧野家史料館が開館した。

村松陣屋（城）《むらまつじんや》

五泉市村松

◆村松堀家
◇直時―直吉―直利―直為―直堯―直教―直方―直庸―直央―直休―直賀―直弘

一　略史

村松の地は慶長三年（一五九八）から村上藩が支配していた。その後高田藩松平忠輝の領地となり、家臣の山田勝重が城代として城を預かったこともあったが、寛永十六年（一六三九）、村上藩主堀直寄の二男直時が分地して諸侯に列し、新たに村松藩を立てた。石高は三万石。初め安田城跡に陣屋を築いたが、正保元年（一六四四）、安田と村松の領地替えが行われ、二代直吉は村松の上杉氏古城を改修して陣屋を新築し、安田から移った。

寛延三年（一七五〇）、直吉は新たに書院、広間、内証を普請したが、下って嘉永三年（一八五〇）には九代堀直央が城主格となり、再び陣屋の改修を行った。その内容は、御殿を百十間に広げて建物と門を新築した他、藩主の休息地である御外庭を八十間に拡張して二の郭とし、南御殿を整備した。主郭の周囲には帯曲輪を巡らせ、郭内に桝形門や大砲座も築くなど、新規築城に匹敵するものであった。そしてこの改修後、村松陣屋は村松城と公称された。しかし藩財政は当初から厳しく、宝暦十一年には全藩一揆が起きた。

慶応四年（一八六八）、村松藩は藩論が二分したまま初めは奥羽越

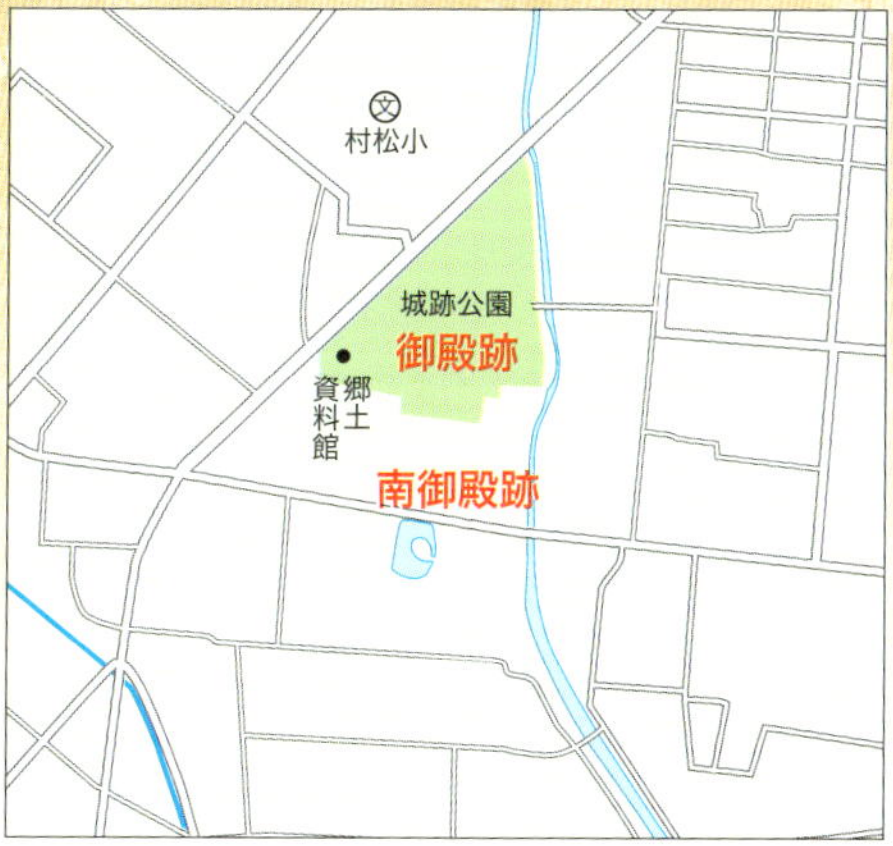

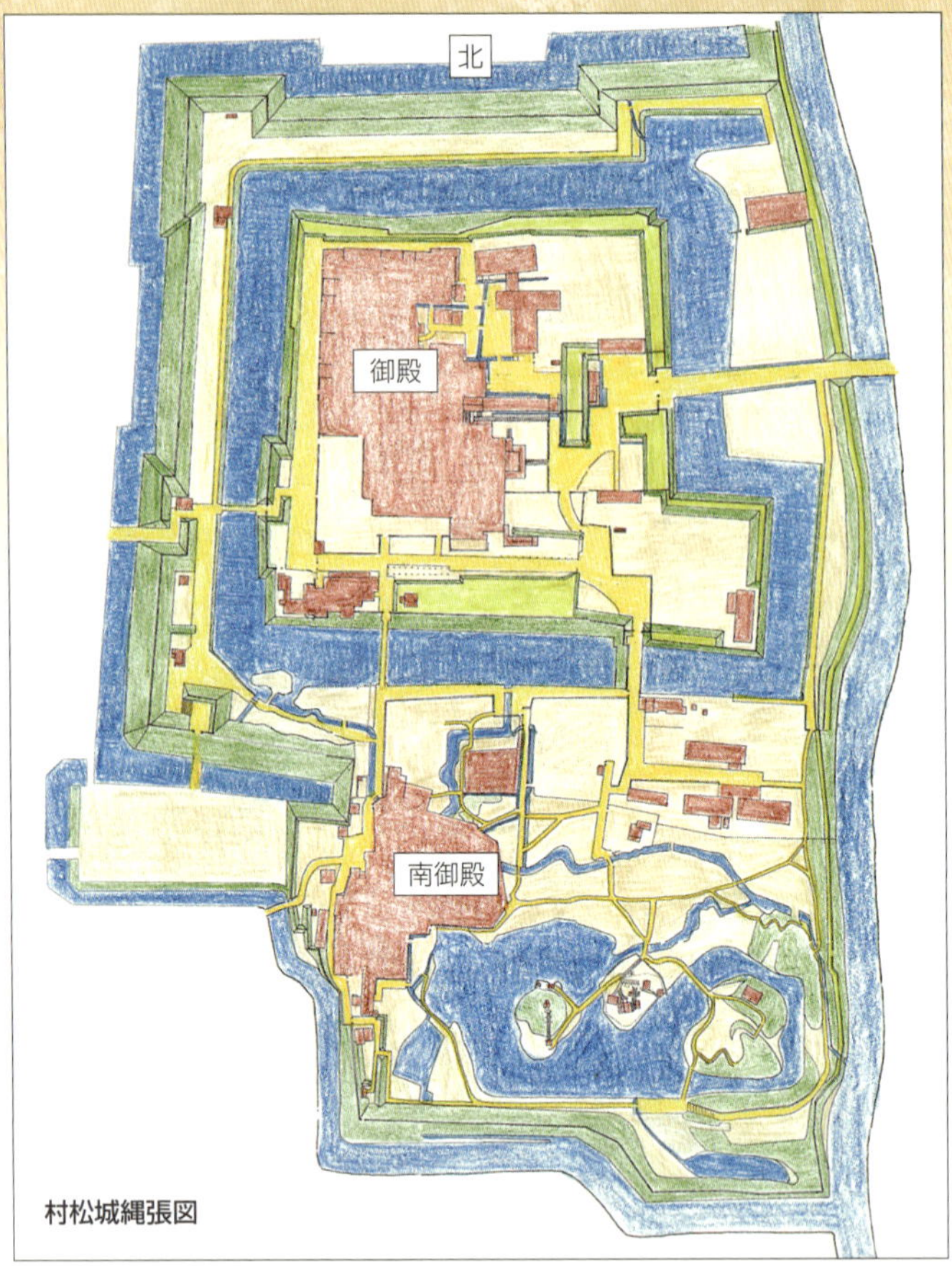

村松城縄張図

列藩同盟に参加するが、新政府軍に攻められて藩主直賀は城に火を放ち米沢に逃亡、残った恭順派は義弟直弘を十二代藩主に擁して藩の存続を図った。

明治四年（一八七一）城跡は村松県庁となるが、同年新潟県に編入され、城は廃止となった。

村松陣屋復元模型
（歴史資料館内に展示。建築物の一部に絵画資料と合致しない部分がある。）

主郭南西隅土塁と堀跡

二　構造

陣屋は、内堀に囲まれた方形の主郭内部に、一部二階座敷をもつ御殿建物や賄蔵、納屋蔵、番所などがあり、虎口は表に枡形門、南御殿向きに〆切門と切通し門、裏に西門があった。

主郭の三方には帯郭があり、南には御外庭を造園し、南御殿などを設けた方形の一郭があった。

この二つの郭を囲んで土塁と堀を巡らせ、大手門、搦手門、北門、西門を四方に開いていた。

三　遺構

陣屋地は昭和六十二年に村松城跡公園として整備され、村松城の歴史資料を展示する村松歴史資料館や民具資料館が建つ。園内には主郭の東から南にかけての堀跡と土塁、東門の内枡形土塁などが見られるが、公園整備によって改変された部分も多い。主郭の西から北側は道路（旧軌道）や学校、住宅地などになったが、水田の高低差で堀の跡をたどることはできる。

一方、南御殿の跡地は稲荷神社境内と小公園になり、苑池と土塁の一部が残っている。

与板陣屋（城）《よいたじんや》

長岡市与板

一　略史

与板藩は寛永十一年（一六三四）、長岡藩主牧野忠成の二男康成が立藩した。所領は蒲原郡内十七ヶ村と三島郡内十三ヶ村を合わせて一万石。しかし与板に陣屋が設けられたのは、明暦三年（一六五七）のことであった。康成の跡は康通が相続し、康通の後継は養子の康重であったが、康重は元禄十五年（一七〇二）、五千石加増の上、信州小諸に転封となり、牧野氏与板藩は廃藩となった。

宝永三年（一七〇六）、彦根支藩の井伊直矩が遠江掛川から新封し、与板二万石を領する。与板井伊氏の祖は井伊直政の嫡男直勝である。直矩は彦根藩主直該の四男で養子として与板井伊氏を継いだ。

以降、直陽、直員、直存、直郡と続き、文政六年（一八二三）、六代直朗は新たに城主格となり、牧野氏時代から使用してきた陣屋を廃し、移転して新たに建て直し与板城と公称した。直朗の後は直広、直暉、直経、直充と相伝する。この間、文政十三年には石瀬村に新城築城を計画し一部開始するが、与板町民からの移転反対にあって頓挫したことがあった。

井伊氏与板陣屋跡

慶応四年（一八六八）、与板井伊氏は西軍に属したため東軍に攻められ、陣屋を自焼。明治四年（一八七一）、建物取り壊しとなった。

二 構造

井伊氏陣屋の縄張については正確な絵図が残っており、詳細に把握できる。これによれば陣屋はほぼ方形で、四方に横矢を考慮した屈曲する堀が巡り、町屋に向く東側の表門と西側の裏門には桝形があった。郭内は表向きと奥向きに仕切られ、陣屋建物の他に土蔵などがあった。表門外には一曲輪があり、馬場は北外に設けられていた。

牧野氏与板陣屋跡

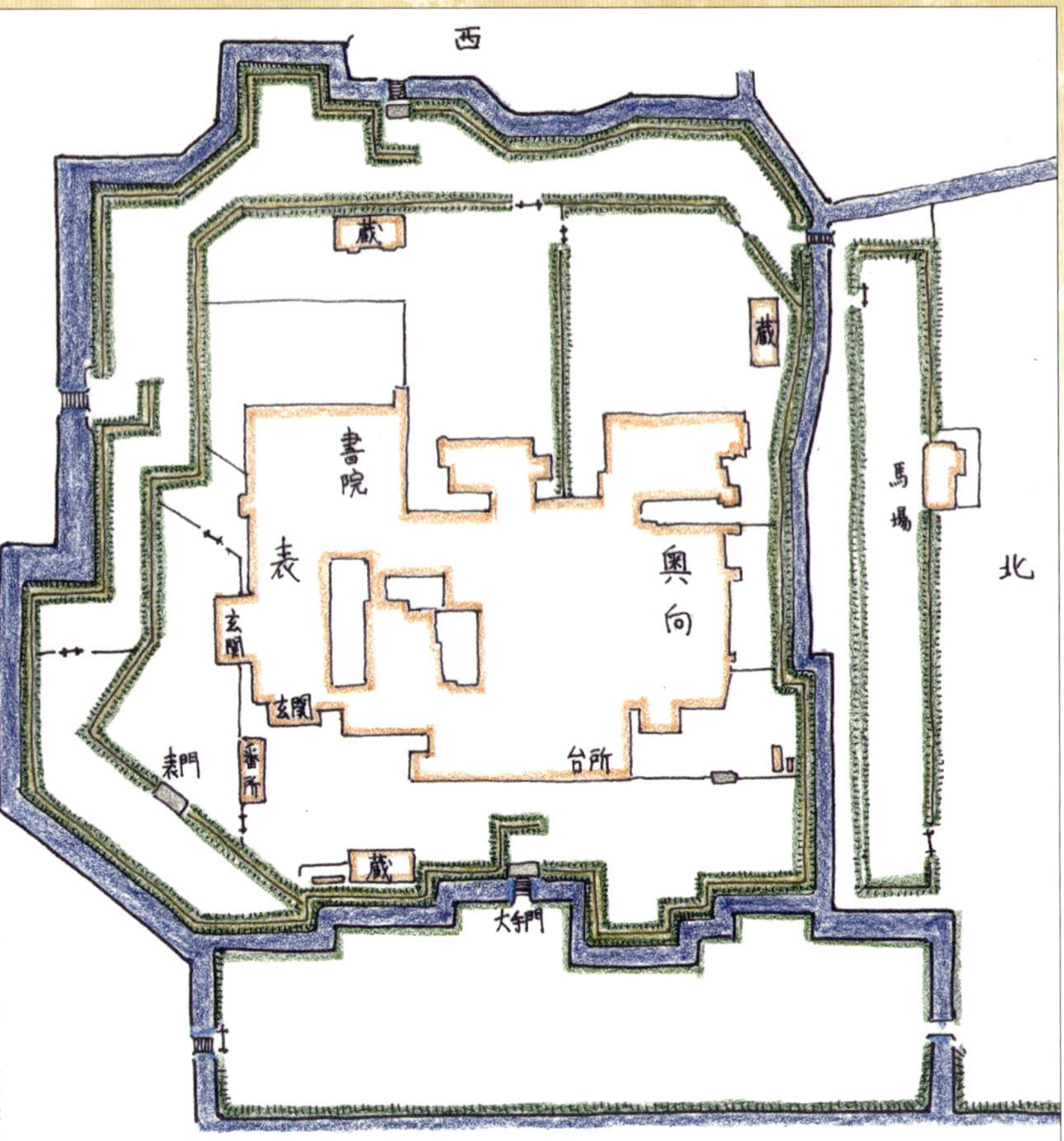

井伊氏与板陣屋縄張図

三 遺構

井伊氏陣屋地は市街地化して付近に土木遺構はない。しかし、陣屋跡地の与板ふれあい交流センターは「与板藩城館跡」として陣屋風の整備がなされ、史跡碑のほか、模擬塀と冠木門が建設されている。

また、牧野氏の旧陣屋は元の与板町役場付近にあたると思われるが、こちらは若干台地になっている他に陣屋地の面影はない。

このように、与板陣屋の土木遺構は存在しないが、陣屋所縁の門は周辺各地に移築され、数棟が残っている。

前面（中越地震前）

背面（同）

与板陣屋大手門

後期形態の高麗門。

明治四年に東与板の西本願寺与板別院の門として移築された。

冠木が親柱を貫く。親柱と冠木の全面二隅に鉄板を張り付け、門扉は筋鉄枠に厚板をはめ込むという厳重な造りで、大扉に潜戸がある。現在は桟瓦葺である。

門は数年前の中越地震で傾いたが復旧された。

前面

背面

◆与板陣屋切手門

後期形態小型の高麗門。明治四年、陣屋跡近くの稲荷町恩行寺に移築された。

右袖の塀に脇戸が付く。屋根鬼瓦屋や冠木に井桁の井伊家紋があるが、明治以降、数回の改修を経ており、新しい部材が多い。

切手門は、御殿奥向き東側の仕切り門であったと思われる。

前面

背面

◆与板陣屋西門

後期形態の高麗門。

三条市東裏館の正覚寺の東黒門として現存する。大手門と同様に冠木と親柱の角に鉄板を張り付け、門扉も筋鉄張りとなっている。大扉に潜戸がある。現在は親柱の正面側にも小屋根が取り付けられるなど改変されている部分もあるが、全体に残りは良い。この門は、陣屋裏門にあたる西門であったと思われる。

前面

背面

◆与板陣屋正門

後期形態の薬医門。

長岡市渡里町の西福寺に移築現存する。大型の門で、親柱の上に冠木が乗るが、冠木が縦長であり後期の形態である。脇戸は両袖の塀に付く。薬医門であるために屋根が大きく、現存する与板陣屋の門としては最も大柄である。

この薬医門は、門の棟札から牧野氏時代の表門であった可能性がある。

薬医門の来歴

文政六年、久須美家が拝領　天保十年、越路町山本家へ譲渡　昭和四十年頃 西福寺に移築

椎谷陣屋《しいやじんや》

柏崎市椎谷

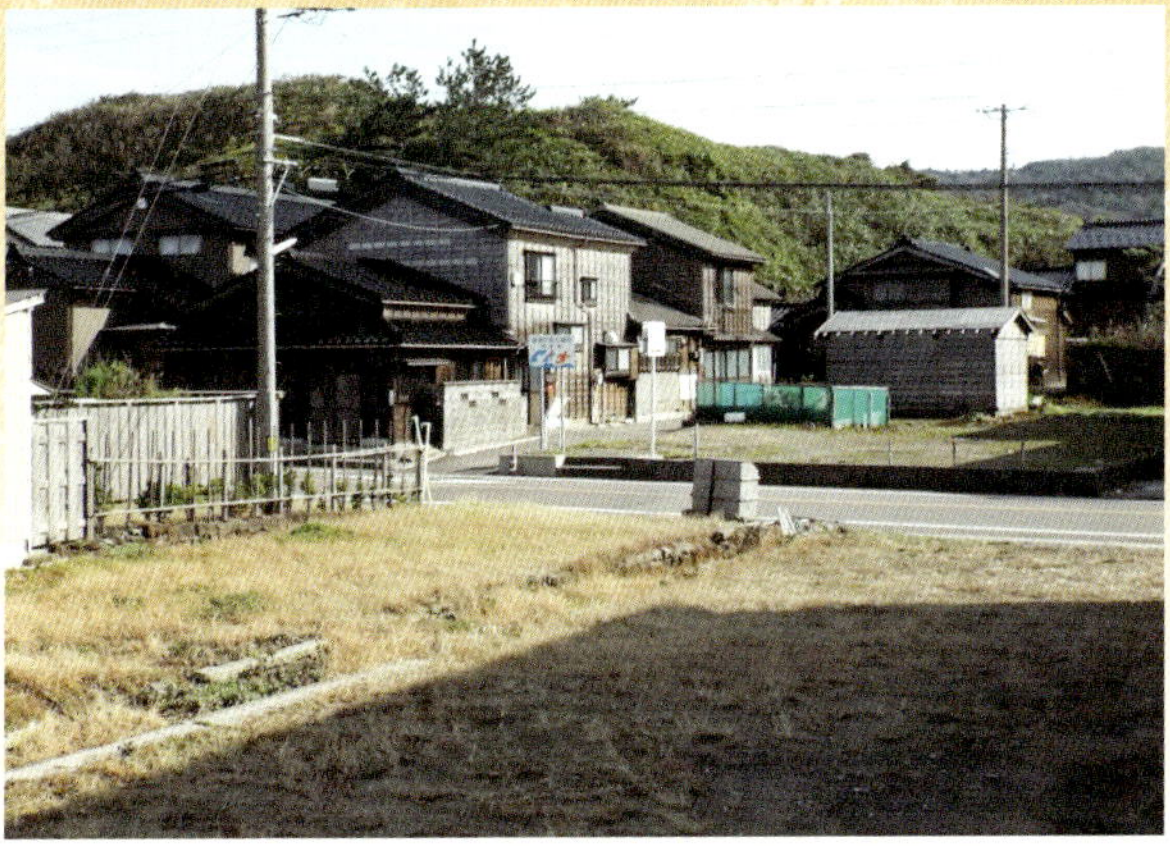

椎谷宿から見た陣屋山

略史

元和二年（一六一六）、三条城主堀直政の子直之が椎谷五千石を賜り妙法寺（西山町）の超願寺に仮陣屋を置いた。元和五年（一六一九）、出張陣屋を椎谷唐箕前に移し、寛永十九年（一六四二）、直之の子直景が越後・上総で一万石の大名になり立藩した。

堀氏は直景の後、直良、直宥と続いたが、元禄十一年（一六九八）所領替えがあり、五代直央は上総八幡から椎谷打越に陣屋を移した。打越に陣屋を移した後、堀氏は直恒、直旧、直喜、直著、直宜、著朝、直起、直温、直哉と相伝、嘉永四年（一八五一）に至って十五代之敏は海岸警備の幕命を受けて陣屋北方の海岸に池の平台場を築いた。

慶応四年（一八六八）、陣屋は天狗党水戸浪士に攻められて炎上、明治二年（一八六九）、陣屋地には藩庁舎が置かれた。明治四年（一八七一）、藩庁舎は椎谷県庁舎となるが、同年柏崎県に編入されて廃止となった。なお、藩主邸建物は椎谷学校校舎として高浜小学校開校まで使用されたが、その後解体された。

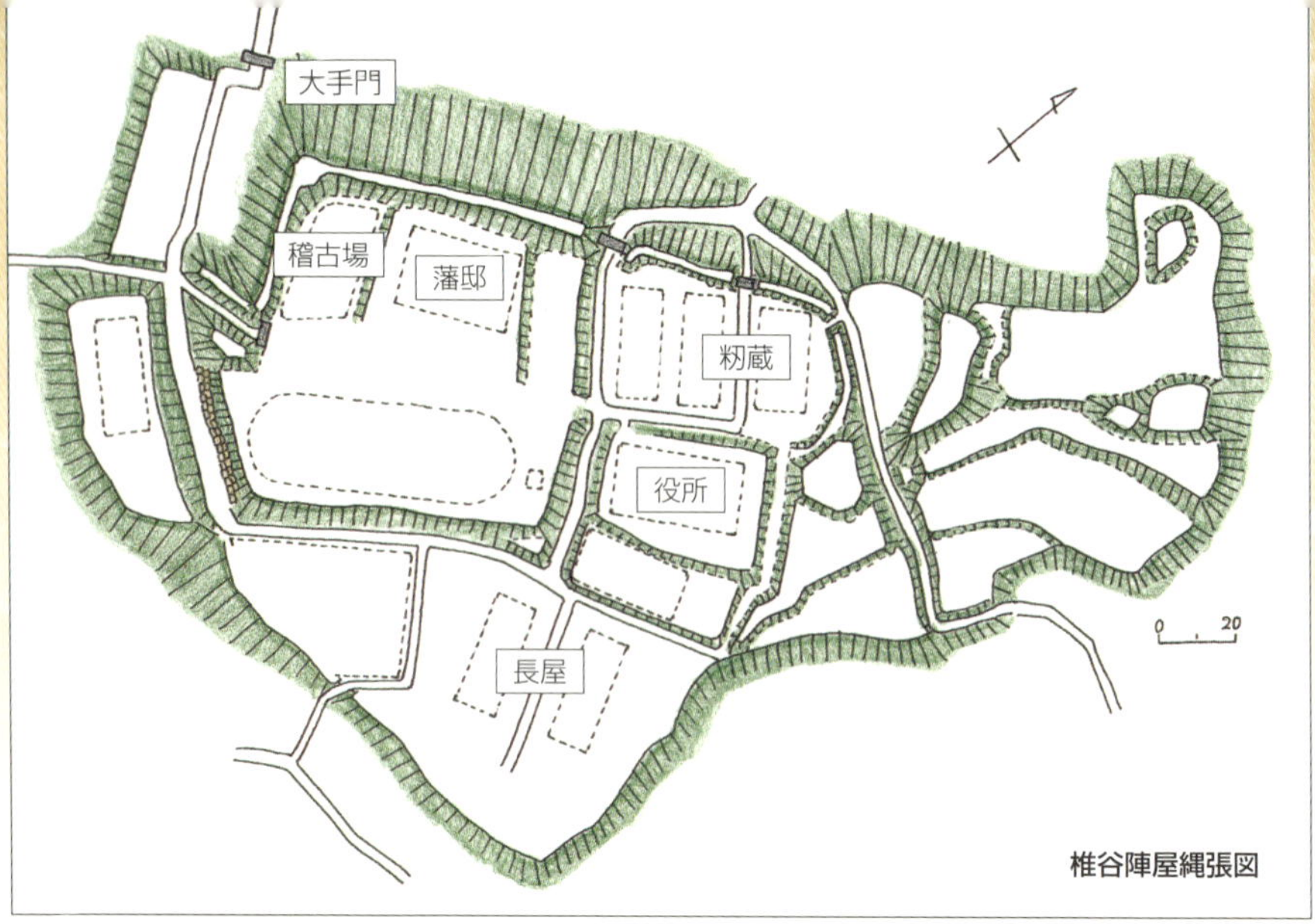

椎谷陣屋縄張図

二　構造

椎谷陣屋は西に椎谷集落と日本海を望み、集落中央より7m高い崖の上にあった。日本海に臨む北側の他、三方の崖下は水田であった。陣屋主郭は東西五四m、南北六五m。西と南に土塁があり、塁高は四m。陣屋内には藩邸、勤番所、砲術稽古所、長屋、馬場などがあり、大門（表門）と裏門が開かれていた。主郭北側にも方五〇mの郭があり、役所、武器蔵、籾蔵などが建っていた。

三　遺構

陣屋跡は新潟県指定史跡である。現在、主郭部分は稲荷神社境内となっている。付近

陣屋藩邸跡

椎谷陣屋南景

役所跡付近

には、藩主邸跡、勤番所跡、砲術稽古場、土塁、大手門跡、搦手門跡、石垣跡などの標識があり、それぞれ平坦地が残るほか、崖の一部に土止めの石垣が崩れかけて残っている。

なお、役所東側には廃藩後の明治四年に士族長屋が建てられていた。

表門下切岸の石垣

三根山陣屋《みねやまじんや》

新潟市巻町峰岡

◆三根山藩牧野氏

◇定成―忠清―忠貴―忠列―忠知―忠義―忠政―忠衛―忠直―忠興―忠泰

一　略史

寛永十一年（一六三四）、長岡藩主牧野忠成の四男定成が蒲原郡内六千石を分地され、上和納に陣屋を築いたが、享保十五年（一七三〇）、陣屋は三根山に移された。

文久三年（一八六三）、十一代牧野忠泰は石直しにより大名に列し、一万一千石を授かると陣屋を改修し、東門、西門、御殿、馬場などを建設するが、藩主は定府のままであった。

明治三年（一八七〇）長岡戦争に敗れた牧野本藩を救援するために、米百俵を贈った逸話は後に山本有三が戯曲にしたことで著名になった。

三根山藩庁跡の陣屋広場

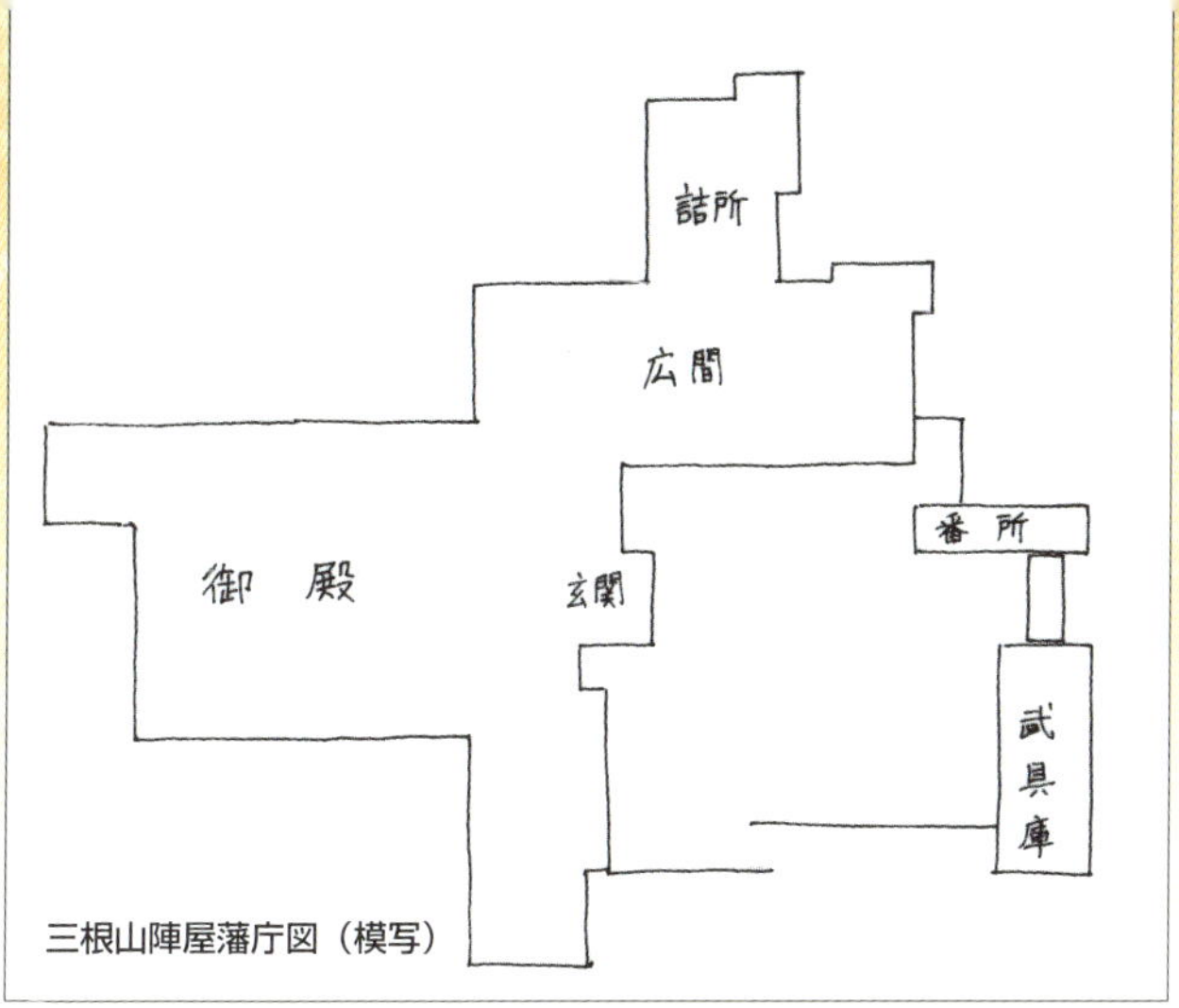

三根山陣屋藩庁図（模写）

◆米百俵の逸話
長岡戦争で敗れ、所領の六割を失った長岡藩に対し、三根山藩は百俵の米を贈ったが、長岡藩大参事小林虎三郎はこれを藩士に与えず、「明日の一万、百万俵になる」と言って学校設立の資金に充てたという話。

三根山藩は同年、峰岡藩と改称し、翌四年に峰岡県庁となるが、同年新潟県に編入され廃止された。

二 構造

藩庁正門には右袖に番所、左袖に武器庫があり、正門を入ると御殿（藩庁）があった。御殿には上段の間、二の間、三の間などがあり、広間、詰所がある面謁所と釜場が付属していた。

陣屋は台地上を占め、周囲に武家屋敷を配し、主要な通りには門を構えていたが、陣屋や藩庁を囲む塁堀はなかった点が他の大名陣屋と異なる。

三 遺構

陣屋地は小公園となり、周辺は巻町入徳館野外研修センターや山林となっている。周辺より微高地であること以外、土木遺構は残らないが、公園内に「米百俵」の碑が建てられている。また、土蔵風の資料庫が公園隅にある。

土蔵風の資料庫

黒川陣屋《くろかわじんや》

胎内市黒川

◆黒川藩柳沢氏
◇経隆―里済―里旭―保卓―信有―光被―光昭―光邦

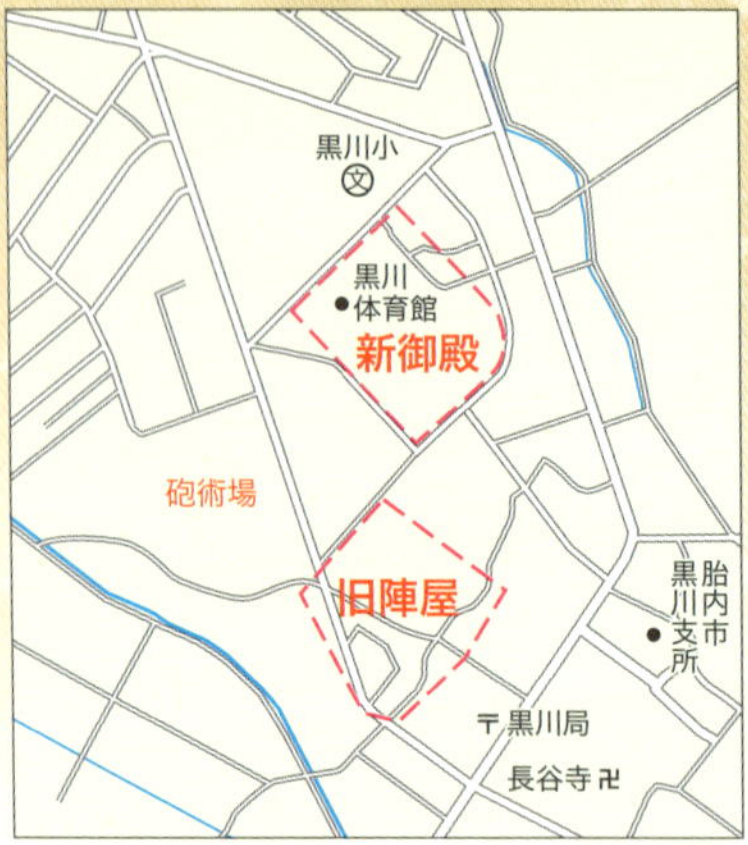

一　略史

宝永六年（一七〇九）、幕府は村上藩減地分支配のために黒川と館村に陣屋を設けたが、享保九年（一七二四）、柳沢吉保の四男経隆が黒川に入封すると、黒川代官陣屋は柳沢氏の陣屋となり、役所建物などが新規に造営された。

黒川柳沢氏の石高は二万石（幕末は一万石）。代々の藩主は江戸定府であったが、文久三年（一八六三）、藩主と藩士の大半が黒川に移住し、陣屋の北側に堀と垣塀を巡らせた新たな御殿を建造した。

慶応四年（一八六八）、藩は初め奥羽越列藩同盟に加わるが、その後新政府軍に転向参加した。明治四年（一八七一）、陣屋は黒川県庁となるが、程なく新潟県に編入、取り壊された。

二　構造

享保九年建造の陣屋は敷地が四十八間×七十二間。中に御役所（御殿）、藩士長屋、弓術場、武芸稽古場、郷倉、稲荷など七棟があった。町屋に向かって東南に開く表門（長屋門）には小桝形と土塁を築き、他は塀と垣で囲った。裏門は南西と北西にあり、北西の門外に馬場があった。さらに砲術場、硝煙製造所が郭

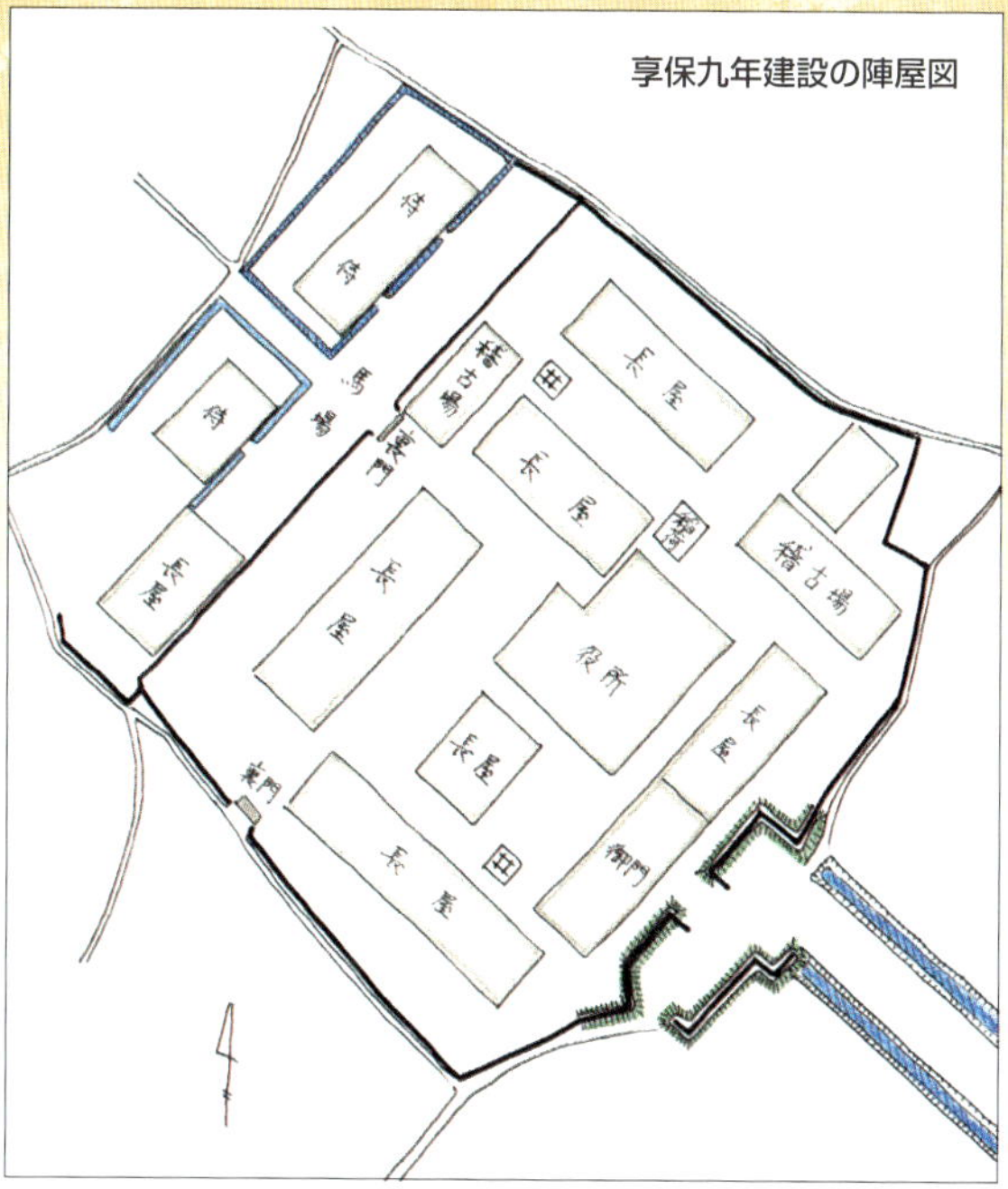

享保九年建設の陣屋図

外西側の内川崖沿いにもうけられていた。

文久三年、松林を切り開き墓地を移転して新陣屋が建設されると、旧邸は御添屋敷と称された。

文久三年に建設された新陣屋は、東西百間、南北百十間の規模で、周囲を幅七尺の堀で囲み、柵を巡らせていた。東に大手門(長屋門)を構え、南門は表門と称した。

さらに北東にも門があり、町屋に向けて広小路を設けていた。域内の中央には垣根に囲まれて御殿があり、御殿の周囲には長屋が十六棟

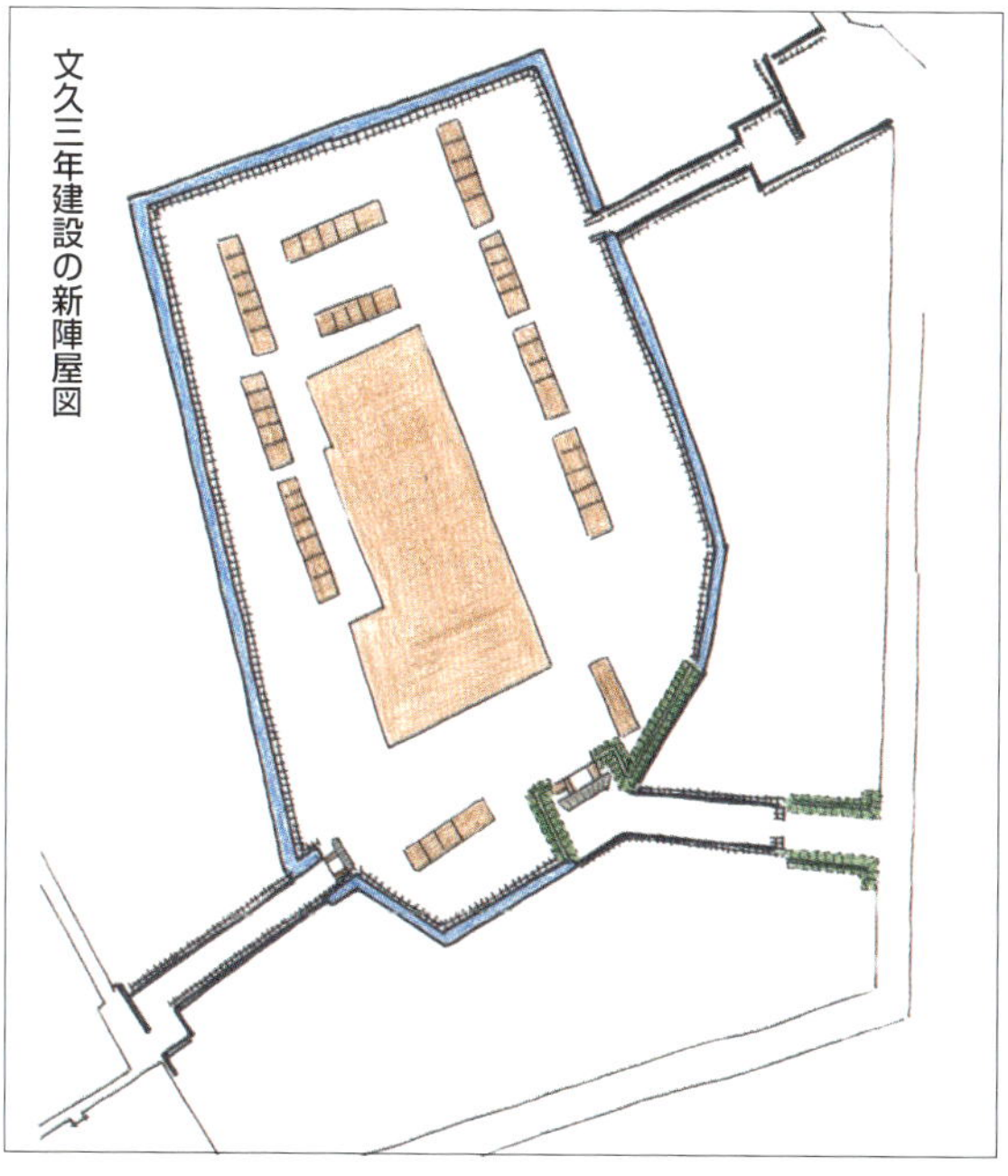
文久三年建設の新陣屋図

新陣屋西辺の堀跡

建てられて藩士の住まいとなった。長屋は一家が間口三間奥行四間半の規模であった。

また、御殿の東側には馬場、軍事調練場、蔵、稲荷社があった。

三　遺構

文久三年造営の新陣屋地はもとの黒川小学校敷地周辺で、現在も旧校庭西辺に沿って土塁跡のような土盛りと堀跡のような窪地が見られる。また東から南にかけての道路も堀跡に造られたようである。推定であるが、これらは陣屋の範囲を地表に残す遺構ととらえることができよう。

一方、享保九年に建設された旧陣屋地は新陣屋地の南側一帯になるが、こちらは住宅地化しており遺構は失われている。

新陣屋跡地を南東から見る

三日市陣屋《みっかいちじんや》（館村陣屋）

新発田市上館

◆三日市柳沢氏
◇時睦―保経―信著―里之―里世―里顕―泰孝―徳忠

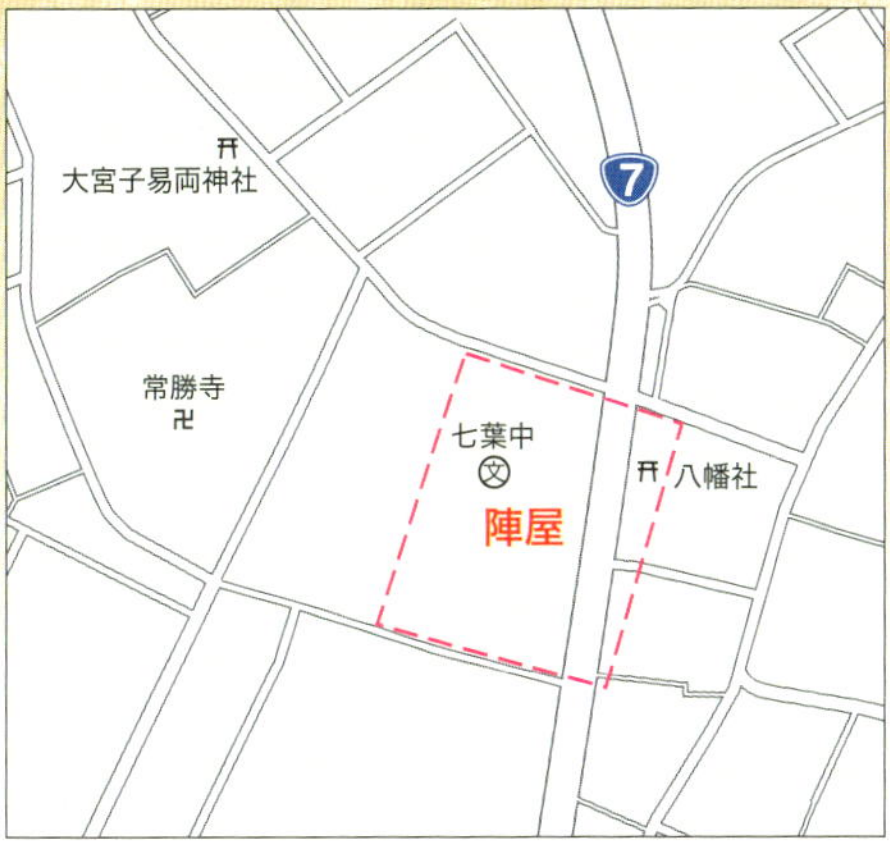

一 略史

宝永六年（一七〇九）、幕府は村上藩減地分支配のために黒川と館村に陣屋を設けた。

正徳二年（一七一二）に甲斐国内一万石で立藩した柳沢吉保の五男時睦は、享保九年（一七二四）、三日市に転封となり、陣屋を構えたが、間もなく加治川の水害を避けるために戦国時代の加治氏居館跡にあった幕府館村代官陣屋跡に陣屋を移した。この時の建物は安永九年（一七八〇）に焼失し、その後再建されている。三日市柳沢氏は江戸詰無城大名であり、陣屋には郡奉行や代官など若干の役人が赴任した。

陣屋八幡宮から見た正門跡

慶応四年（一八六八）、三日市藩

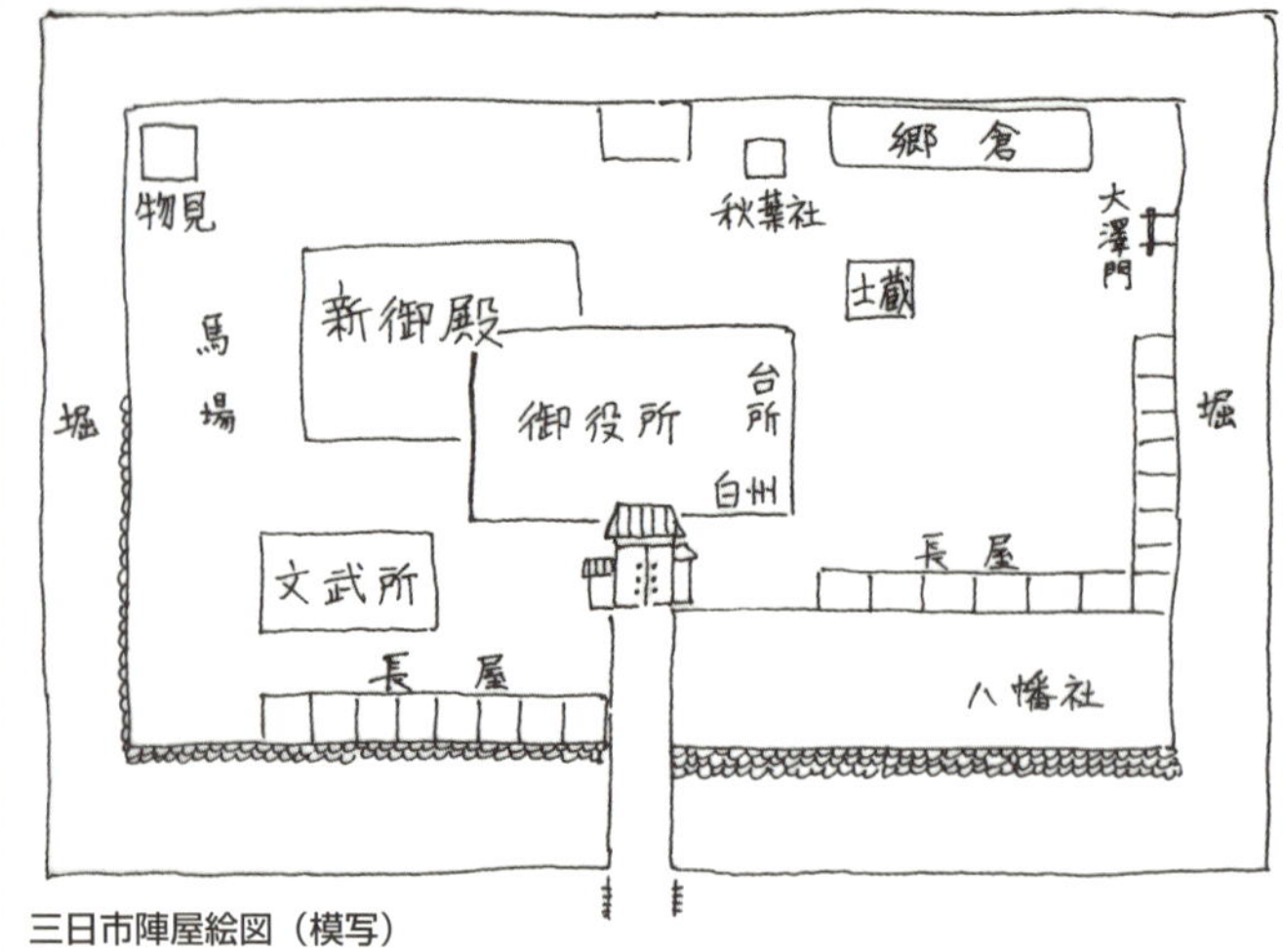

三日市陣屋絵図（模写）

は初め奥羽越列藩同盟に加わったが、その後新政府軍に参加した。明治四年（一八七一）、陣屋地は市県庁となるが、同年新潟県編入で廃止となった。

二　構造

陣屋は方形で周囲に堀を巡らせ、正門である東辺と南辺には石垣を築いていた。陣屋内には御役所の他に文武所、郷蔵、土蔵、長屋、八幡宮、馬場などがあり、後に御役所南西に接して新御殿が建てられた。南西隅には物見があったが、その形状は明らかでない。門は東に平門である正門、北に冠木門である大澤門があった。

三　遺構

御役所付近は新発田市立七葉中学校敷地となる。明確な遺構はないが、域内正門外にあった八幡宮は現在も国道を挟んで中学校の向かいに現存する。

また、陣屋の文書庫であったと伝わる建物が市内旧加治川村住田の伊藤家に移築されている。

文庫蔵に上がっていた鬼瓦

文庫蔵前面

同　背面

◆三日市陣屋文庫蔵

内部二階造土蔵

市内住田伊藤家に移築現存する。明治維新後、同家に移築当初は、現在地よりも若干南側にあったが、伊勢湾台風の風雨で屋根などに大きな被害を受け、現在の場所に土台を築き直して再移築したという。その際屋根瓦を全面葺き替えたが、その後の老朽化により土壁の崩落も進み、現在は全面を仮の板で囲っている。

全体に傷みが進んでいるものの、県内の陣屋建築として貴重である。

糸魚川陣屋

いといがわじんや

糸魚川市大町、横町二丁目

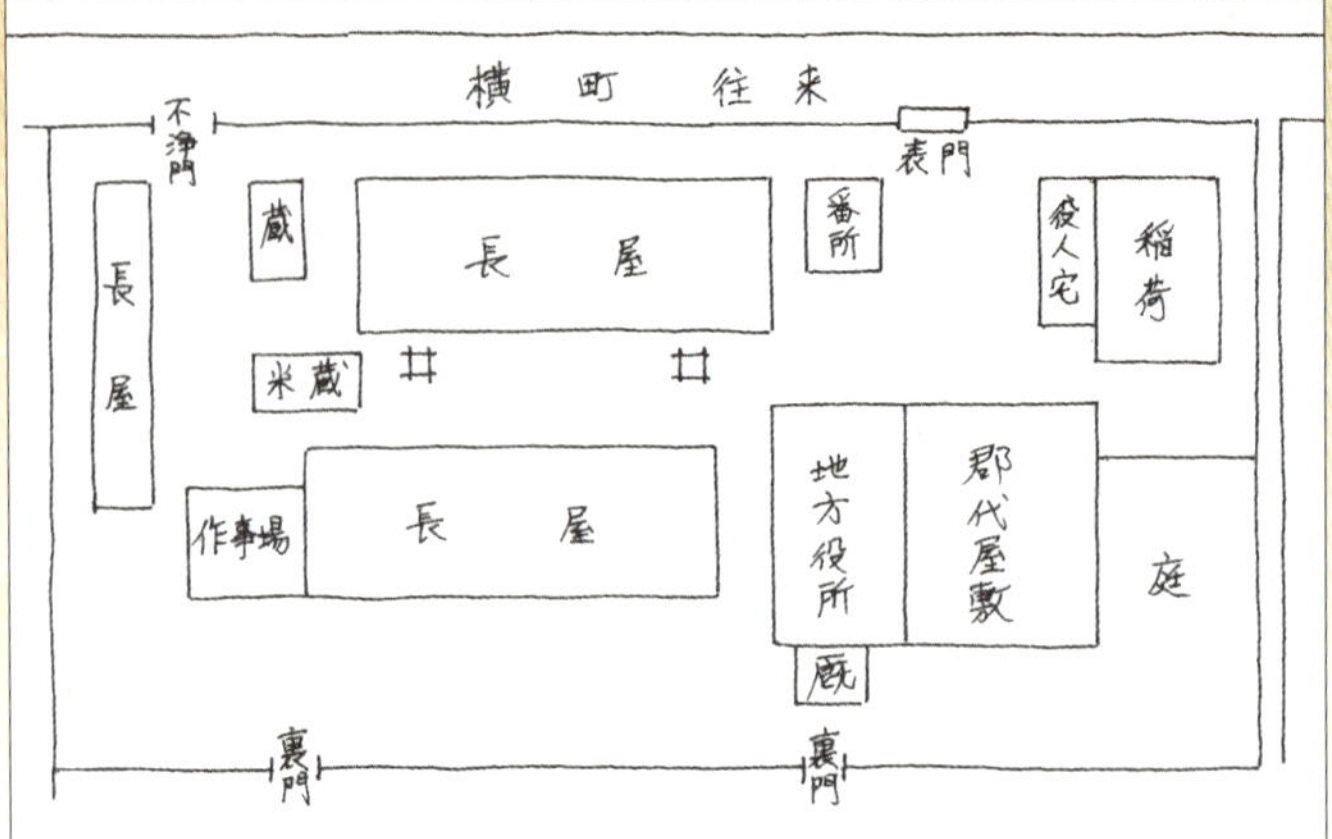

糸魚川横町陣屋絵図（模写）

一 略史

糸魚川は元禄四年（一六九一）から有馬清純五万石、同十二年（一六九九）から本多助芳一万石の支配地であったが両陣屋の詳細は不明である。

享保二年（一七一七）、松平直之は糸魚川一万二千石を給わると、横町に新陣屋を築いた。藩主は江戸定府とされたため、糸魚川には在陣しなかったが、松平氏は直之の後、直好、堅房、直紹、直益、直春、直廉、直静と続いた。

元文四年（一七三九）、陣屋と接する東側の町屋を防火上問題があるとして取り壊し、陣屋敷地を拡張した。

幕末の嘉永二年（一八四九）、海岸際に浜番所と台場を設けたが、更に海防上から文久三年（一八六三）には旧清崎城地に御殿、隠居殿、藩士長屋などを新造し陣屋を移した。

戊辰戦争では物資輸送で新政府軍に協力して藩存続を認められ、明治二年（一八六九）、清崎藩と改称した。

同四年に陣屋は清崎県庁となるが、柏崎県に編入され廃止された。

糸魚川横町陣屋表門復元図

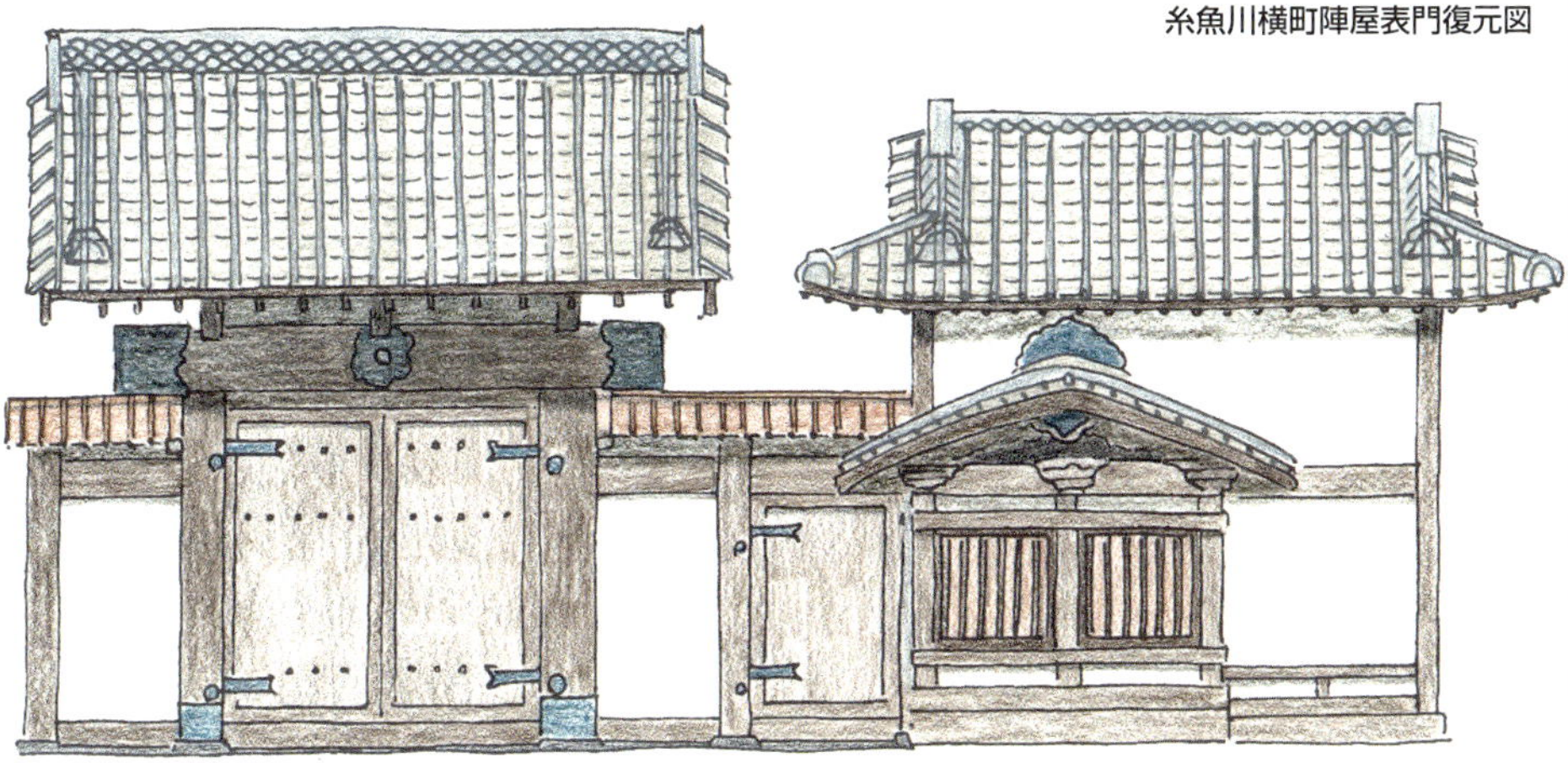

二　構造

　横町は自然堤防上に開けた宿で、周辺より数m高く東西に細長い。松平氏陣屋敷地は間口五十八間、奥行十五間。周囲は塀や垣で囲み、堀はなかった。中には地方御役所、郡代屋敷、役人長屋三棟、蔵、門番詰所、稲荷などがあった。門は横町往来に向かって表門（薬医門）と不浄門があり、往来と反対の南側にも二つの裏門を設けていた。

　横町台場は東西十一間二尺、南北八間四尺。高さ五間。大砲二門。周囲に木柵を巡らし、南に正門があった。浜番所が東に隣接して存在し、姫川西岸の須沢台場とも連携していた。

三　遺構

　横町陣屋跡の横町二丁目には最近まで「陣屋の井戸」の石枠が残っていたが、道路整備によって撤去され、路上には基礎石が残るのみとなった。

　有馬氏、本多氏の陣屋は糸魚川市民会館付近で、幕末の糸魚川陣屋跡は県立糸魚川白嶺高等学校東側一帯であると伝わる。ともに旧清崎城の城域にあたるが、明確な遺構はない。ただ天津神社周辺には堀跡など多少の面影がある。（清崎城の項）

　横町台場、浜番所付近もすっかり市街地化し、遺構は残らない。

◆松平氏横町陣屋付近

横町二丁目付近で街道筋は堤防上にある。市街地化により陣屋遺構は見られない。かつて長屋裏にあった二つの井戸の内の一つは石組の枠を残していたが、現在は四隅の基礎石だけを地表から見ることができる。

◆幕末糸魚川陣屋付近

白峰高校東側にあたる。一帯もすっかり市街地化している。付近の道筋には各所に古い石積みが見られるが、陣屋との関連は不明である。

第二章　その他の城郭・大名陣屋

その他の城郭・大名陣屋

幕末までに廃絶した城郭・大名陣屋

この章では、越後の近世城郭の内、十八世紀までに廃絶し、幕末には存在しなかった八城一陣屋を取り上げる。

福嶋城は上杉氏に代わり越後の新国主となった堀氏によって築かれたが、堀氏断絶後に入封した松平忠輝は高田へ築城し、福嶋を廃城とした。その忠輝の廃絶に伴い、長峰、三条、藤井に築城がなされたが、いずれも短命に終わった。

清崎城は高田の支城、津川城は会津若松の支城で、それぞれ主家の事情により十七世紀末までに廃城となった。安田城と沢海城は陣屋造りの城であったが、安田は領主の村松移転により、沢海は城主断絶によりやはり十七世紀中に廃止されている。

高柳陣屋は丹羽氏の拠点として新造された大名陣屋であったが、丹羽氏は減封の上、定府とされていたことから、陣屋は小規模なものであった。

これら八城一陣屋は、福嶋城を除けばいずれも五万石以下の小大名の居所（もしくは支城）であったから、その規模は小さく、短期間で廃止されたために構造が明らかでないものが多い。また、中世城郭を利用した安田城と津川城、山林の中に大規模な本丸土塁と堀を残す長峰城以外の城は廃城後の土地改良や市街地化などにより、遺構をほぼ失った。

福嶋城《ふくしまじょう》

上越市港町

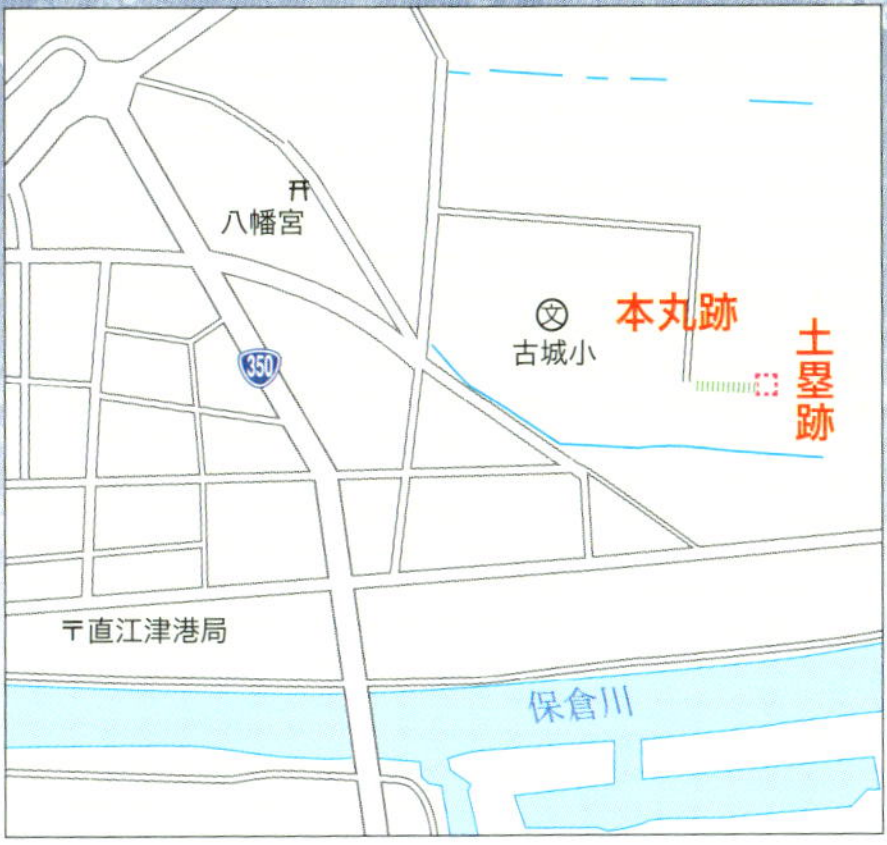

一　略史

慶長十二年（一六〇七）、堀忠俊が築き、春日山城から移る。石高三十万石。忠俊は高田平野の西に偏り不便な山城である春日山を廃し、新たな街づくりを目指したが、慶長十五年（一六一〇）家老同士の対立がお家騒動に発展し、治世定まらずということで改易になった。幕府の豊臣系大名取り潰し政策の犠牲になったとも言える。後には家康の六男、松平忠輝が六十万石で入部した。

慶長十九年（一六一四）、忠輝は高田に新城を築き、福嶋城を廃城とした。築城後わずか七年で廃城となった理由は、将軍秀忠に対抗意識

平成８年頃の城跡広場と模擬石垣

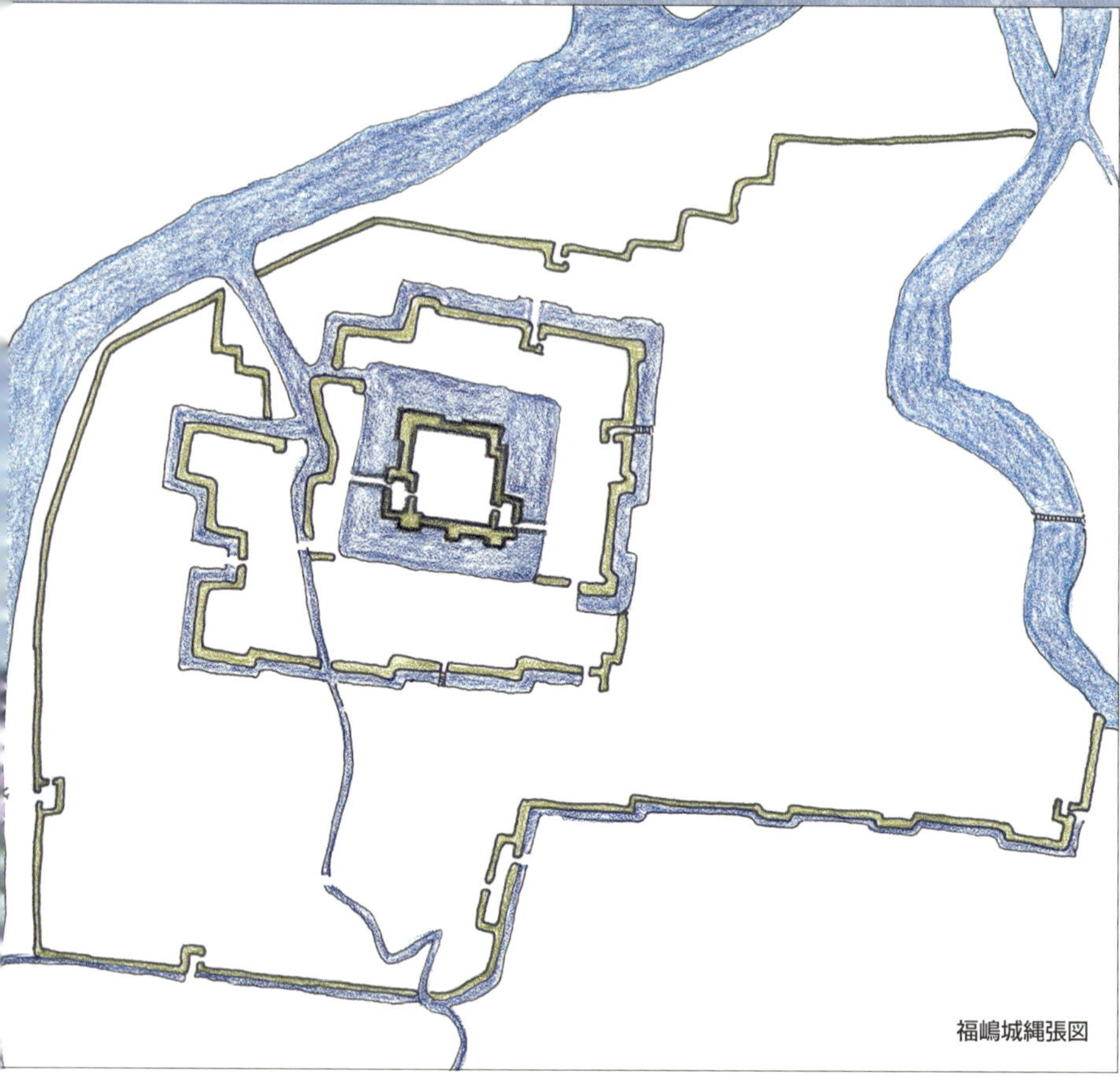

福嶋城縄張図

を燃やした忠輝が自らのための新城を欲したからだといわれている。

二　構造

本丸はほぼ方形、一辺一二〇m。大手は東門、搦手が西門で共に二階門が建てられていた。櫓は四隅にあり、北西隅櫓が三階櫓、東南隅櫓は二階櫓であった。この本丸の外側に回字形の二の丸、三の丸を配した。城域は東西一・五km、南北一km。本丸は石垣造りであったが、外郭は土塁造りであったと思われる。

二の丸の大手門は西側にあり、南には対門、太鼓門があった。三の丸口は鎌の口門、搦手口は東側で金蔵門があり、北側には狐門があった。

三　遺構

城地は市街地化と港湾整備でほぼ消滅した。わずかに古城小学校校

三の丸土城口付近土塁跡

門内に本丸石展示と城跡碑、ミニ資料館がある小広場が作られていて、資料館には城の遺物や模型などが展示されている。土木遺構としては住友金属直江津工場南門内に唯一の本丸遺構として東南隅櫓土塁の跡がある。

　また、三の丸の土城口土塁跡が春日二丁目スポーツ公園内ドブの稲荷脇に見られる。

本丸東南土塁（櫓台部分）跡。手前は堀跡

資料館内にある福嶋城本丸復元模型

津川城《つがわじょう》

東蒲原郡阿賀町津川

津川陣屋跡から見た城山

一 略史

津川城は戦国時代から会津芦名氏の支城であった。小河城、狐戻城と呼ばれたという。近世初頭も津川の支配は会津の領主（蒲生、上杉、蒲生、加藤氏）によって行われた。上杉氏の代官は藤田信吉、蒲生氏の代官は岡重政、蒲生忠知が務めた。蒲生時代、津川城には天守が築かれたという記録もある。

蒲生氏は寛永四年（一六二七）に無嗣絶家となり、会津には加藤嘉明が入封したが、この時に津川城は廃城となり、対岸に出張陣屋が置かれた。陣屋には津川城の門が移築された。

津川城縄張図

たというが、現存しない。

二 遺構

名峰麒麟山の西端にある山城である。岬の先端山頂に本丸を置き、東に二の丸、周囲の山腹に腰曲輪を配する。北の阿賀野川に向けて船溜まりを造り、南の常浪川側には侍屋敷があった。本丸表門付近には常浪川対岸の町屋を意識して高石垣が築かれたが、この石垣は今も残っている。石垣は蒲生氏、加藤氏の造営になる部分が多い。新潟県指定史跡。

本丸表門付近

天守台土塁

清崎城《きよさきじょう》

糸魚川市大町

一　略史

慶長六年（一六〇一）春日山城主堀秀治の家臣堀清重が築く。慶長十五年（一六一〇）堀氏改易で松平忠輝臣松平信宗・信直が城代になり石高一万石を預かった。

　元和四年（一六一八）松平忠昌の臣稲葉正成が石高二万石で入城する。寛永元年（一六二四）、正成は下野真岡に転封し、代わって清崎には松平光長の臣荻田長繁が入城、城代として一万四千石を預かった。

　天和元年（一六八一）越後騒動で松平光長が改易すると、荻田三代本繁も連座、八丈流罪となり、清崎城は廃城となった。

　下って幕末の文久三年（一八六三）、糸魚川松平直静は旧清崎城地に陣

天津神社北側の堀跡と本丸跡（奥）

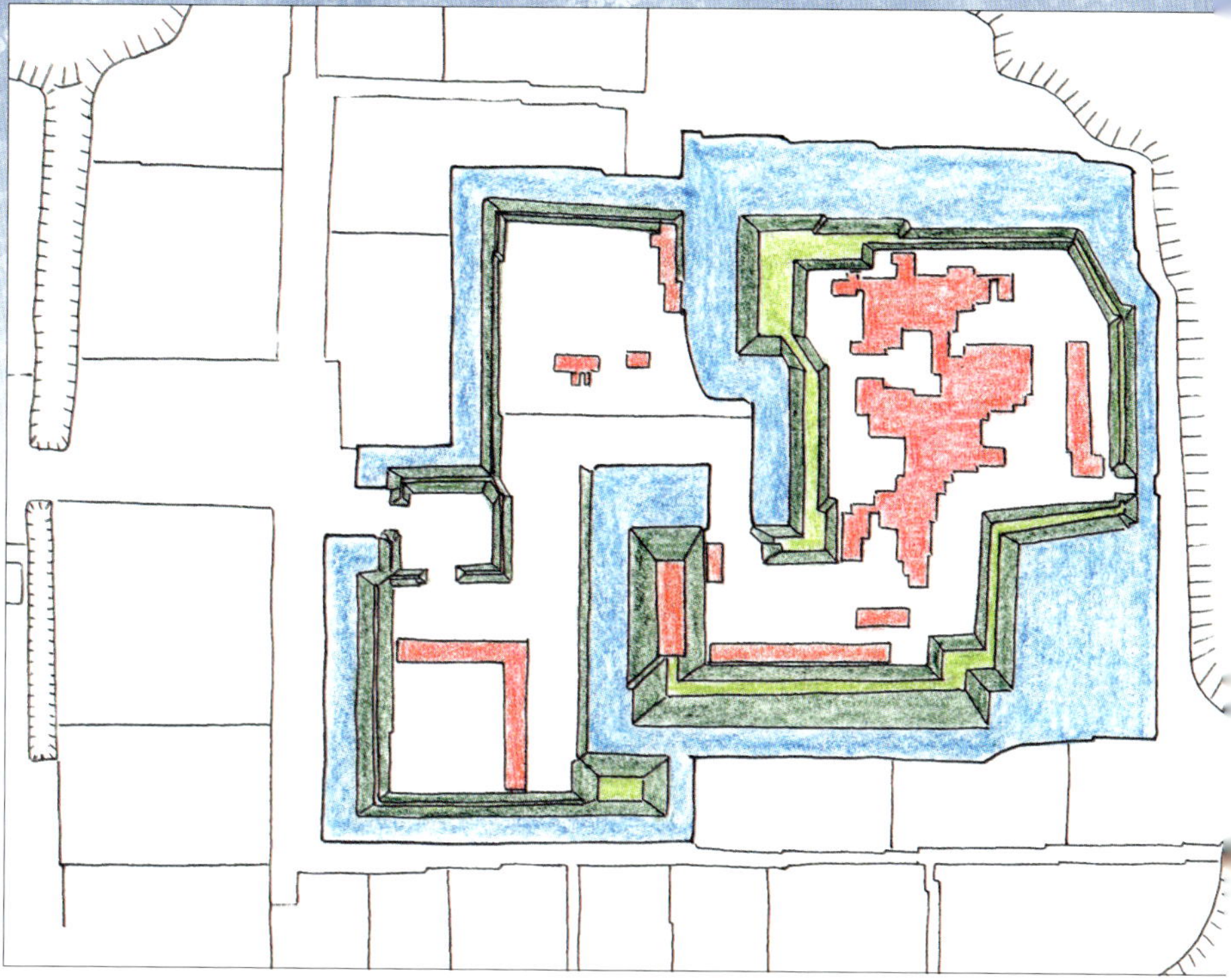

清崎城縄張図

『日本古城絵図』に基づき復元した。清崎城は松平光長城代荻田主馬の後に有馬清純が改修した可能性があり、また幕末には松平氏の陣屋が移転してきていることを考慮すると、絵図はどの時代の様子を描いているか、検討の余地がある。

屋を移した。（糸魚川陣屋の項参照）

二　構造

天和年中絵図によれば、城は方形の主郭と西の郭からなっていた。堀に囲まれた主郭には御殿、長屋、土蔵があって、西にのみ虎口があった。この虎口の馬出のように西の郭があり、内部は馬場と長屋になっていた。さらにこの西に表口があり、家臣屋敷が広がっていた。

三　遺構

城地は現在の天津神社、糸魚川市役所、市民会館、図書館一帯にあたるが、明確な遺構はない。ただ図書館の北側には堀の名残と思われる池があり、天津神社西の凹地もかつての堀切の跡と思われる。

長峰城《ながみねじょう》

上越市大潟区潟町

一 略史

元和二年（一六一六）、牧野忠成が越後長嶺五万石で入封する。忠成の長峰拝領と築城は高田城の松平忠輝改易後の所領統治に万全を期す目的があったとされている。

忠成は長峰池と犀が池の間の砂丘上に築城を開始したが、二年後の元和四年に長岡へ国替えとなり、城は未完のまま廃城とされた。

二 構造

本丸は土塁内測で東西七十五mから八十m、南北は百十mから百二十mの方形である。南西隅に物見櫓の大土塁を築き、土塁は四周に巡らせている。虎口の一つは、北側の長峰池に面して外桝形虎口とし、門外には連続する馬出を造っている。もう一か所の虎口は南西隅部分

城山を南から見る

本丸北西桝形虎口

◆長峰池
周囲二・六km、最大深度六mの天然湖。新潟景勝百選に選ばれた自然豊かな湖であったが、近年は水質が悪化している。

らしいが、道路が貫通しており形状は不明である。

なお、本丸内は平坦でなく、三段に分かれている。南側は後世の土取りの結果と判明しているが、北半分の凹みは後世の攪乱であるか、築城工事途中の様相であるのか定かでない。

現存する大土塁や空堀の規模から、本丸の築城工事はほぼ完成していたとみなすこともできるが、本丸以外については、工事が行われたものの未完成であったと思われ、古図にも堀などが一部記されているのみで、城の全体像は不明である。

三　遺構

本丸跡は南に道路が貫通し土塁の一部が破壊されているが、他の四周の土塁はほぼ原形を留め、南西隅には櫓台の跡もたどることができる。本丸を囲む堀もよく残っており、特に東側の堀は比高差が十m以上あって大規模である。

本丸の遺構は山林として残され、地元の保存会によって周回路や案内表示が整備されている。また、城跡北側の長峰池に降ると船着き場の跡とされる場所（サンバがはな）がある。

本丸南西櫓台土塁

三条城《さんじょうじょう》

三条市古城町

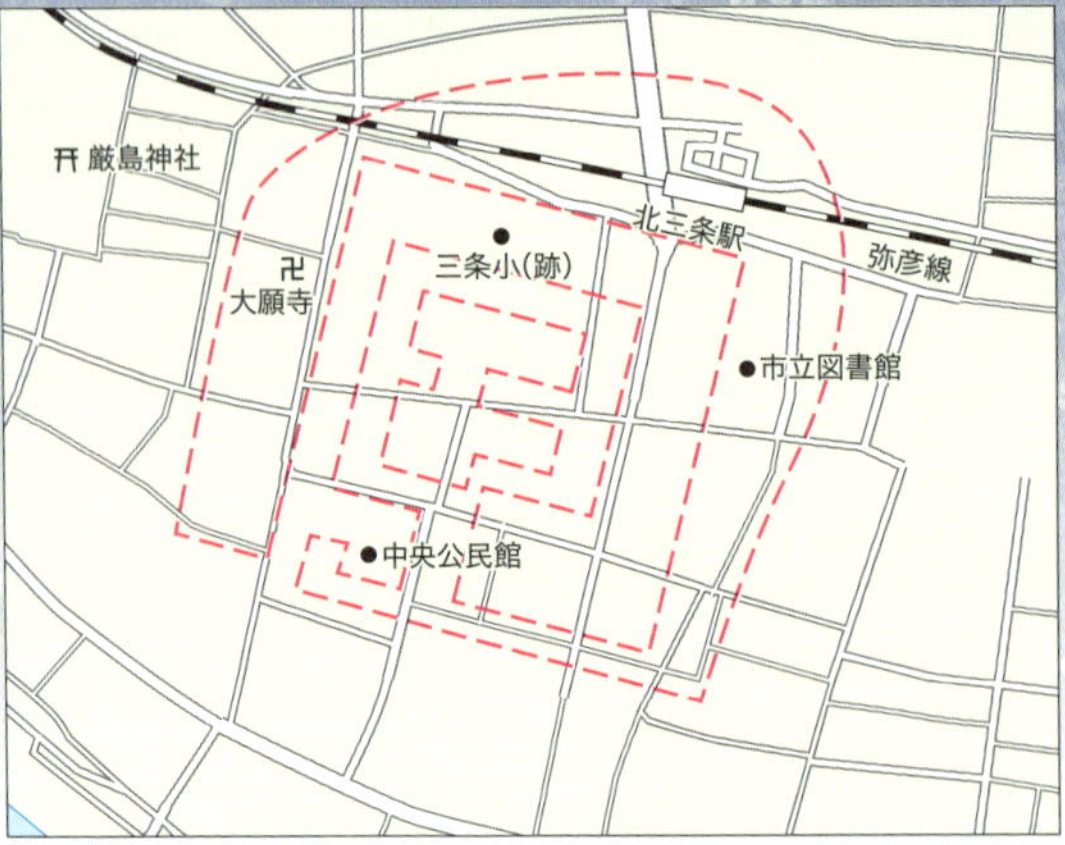

一　略史

上杉時代、三条には三条長尾氏の拠点があった。しかし、この三条城については所在地を含め詳細は明らかでない。一説に三条島城と呼ばれ、現在の三条市街から見れば信濃川対岸の中州に築かれていたともいう。

慶長三年（一五九八）、上杉景勝の会津移封に伴い、新たに春日山城主になった堀秀治の老臣堀直政と直清が三条に入部する。この時、堀氏が中世の三条城を再興したのか、新城を築いたのかは定かでない。

慶長十五年（一六一〇）、春日山から越後福嶋に居城を移していた堀忠俊は所領没収の上改易、三条城は新たに越後福嶋城主に就いた松平忠輝預となった。同十七年には幕府より遣わされて忠輝老臣となった松平重勝が二万石をもって入城した。

元和二年（一六一六）、松平忠輝は改易となり、松平重勝も城代の座を失った。三条には伯耆天橋から市橋長勝が石高四万三千石で入封し、新規に築城を開始した。しかし元和六年（一六二〇）、長勝は後嗣がないままに死去し、市橋氏は改易となってしまう。三条城には藤井から稲垣重綱が二万五千石に加増され

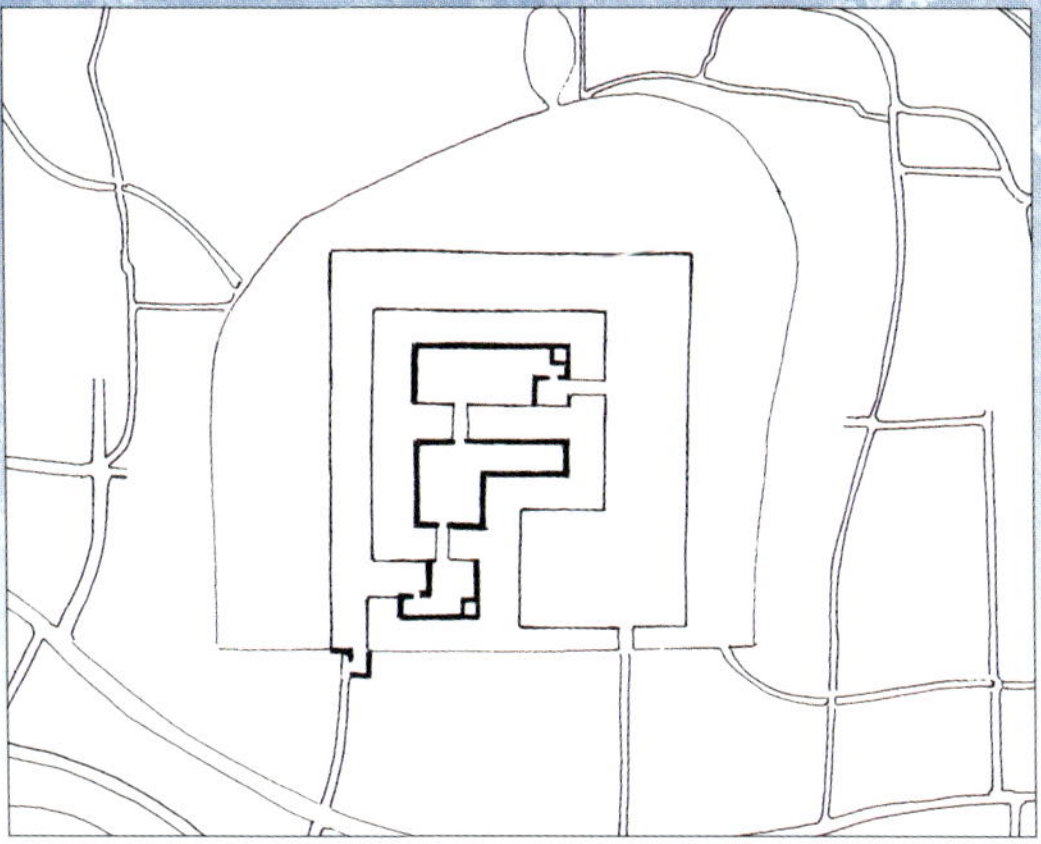

三条城の縄張図
『享保裁許書絵図』と『浅野文庫蔵諸国古城之図』から推定。

て入封するが、同九年に重綱は大阪定番となったため、三条の所領は収公されて幕領となり、出雲崎代官の支配所になった。寛永十六年、三条城は長岡藩牧野忠成預りとなり、寛永十九年（一六四二）幕命により城は破却された。

二　構造

『享保裁許書絵図』や『古城田畑絵図』などによれば、三条城は三つの曲輪を南北に並べて内堀で囲み、さらにその周りを沼のように広大な外堀で囲む構造であったと思われる。本丸は一部が東にせり出す形で、南虎口外に馬出郭があって、外門は西に向いていた。また、本丸北虎口外には二の丸があって、二の丸からは外曲輪に向けて東に門があった。これらの図はすでに三条「古城」となっていた時代の記録であり、縄張の詳細や虎口、建物などは明確にとらえられないが、「仁政要録」によれば、城に石垣はなく土塁造りであったという。

城にあった建築物としては、『浅野文庫蔵諸国古城之図　山条』には二の丸と馬出郭に二重櫓が描かれ

三条城本丸付近

ており、門建築は馬出郭外の外郭と城下の間のフキ門と、二の丸虎口の門が描かれている。

また、『古城絵図』には本丸、二の丸、馬出郭それぞれに二重櫓が描かれ、門は『諸国古城之図』に加えて馬出郭の門も描かれている。

三　遺構

城跡は市街地となり、土木遺構は全く見られない。本丸跡は三条小学校南側辺りになる。

三条城本丸二重櫓の情景

『古城絵図』を参考に復元した。櫓は大壁造で破風の装飾や石落としはなく、窓は連子窓であったようである。また、絵図では本丸櫓台に石垣があったようにみえる。

本丸北に建てられた城跡碑

最近、北三条駅近くに小公園が整備された。

また、三条城所縁の門として、城南の本成寺に薬医門がある。

ただ、城門であったというのは、伝承の域を出ず、建築上の裏付けは得られていない。

◆伝三条城城門　薬医門

現在は本成寺黒門（東の外門）である。もとは三条城将山吉定明の屋敷門であったというが、江戸中期とみられる彫刻もあり、三条城所縁の門とされる根拠は定かでない。

門は比較的大柄で本柱は太い。冠木は本柱に載る形式で、扉板が上部縦格子となっている点も古式である。門金具もよく残るが、屋根は平成五年に桟瓦葺に改修されている。

藤井城《ふじいじょう》

柏崎市上藤井

一　略史

元和二年（一六一六）稲垣重綱が上野伊勢崎から二万石で配置換えにより入封、築城を開始した。同六年（一六二〇）、重綱は三条城二万五千石に転封、藤井城は未完のまま廃城となった。城域は五十m×百mほどであったと言われるが、城の構造はよく分からない。

二　遺構

本丸部分は小広場となり、北辺に一段低く堀跡名残の水田がある。周辺にも土塁跡や堀跡とみられる遺構が点在しているが、明確なものは少ない。付近には城小路、足軽町などの小字が伝えられている。

城址公園

本丸北辺の土塁と堀跡

沢海城《そうみじょう》

新潟市江南区沢海

城跡現況

一　略史

慶長十四年（一六〇九）、新発田藩主溝口秀勝の二男善勝は二千石を分地されて上野高瀬に陣屋を置いたが、翌年には越後国内に一万二千石を加増され総高一万四千石となって大名に列した。沢海に居城を築いたのは、二代政勝で、寛永十六年（一六三九）頃と思われる。

政勝の後、沢海溝口氏は一族への分与により高一万石となって政良、政武と続いた。しかし政武が早世したため、水口加藤家から当主明友次男の正親を継嗣に迎えた。しかし、家中は正親が行った増税策と正親の素行から御家騒動となり、事態は幕府の知るところに発展、裁定の結果、貞享四年（一六八七）沢海溝口家は改易、城も廃された。

二　構造

新発田市立図書館所蔵の絵図等によれば、城の本丸は方形で四周は低い石垣と白塗り壁の塀で囲まれていた。表門（薬医門か）は南側にあり、裏門は西に面していた。本丸内の建物の様子は分からないが、北側には二階櫓と三棟の長屋があったらしい。二階櫓は一階が下見板張り、二階が白壁で屋根には鯱が描か

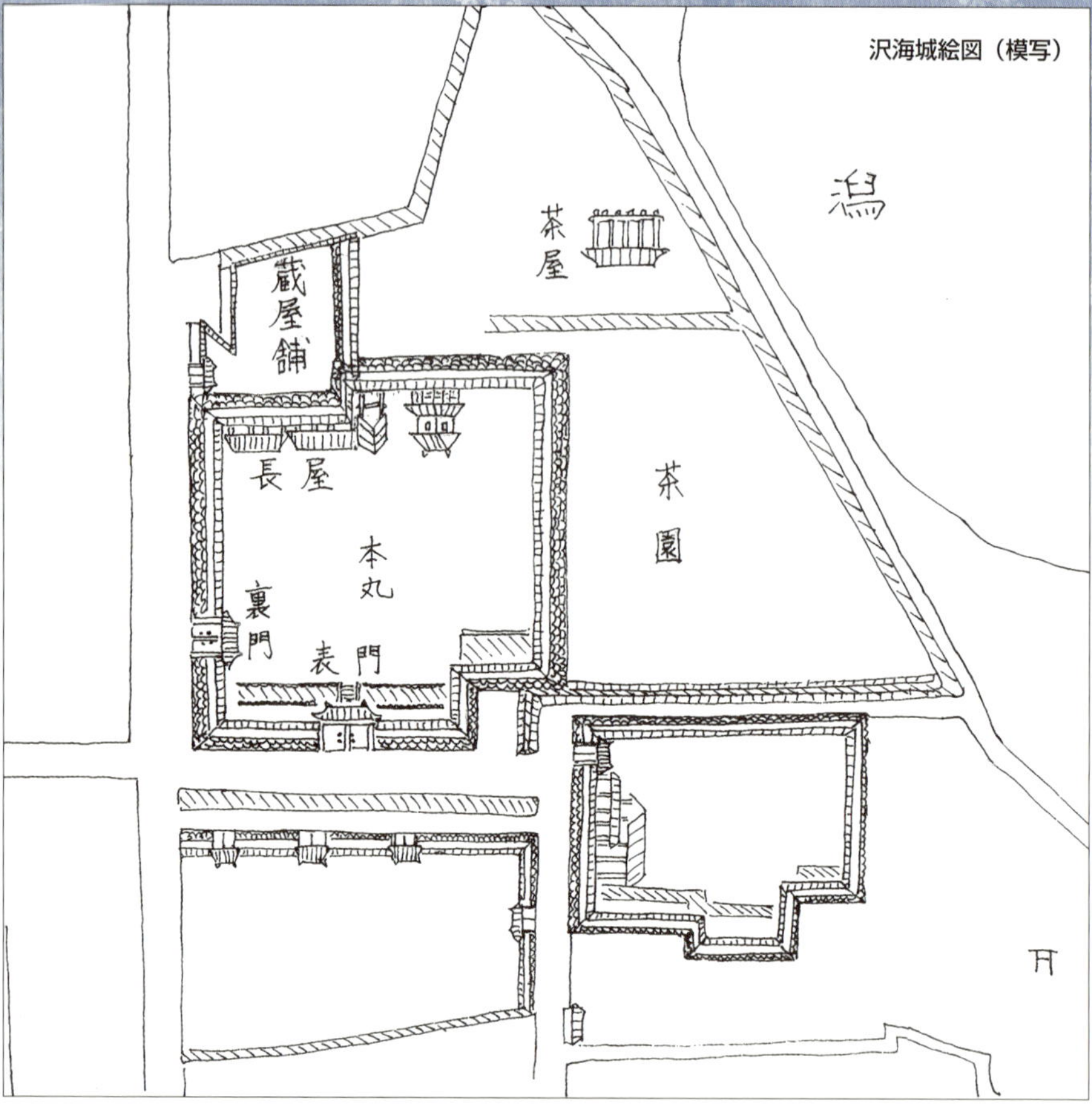

沢海城絵図（模写）

れている（太鼓櫓か）。

本丸の北には蔵屋敷と御茶屋があり、東側は茶園を隔てて阿賀野川の潟が要害を成していた。本丸の南側には石垣と塀に囲まれた一郭があり、表門の向かい側にも上級の家臣屋敷と思われる一郭があった。これらを囲む堀は存在せず、全体的に陣屋造りであった。陣屋の西方には武家町が広がっていた。

二 遺構

沢海城は、絵図と小字「御殿」から、阿賀野川河岸にあったと推定されるが、大正四年の河川改修によって消滅した。現在は河川敷のフラワーライン公園に史跡解説版が建つのみである。

安田城《やすだじょう》

阿賀野市安田

一 略史

戦国時代、安田城は上杉氏の家臣安田氏の居城であったが、慶長三年（一五九八）、上杉景勝の会津移封で村上氏の支配となり、家臣の吉竹右近が城を預かる。元和四年（一六一六）には支配が堀氏に代わった。

寛永十六年（一六三九）、村上藩主堀直寄の二男直時が立藩し、安田城跡に陣屋を築いた。石高は三万石。正保元年（一六四四）堀直吉の時、村松の上杉氏古城を改修して新陣屋とし、安田城は廃城となった。安田城は阿賀野川沖積平野に築かれた平城で、九十m×七十mの方形本丸の周りに幅二十mの堀を巡らせ、その外側に二の丸を配していた。

二 遺構

本丸は新潟県指定史跡であるが、周辺は市街地化し、内堀と郭内土塁の一部、本丸南の二の丸水堀だけが残っている。

本丸（左）と西堀

高柳陣屋

たかやなぎじんや

妙高市高柳

陣屋周辺（速念寺を南から）

一　略史

元禄十五年（一七〇二）、美濃岩村藩主丹羽氏音は家臣の御家騒動により九千石を減らされ所領一万石で越後高柳に転封となった。同時に氏音は城主格から無城定府となったため、高柳に陣屋を構えたが在陣することはなかった。

宝永二年（一七〇五）、兄薫氏が養子となり高柳藩（首城藩とも）の跡目を継いだが、元文四年（一七三九）に薫氏は大阪定番に任じられて高柳は廃藩となった。さらに延享三年（一七四六）、薫氏は播磨三草に転封になって三草藩を創設した。

二　遺構

陣屋跡は現在の速念寺周辺とされるが、明確な遺構はない。路地に沿ってところどころに低い石積みが見られるが、陣屋に伴うものであるかどうか不明である。

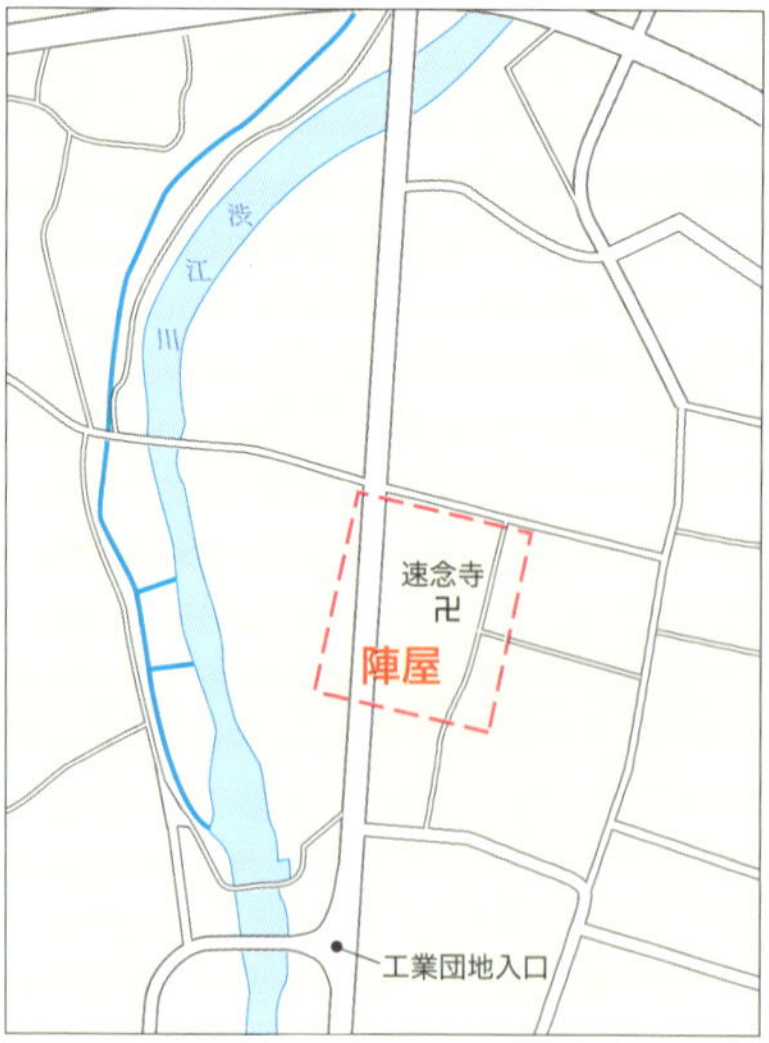

第三章　旗本陣屋

旗本陣屋

一万石未満の幕臣である旗本は本来江戸住まいであって、知行所を得ても陣屋をもつ者は少なかったが、大身の旗本になると知行所に陣屋を設けることがあった。越後の旗本陣屋について概略すると、先ず、新発田藩溝口氏の一族が、初め水原、後に池之端、切梅、二ツ堂、山口に陣屋を構えていた。これらは近接して置かれているのが特徴的であり、特に池之端、切梅、二ツ堂は個々に独立した陣屋町を形成していたとは認めがたい。

沢海の小浜氏、春日の安藤氏、高野の松平氏は三千石以上の大身旗本で、陣屋が知行所の中心となっていたと思われるが、陣屋自体に塁堀などの軍事的な備えは殆どなかったようで、陣屋は年貢の収納や訴訟の処理などの行政施設であったことが分かる。

旗本陣屋はそもそも簡易な普請が行われただけであったから、廃絶後は宅地や耕地への転用が容易に進み、遺構は早いうちから失われていった。現在はその殆どが、伝承や顕彰碑によってかろうじて場所を特定することができるといった状況である。

こうした中、稲葉氏の小島谷陣屋は旗本陣屋の面影を伝える遺跡として貴重である。稲葉氏は定府であり、小島谷陣屋には居住しなかったから、厳密に言えば知行所の旗本「代官」陣屋であるが、周囲を狭い掘割と板塀で囲み、正面に冠木門を構え、敷地内に入れば母屋、蔵、庭園などが存在する有様は、近世の旗本陣屋の一典型として理解できよう。なお、旗本陣屋については、「代官所」や「役所」などと称したことが近世文書から知れるが、本稿では「陣屋」と統一表記している。

溝口氏豊浦陣屋（池之端陣屋）

新発田市豊浦

池之端陣屋広場

一　略史

寛永五年（一六二八）、溝口宣俊が新発田藩から五千石の分地を得て中世池之端城跡の外郭に陣屋を建設、以降溝口氏が九代（宣直—直武—直季—直之—直旧—直道—直清—直臺）続いて明治維新を迎えた。特に八代直清は浦賀奉行や外国奉行を務め、幕末の外交の一端を担った。

池之端溝口氏は定府であったため、安政二年（一八五五）からは堀川家が代官職を務めた。

二　遺構

陣屋地は小公園となる。付近に堀跡が見られるが、これは中世池之端城の遺構であろう。

溝口氏切梅陣屋

新発田市切梅

切梅陣屋跡

一 略史

新発田溝口氏二代宣勝の二男宣秋は、寛永五年（一六二八）に六千石を分与されて水原に陣屋を構えた。後に宣秋は寄合に列し、正保元年（一六四四）には陣屋を切梅に移した。

宣秋の子宣就は元禄七年（一六九四）扶持米取となり、さらに同十一年（一六九八）には新たに知行地を陸奥郡岩瀬横田に賜って陣屋を移したため、切梅陣屋は廃止された。

二 遺構

切梅陣屋は旧佐々木川右岸の平坦地にあったが、現在は陣屋の遺構はなく、八反場と呼ばれた一帯は畑地となって標柱が建つのみである。

溝口氏系図（一部）

- 新発田藩 秀勝
  - 宣勝
    - 三代宣直
    - 宣秋（切梅）
    - 宣俊（池之端）
    - 宣知（二ツ堂）
  - 善勝（沢海）

溝口氏二ツ堂陣屋

新発田市二ツ堂

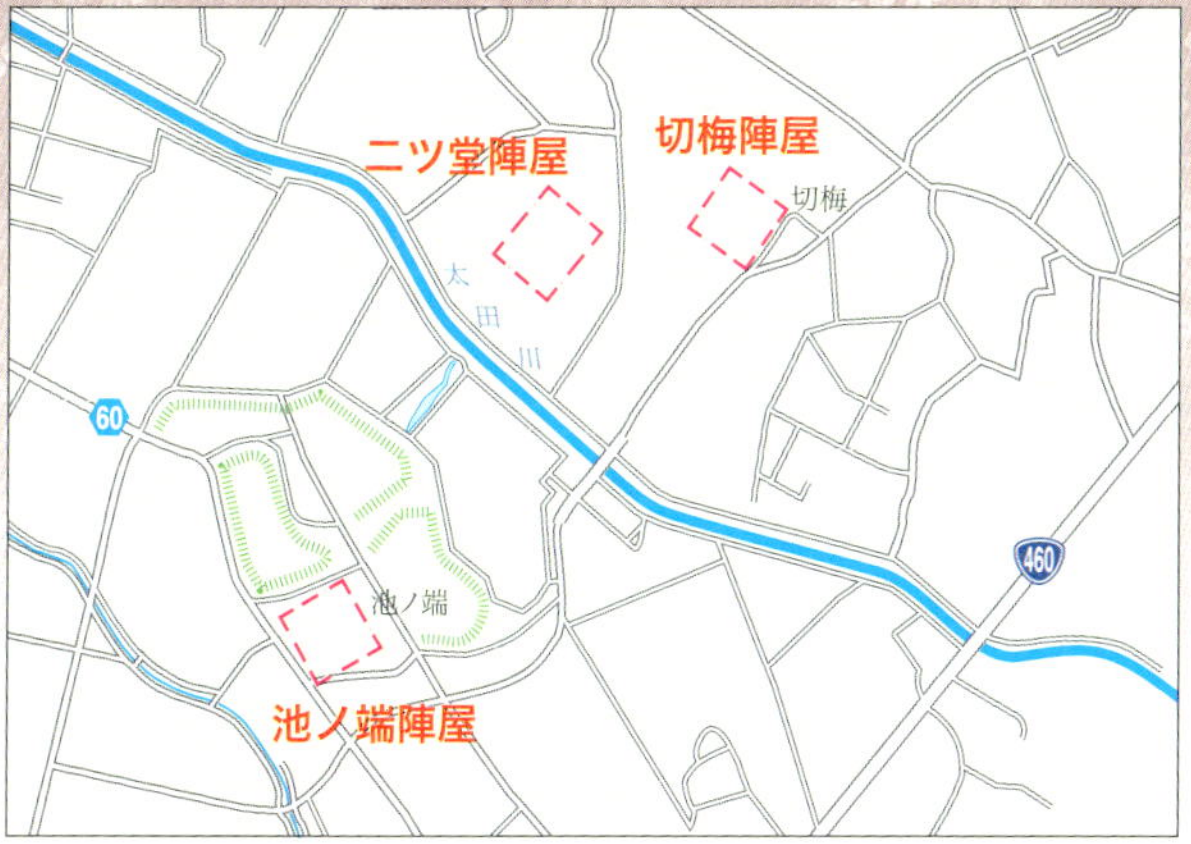

一　略史

新発田溝口氏二代宣勝の四男宣知が正保元年（一六四四）に水原から二ツ堂に陣屋を移す。知行は四千五百石。宣知は二ツ堂溝口家と称されたが、陣屋は切梅と池之端の中間に位置したことから「中屋敷」とも呼ばれた。

万治元年（一六五八）宣知は没するが、嗣子がなく、二ツ堂溝口氏は一代限りで廃絶した。

二　遺構

陣屋は太田川を自然の要害とする高台に位置し、八反歩の面積をもつ屋敷であったという。現在も周囲の水田は一段低く、堀跡の面影を残す。陣屋地内は畑地となり、かつて建てられた史跡標柱も朽ちてしまっている。

二ツ堂陣屋跡

溝口氏水原陣屋

阿賀野市水原

新発田溝口氏二代宣勝の二男宣秋と四男宣知は寛永五年（一六二八）、父の遺命により新発田藩から新田打出し分を分与されて独立し、共に水原に陣屋を構えた。正保元年（一六四四）、宣秋は切梅に、宣知は二ツ堂にそれぞれ陣屋を移して水原陣屋は廃止された。

水原時代、後の切梅溝口氏は東組、二ツ堂溝口氏は中組、池之端溝口氏は西組と通称されたという。

溝口氏山口陣屋

阿賀野市水原山口

沢海溝口善勝の三男安勝（直勝また元勝）は、寛永十一年（一六三四）に遺領の内蒲原郡千石を分与されて山口に陣屋を置いた。山口溝口氏は在府であったので、山口村名主柄沢太惣兵衛を代官に任じていた。安勝は天和二年（一六八二）に五百石を加増されたが、元禄元年（一六八八）、家督を友勝に譲った際にこれを二男常勝に相続させたため、溝口氏所領は知行千石に戻り、子孫は代々孫左衛門を世襲して明治に至った。

陣屋は字舘ノ腰にあったといい、付近には「代官小路」「センガリ」（刑場）などの地名が残るというが、詳細は不明である。

字「舘ノ腰」の日吉神社付近

小浜氏沢海陣屋

新潟市江南区沢海

◆沢海小沢氏
祖は志摩国土豪で、甲斐武田氏に仕えたが、天正十年、徳川家家臣となった。

宝永四年（一七〇七）、旗本小浜行隆が六千石の知行を受け、幕府代官陣屋であった沢海陣屋を自らの陣屋とする。以降七代相伝して幕末を迎えた。幕末の知行は四千石であった。

現在、陣屋跡は明治四年に移転してきた光圓寺境内となって、門前に石碑が建つのみである。しかし西に接して豪農伊藤家屋敷が残り、文化施設北方文化博物館となっているため、周辺は趣のある街路となっている。

（幕府陣屋時代は別項）

沢海陣屋跡（光圓寺）

安藤氏春日陣屋

柏崎市春日

旗本安藤信富が創建、以降安藤氏（七千石－五千石）が幕末まで続いた。この間の文政六年（一八二三）四月、用人小泉氏と庄屋牧岡氏の不正に対する百姓一揆が勃発、六月にも再発して一揆勢が陣屋を襲撃する事態になり、柏崎藩からの援兵でようやく鎮圧するという事件があった。

　春日陣屋の規模は東西七～八十間、南北三～四十間。役所建物の他に郷蔵番屋敷や足軽屋敷があった。

　現在、陣屋跡は春日公園のとなっているが、陣屋碑が建てられているのみである。北隣の春日神社付近には土盛りなどが見られるが、陣屋の遺構は明確でない。

◆春日安藤氏
高崎藩主安藤重長の次子で旗本の重広を祖とする。本家は後に陸奥平藩主となった。

陣屋跡の春日公園

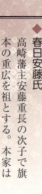

稲葉氏小島谷陣屋

長岡市小島谷

◆小島谷稲葉氏
初代通周は老中首座も務めた稲葉正則の八男。兄正通は元禄十四年に高田から下総佐倉十万二千石に移封した。

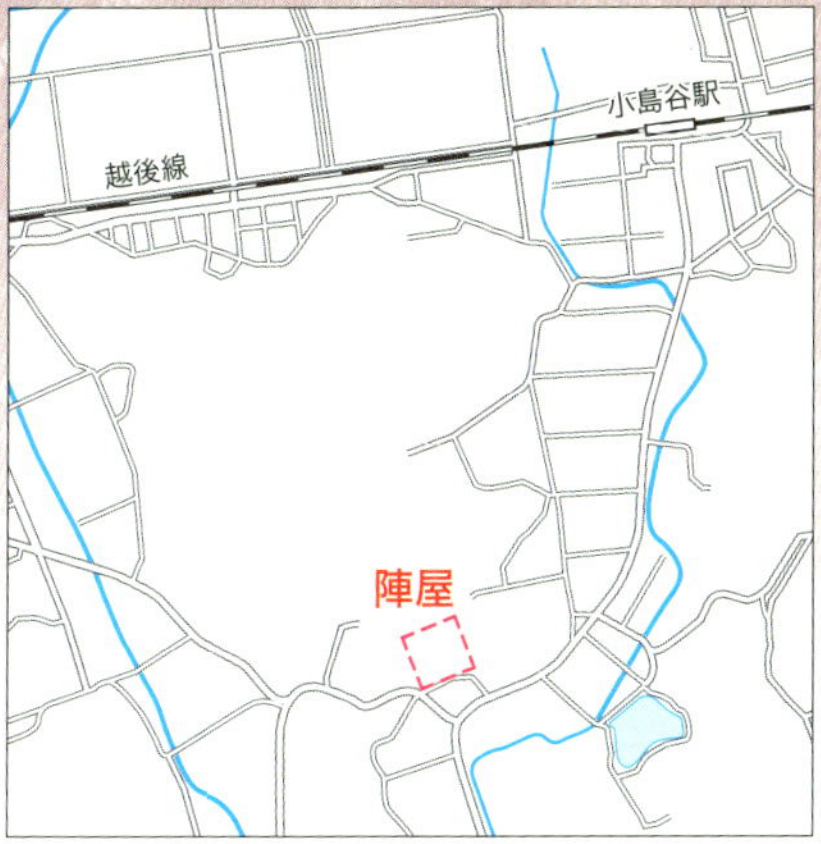

元禄十年（一六九七）高田藩主稲葉正通は弟通周に越後小島谷千石を分与し、通周は旗本寄合席に列することとなった。ここに旗本小島谷稲葉氏が成立、通周は采地の支配陣屋に久須美家屋敷を採用した。稲葉氏は定府であったため、陣屋の采配は久須美家が担った。

下って幕末の動乱では、久須美家当主が率先して勤王方となり、当主穂波を擁して会津桑名兵と交戦、この際に陣屋建物の多くは灰燼に帰した。

現在、享保二年（一七一七）作庭の庭園と屋敷を囲む石垣、水堀が残る。さらに、当時の建物ではないが、

住雲園正面

◆**小島谷代官久須美氏**
幕末の代官久須美三郎は戊辰戦争の際に新政府軍の弾薬兵糧に協力、後に大隈重信の援助を受けて越後石油開発の先駆けとなった。

住雲園図

正門（冠木門）、東門（棟門）と板塀、さらには旧久須美家母屋、土蔵等が旗本陣屋の雰囲気を伝えている。
また、旧久須美家庭園は北越名園の一つとして幕末に「住雲園」と命名され、長岡市の管理のもと、現在も多くの観光客が訪れる名所となっている。

正門前の石垣と堀

南東隅の石垣と堀

松平氏高野陣屋

胎内市高野

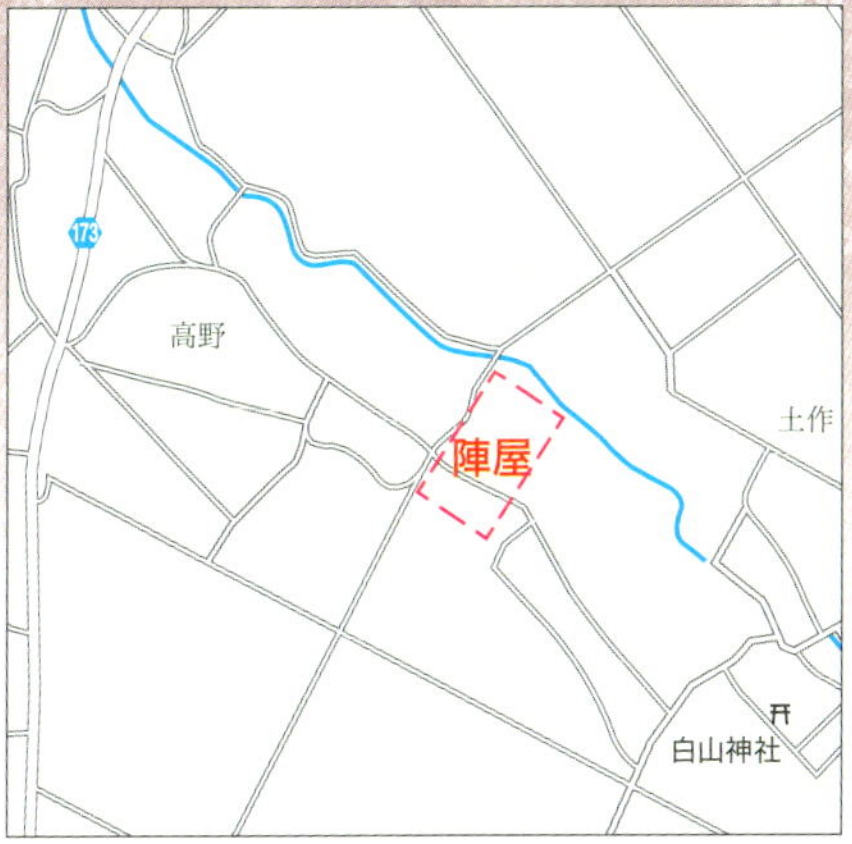

正徳二年（一七一二）、旗本松平乗包は蒲原郡の内三千石を与えられ、中世に在地領主高野氏の館があった地に陣屋を構えた。

高野松平氏は奥殿領主松平氏の流れで、遠祖は大給松平氏。本家筋は三河西尾城主松平氏で分家筋には豊後府内城主、美濃岩村城主がいた。旗本高野松平氏知行所は代々相伝し明治に至った。当主は定府であったため、陣屋の実務は地元名主が務めた。

陣屋地は神社地や耕作地となる。明確な遺構はない。

陣屋跡周辺

近世新潟の城と陣屋（大名・旗本）存在期間年表

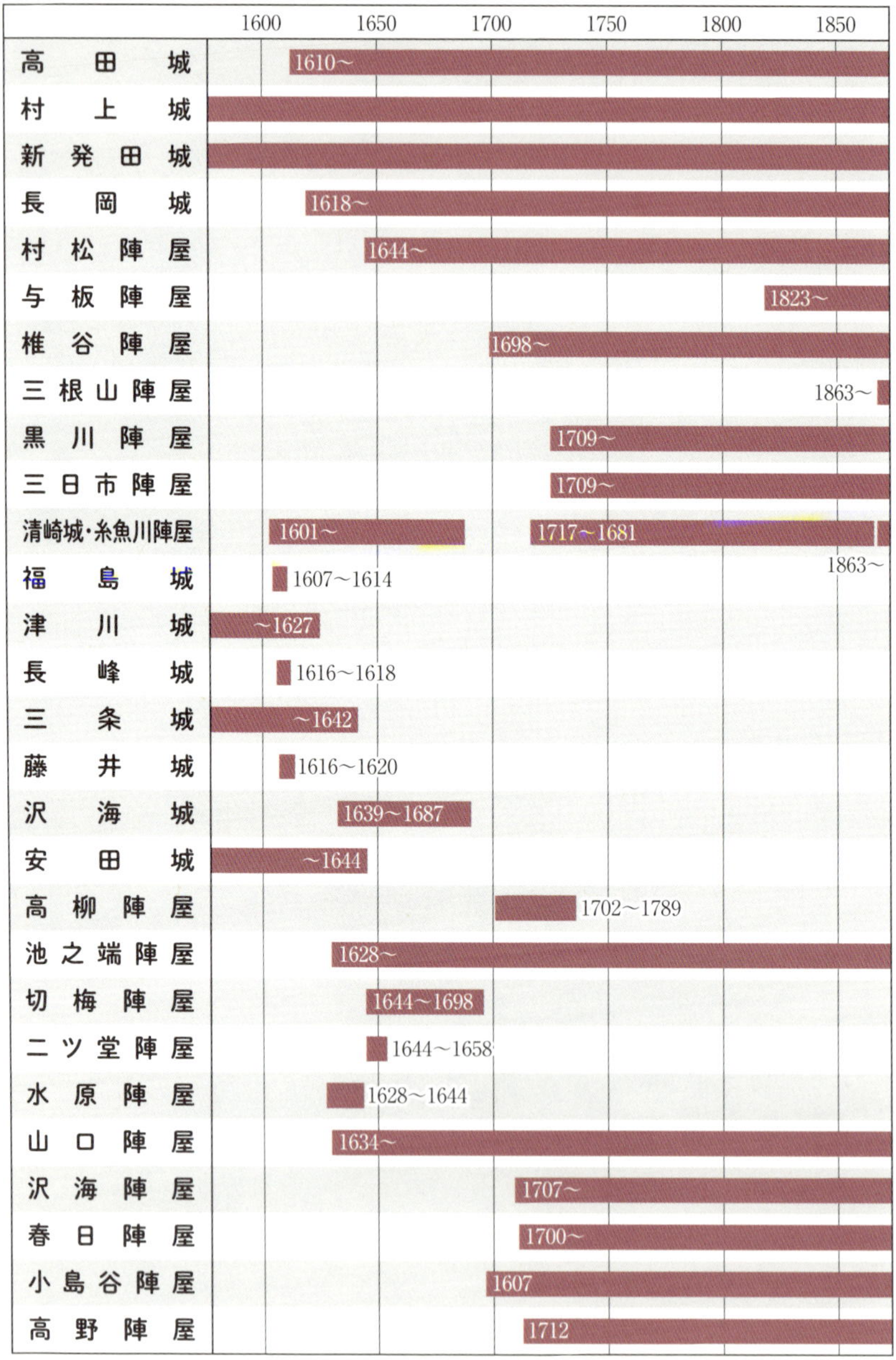
1600
1650
1700
1750
1800
1850
高田城
1610～
村上城
新発田城
長岡城
1618～
村松陣屋
1644～
与板陣屋
1823～
椎谷陣屋
1698～
三根山陣屋
1863～
黒川陣屋
1709～
三日市陣屋
1709～
清崎城・糸魚川陣屋
1601～
1717～1681
1863～
福島城
1607～1614
津川城
～1627
長峰城
1616～1618
三条城
～1642
藤井城
1616～1620
沢海城
1639～1687
安田城
～1644
高柳陣屋
1702～1789
池之端陣屋
1628～
切梅陣屋
1644～1698
二ツ堂陣屋
1644～1658
水原陣屋
1628～1644
山口陣屋
1634～
沢海陣屋
1707～
春日陣屋
1700～
小島谷陣屋
1607
高野陣屋
1712

第四章 諸藩出張陣屋

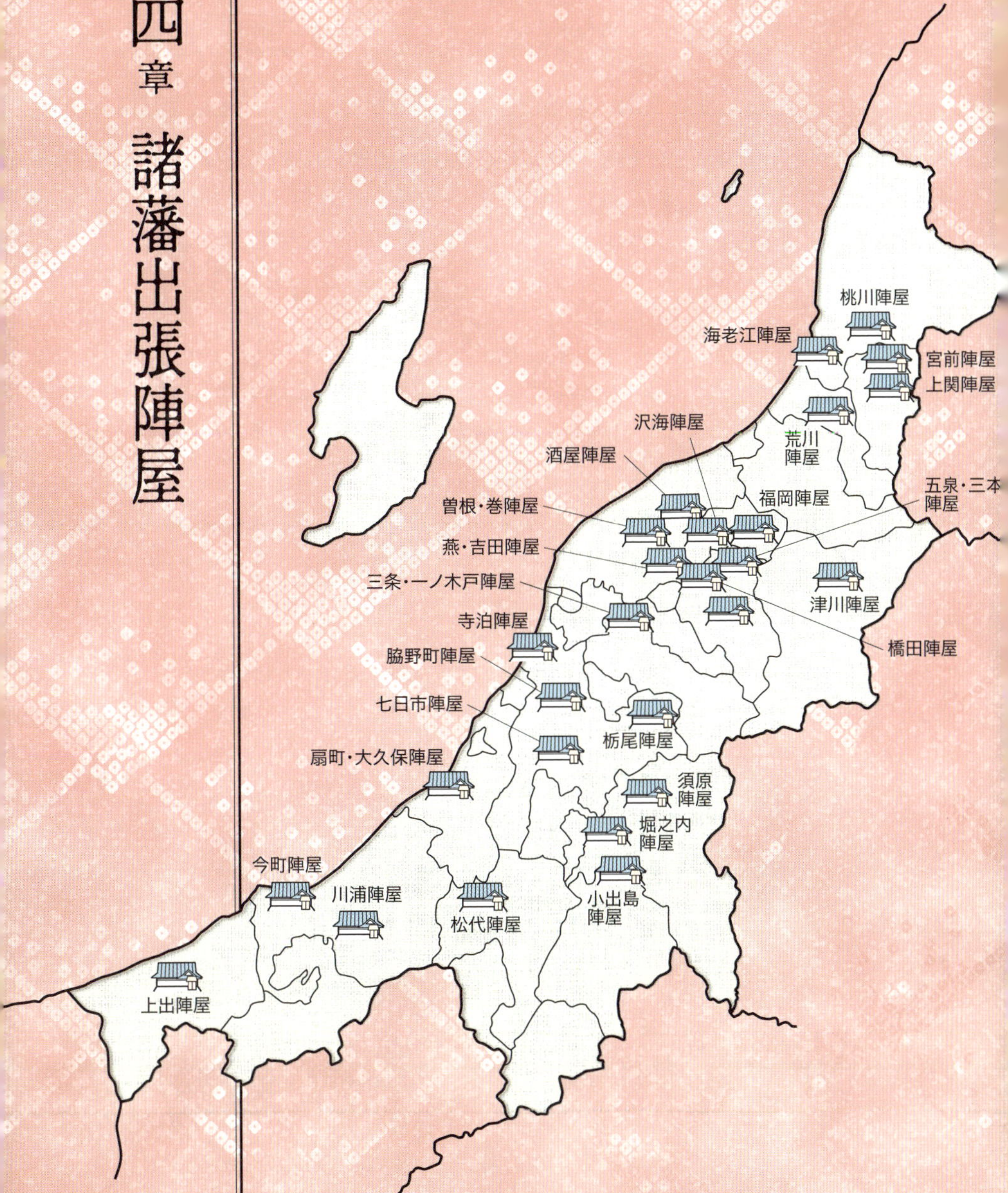

桃川陣屋
海老江陣屋
宮前陣屋
上関陣屋
沢海陣屋
荒川陣屋
酒屋陣屋
福岡陣屋
五泉・三本陣屋
曽根・巻陣屋
燕・吉田陣屋
三条・一ノ木戸陣屋
津川陣屋
寺泊陣屋
橋田陣屋
脇野町陣屋
七日市陣屋
栃尾陣屋
扇町・大久保陣屋
須原陣屋
堀之内陣屋
今町陣屋
川浦陣屋
松代陣屋
小出島陣屋
上出陣屋

諸藩出張陣屋

十七世紀後半になると商業資本が農村部の生活にまで浸透し、生活苦から百姓の土地質入れが盛んになって、小作人の増加が顕著となった。幕府は田畑永代売買禁止令などで年貢負担に耐えうる百姓の維持を図ろうとしたが、米価の乱高下などもあって効果がなく、やむなく質地条例を出して質入れ農民の流質地取り戻しを支援しようとした。しかし、これは却って混乱に拍車をかけ、幕府代官所も百姓の不満を治めることができなかったために越後各地で質地騒動に発展してしまった。

農民の騒動を抑えられない在地の代官は状況を江戸表に報告、幕府は混乱の収拾を諸藩に任せることに決し、越後の天領は預所として諸藩に預けられた。享保九年（一七二四）閏四月、各藩に預けられた越後天領は、高田藩松平越中守に十万七千石、会津藩松平肥後守に七万石、長岡藩牧野駿河守に六万四千石、館林藩松平右近将監に四万七千石、新発田藩溝口信濃守に四万三千石であった。

これを受け、諸藩は預所の直接支配のために出張陣屋を設置、騒動に対して武力鎮圧に乗り出した。高田藩などは首謀者を捕えて厳罰に処すことで事態を収拾していった。

この一例のように、諸藩の出張陣屋は年貢の収納や訴訟処理に加えて万一の際の武力行使も念頭に経営が行われた。そのため、出張であっても有事に対応可能な人員と一定の規模をもつ陣屋が多かった。しかし、設置された期間が限定的であったり、幕末戊辰戦争に幕府方諸藩の拠点となったりしたために破却され、現在に残る遺構は殆どない。

高田藩今町陣屋

上越市中央三丁目（旧新川端町）

松平光長の寛永年間（一六二四～四四）に藩の湊支配の目的で設置された。初めは片原町の北側海岸にあり、その後本砂山町地内の中嶋町口から海岸に出る場所に移転したが、文化九年（一八一二）の波崩れで土塁が決壊し、同十三年に新川端町の出先の海岸に再移転した。

慶応四年の陣屋絵図によれば、西に表門を置き、北から東にかけて低い石垣を築いて東にも二つの門があったことが分かる。周囲に堀はなく、西側は塀と矢来、他の三方は柵が巡っていたらしい。敷地内には十間×五間の陣屋建物と役小屋があった。また、陣屋前には海防のために六挺の大砲を備える台場があった。陣屋には抜荷監視のための役人二、三名が常駐していたという。遺構は残らない。

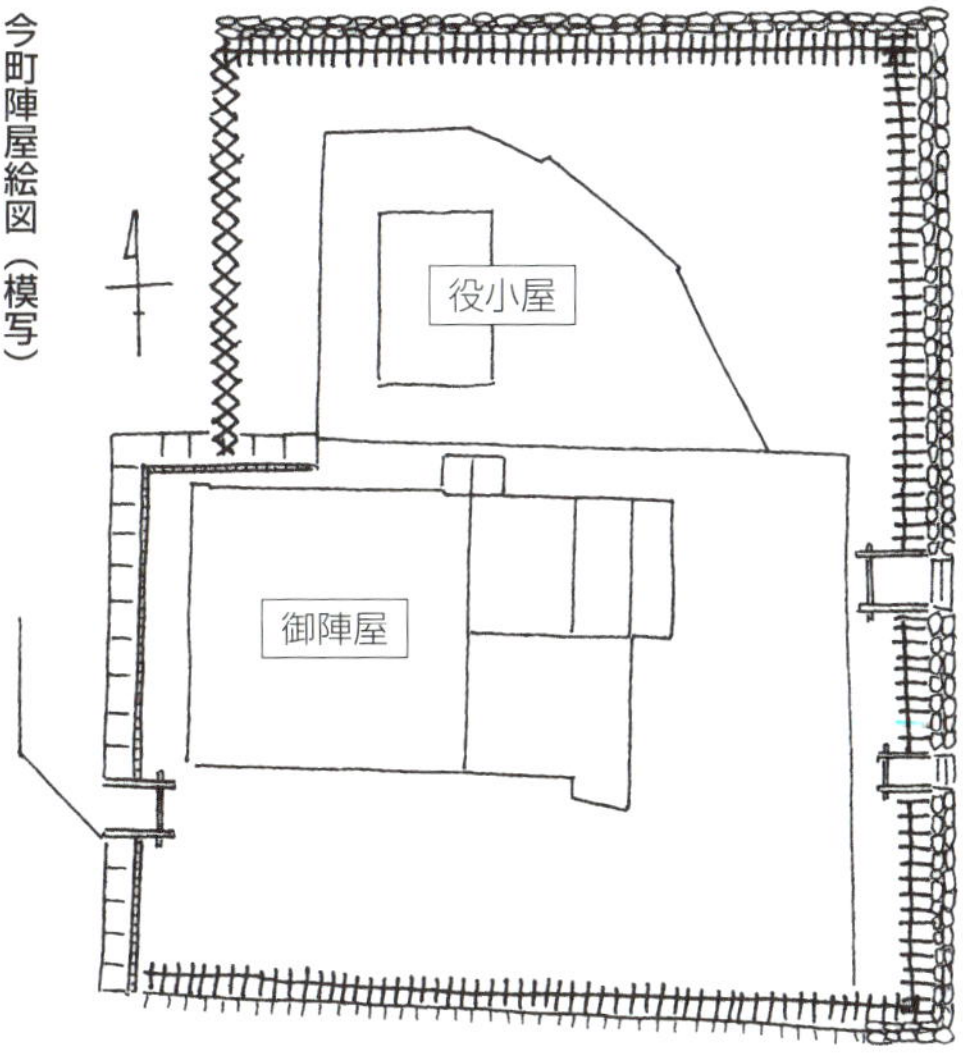

今町陣屋絵図（模写）

高田藩堀之内陣屋

魚沼市堀之内

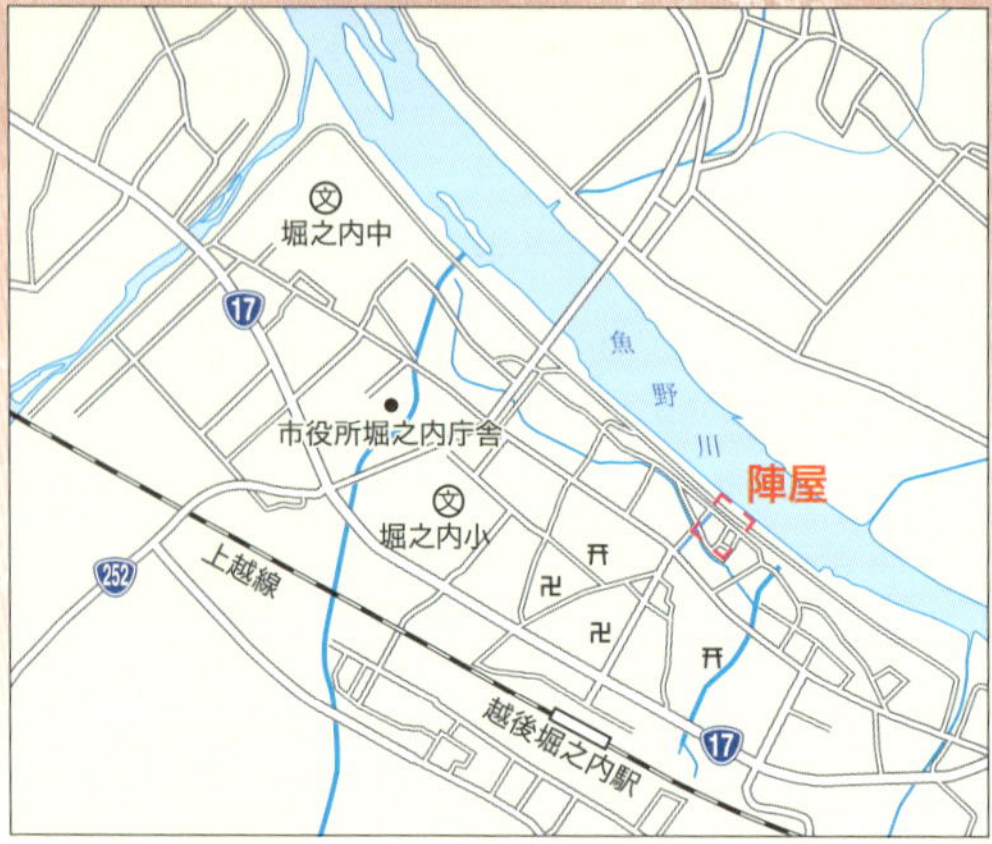

堀之内には松平光長の時代に高田藩の旅屋（出張陣屋）が置かれた。

天和二年（一六八二）の『堀之内村郷帳』によれば、陣屋は大田屋と小田屋の二棟からなり、大田屋は代官来訪の折の執務所で小田屋は下代の執務用であったという。大田屋は十八間×十六間、小田屋は十六間×十四間あった。

陣屋の周囲は柴垣で囲われており、その管理は村方の負担であったという。

陣屋が置かれたのは、三国街道が堀之内宿を横切って六間小路を魚野川端へ出た所で、南面して集落を見渡せる場所であった。

陣屋の遺構は残らない。

六間小路と陣屋跡（奥）

高田藩松代出張陣屋

十日町市松代

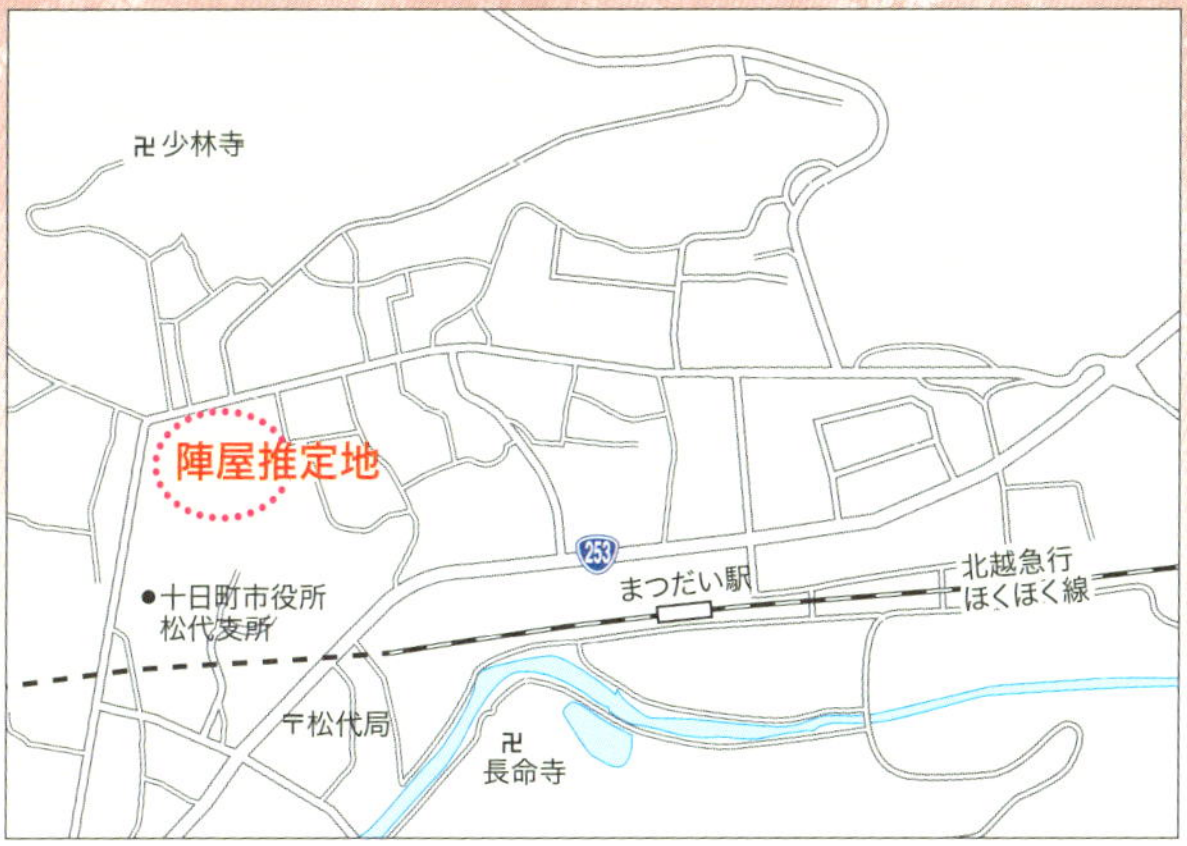

寛永元年（一六二四）、高田藩松平光長が松代に領地を得て代官陣屋を置いた。松代は陣屋の設置を契機に栄えたが、天和元年（一六八一）越後騒動により光長が改易になると、幕府の直接統治を受けることになり、翌年には陣屋も廃止された。

陣屋の詳細は分からないが、大正六年の大火の後に遺材が出土したという話がある。これによれば旧街道筋の西の端、現在の松代小学校校庭丘陵北下辺りに所在していたものと推定される。

遺構はない。

松代の街並み（道路左手奥が陣屋推定地）

高田藩柏崎扇町出張陣屋

柏崎市扇町

高田藩松平氏の出張陣屋。松平光長改易の後は幕府が使用し、高田藩に稲葉氏が入封するとその出張陣屋となる。戸田氏時代の元禄十六年（一七〇三）陣屋は島町に移されたが、正徳五年（一七〇三）扇町に戻された。

寛保元年（一七四一）、松平定賢が白河へ転封し、柏崎も白河藩松平領に編入された際に廃止となり、陣屋は大久保に移された。

扇町陣屋は現在の喬柏圓や末広稲荷が建つ辺りにあったとされるが、遺構はない。

扇町陣屋跡付近

白河藩（桑名藩）柏崎大久保出張陣屋

柏崎市大久保

大久保陣屋跡付近

寛保元年（一七四一）、高田藩主松平定賢が白河へ転封し、柏崎も白河藩松平領に編入されたことを機に、大久保に新たな出張陣屋が置かれる。文政六年（一八二三）、白河藩松平氏は桑名に転封。これに伴い柏崎陣屋は桑名藩出張陣屋となった。天保八年（一八三七）、生田万の乱があり、国学者生田万の一派が陣屋に乱入したが、ほどなく鎮圧された。慶応四年（一八六八）、桑名藩主松平定敬は徳川慶喜の意を汲み、朝廷に恭順の態度を取って柏崎に移り謹慎したが、柏崎では主戦論が大勢を占め、北上する朝廷軍と鯨波で衝突した。明治四年（一八七一）、柏崎陣屋は柏崎県庁となるが、同六年、新潟県編入で使用停止となった。

陣屋の構造は嘉永三年（一八五〇）作成の『陣屋絵図』によれば、規模は東西一八〇m 南北一〇〇m。敷地内には御役所、預役所、刈羽会所、役宅、学問所、火術細工所、剣槍術場、居合柔術場、弓術場、馬場、長屋、稲荷などがあった。

現在、陣屋地は柏崎市指定史跡となっているが、周辺は住宅地化し、陣屋跡を記す碑のほか遺構はない。

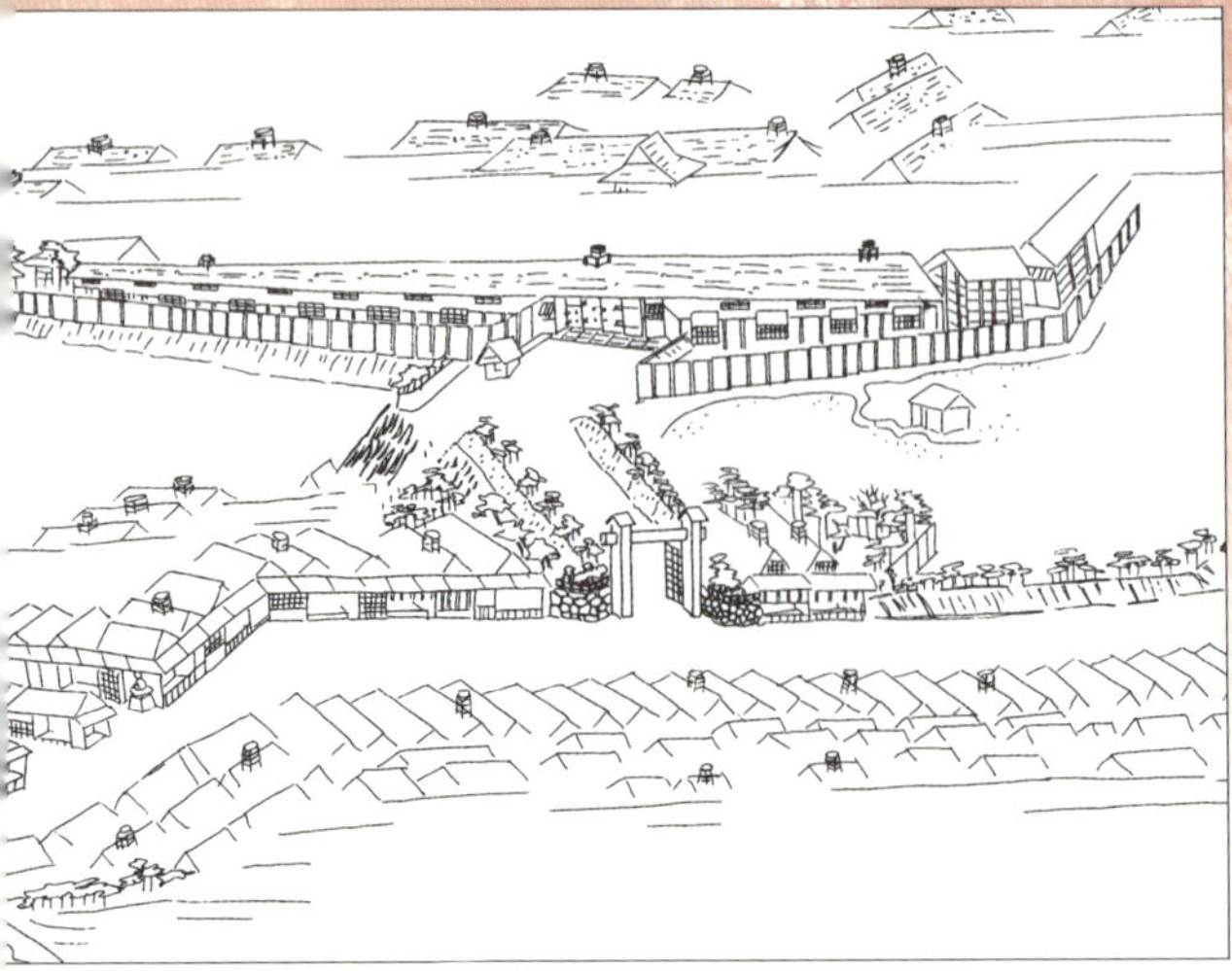

大久保陣屋絵図（模写）
『柏崎絵図』より
北国街道から見た陣屋表門付近の風景

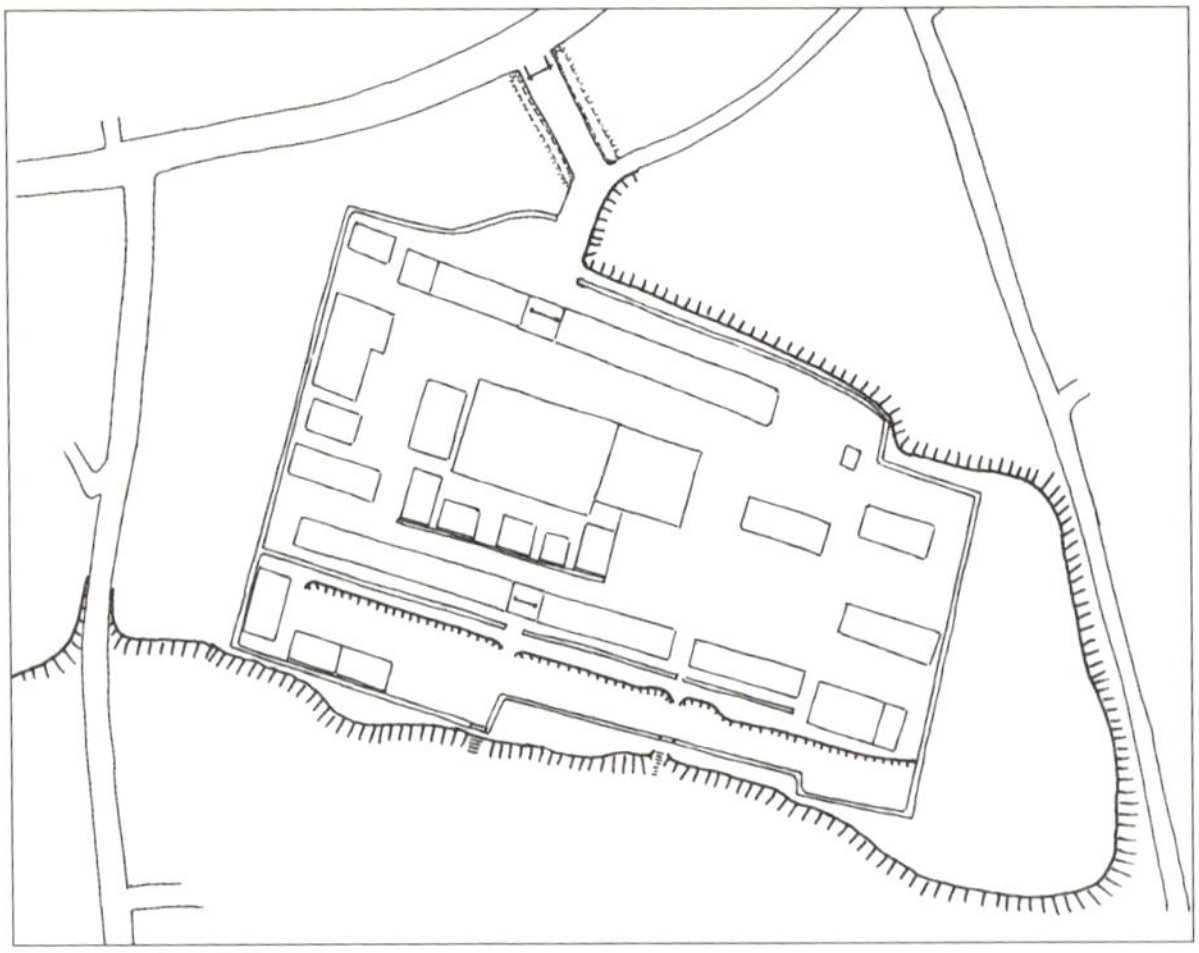

大久保陣屋平面図
陣屋は北国街道沿いの台地上にあった。役所東の長屋建物は数年前まで残っていた。

白河藩桃川出張陣屋

村上市桃川

寛保元年（一七四一）、桃川村は白河藩領となり、出張陣屋が置かれた。

桃川出張陣屋は神林出張陣屋とも称され、五泉陣屋、寺泊陣屋同様の理由で設置された出張陣屋である。その廃止時期も当地が白河藩領でなくなった文政六年（一八二三）と思われるが、「神林村誌」でも桃川は柏崎陣屋支配下とのみ記していて、桃川陣屋についての詳細は不明である。

長岡藩巻町出張陣屋

新潟市西蒲区巻

元和四年（一六一八）、牧野忠成は長岡に入封すると、吉田、粟生津、米納津を支配する目的で巻に出張陣屋を設けた。陣屋は天保年間に災害で破損し、この修繕の際吉田に移設する動きがあったが、地元の反対で実現しなかった。

慶安四年（一六五一）、代官は二人制となり、「上の旅屋」「下の旅屋」と呼ばれたが、承応二年（一六五三）、曽根に代官陣屋が新設されるに及んで巻町陣屋は廃止となった。

陣屋地は巻文化会館付近である。遺構はない。

巻町陣屋付近（巻文化会館）

長岡藩曽根出張陣屋

新潟市西蒲区曽根

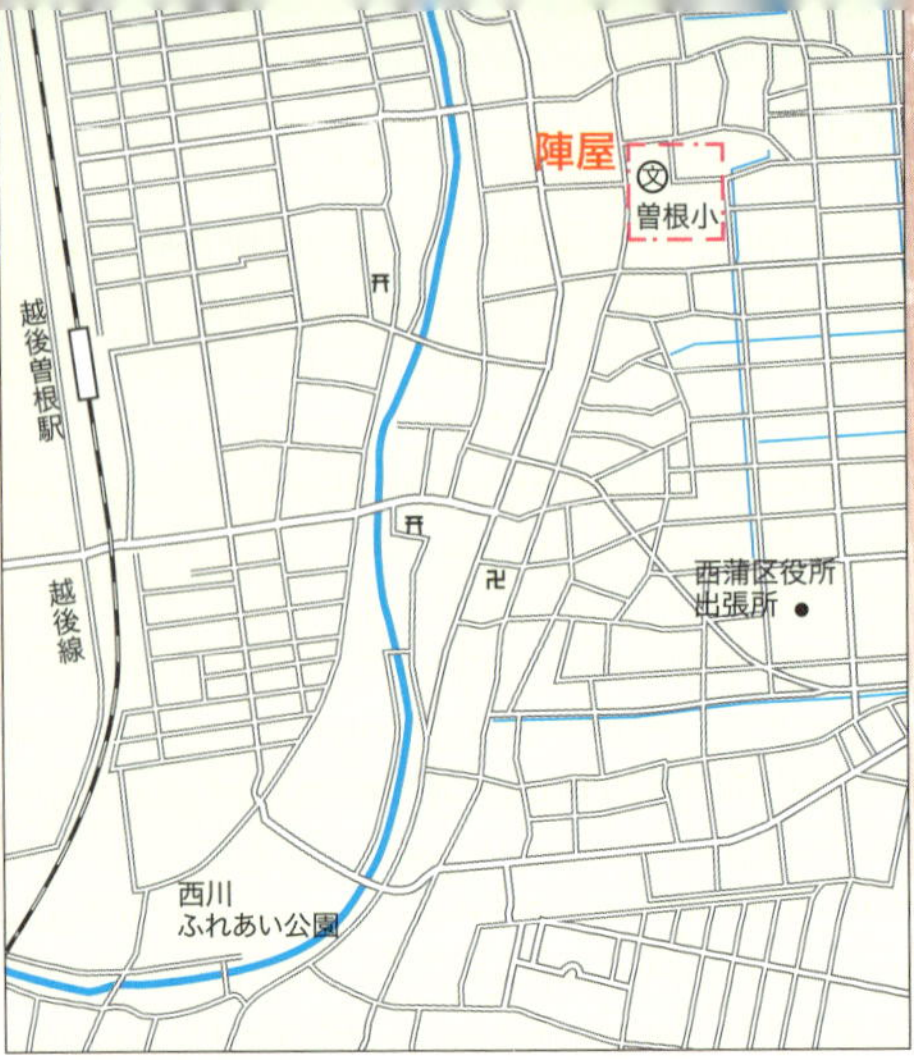

元和四年（一六一八）、村上城主村上忠勝が改易となり、長岡城主堀直寄が村上に移封され、長岡には長峰から牧野忠成が新領主として入封した。牧野氏は新たに知行地となった曽根周辺を支配する代官陣屋として承応二年（一六五三）、曽根出張陣屋を設置した。陣屋は付近五十数か村を統括し、藩の郡奉行組下藩士数名が勤番した。

陣屋地は曽根小学校敷地となり、史跡案内板が建つのみであるが、一km南方の西川ふれあい公園内に物見を揚げた

曽根陣屋に因むふれあい公園「だいろの家」

陣屋跡（曽根小学校）

◆だいろの家

「だいろの家」の「だいろ」とは、西蒲原の方言で「かたつむり」のことである。

陣屋役所を再現した「だいろの家」と二棟の冠木門が建設されている。

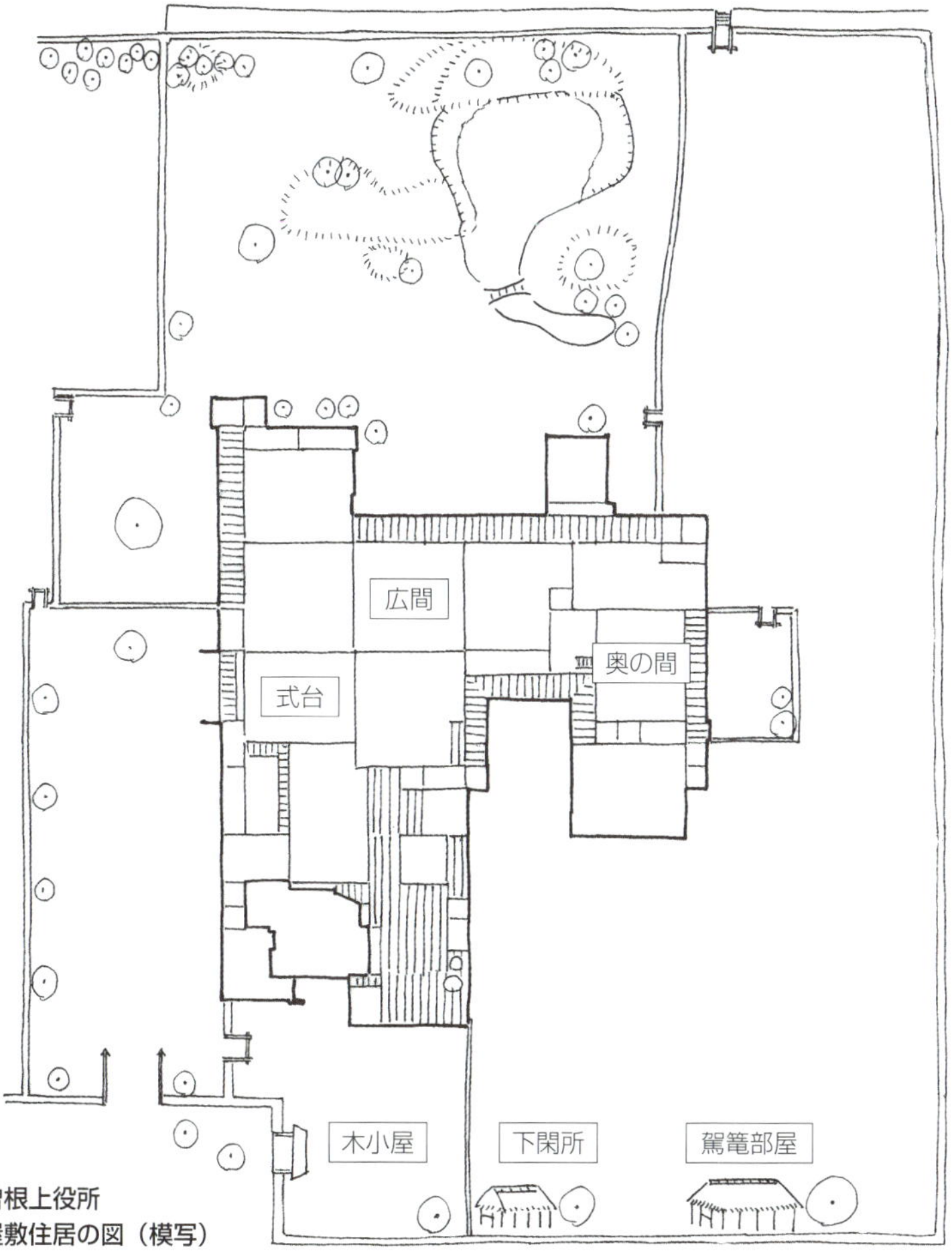

曽根上役所
屋敷住居の図（模写）

長岡藩吉田出張陣屋

燕市吉田

明暦三年（一六五八）、吉田上新町の町立てが行われ、このとき長岡藩役所が設置された。代官山本藤左衛門、鷹山治左衛門が役務にあたったことから、役所建物は二棟置かれたと思われる。貞享元年（一六八四）役所は「旅屋」となったというから、曽根陣屋の出張となったのであろう。

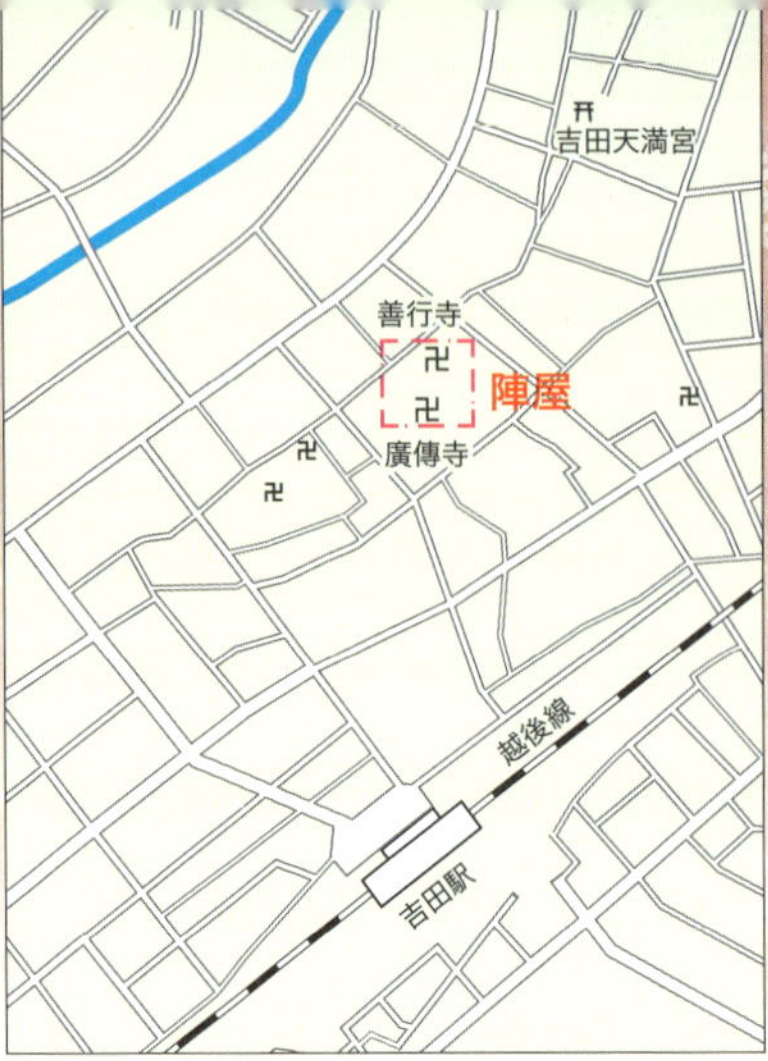

吉田陣屋付近（中町廣傳寺）

陣屋地は直接の資料にかけるものの、現在の中町廣傳寺付近と推定されている。

長岡藩三本木出張陣屋

五泉市三本木

寛延三年（一七五〇）、幕府塩野町代官陣屋支配の内、長岡藩預所となった村々の支配のために役所が設けられた。宝暦三年（一七五三）、支配は塩野町へ戻り、役所は廃止となって建物は五泉陣屋に移された。（五泉陣屋の項）

三本木陣屋は存在が僅か三年足らずであったため、その詳細は明らかでない。

長岡藩栃尾出張陣屋

長岡市栃尾町栃尾大町

元和六年（一六二〇）、長岡藩は栃尾郷七十三ヶ村九千九百石余りを加増され、栃尾に蔵所を設けた。万治元年（一六五八）には代官御旅所が横町に設けられて代官が常駐するようになったという。ただ、「御旅所」とは本来、代官が巡視の途中に立寄る場所（出張陣屋）を意味するので、「代官常駐」ならば「御旅所」ではない。これは他所でも使用されている「旅屋」と同意であろう。

文久二年の絵図には、大きく二か所の「御旅屋」があり、町屋背後の高台に数棟の建物が描かれている。場所は栃尾表町の栃尾城山裾である。現在も竹林の中に数段の平場が見られる。

文久二年「町中屋敷改絵図」に描かれた栃尾陣屋（模写）

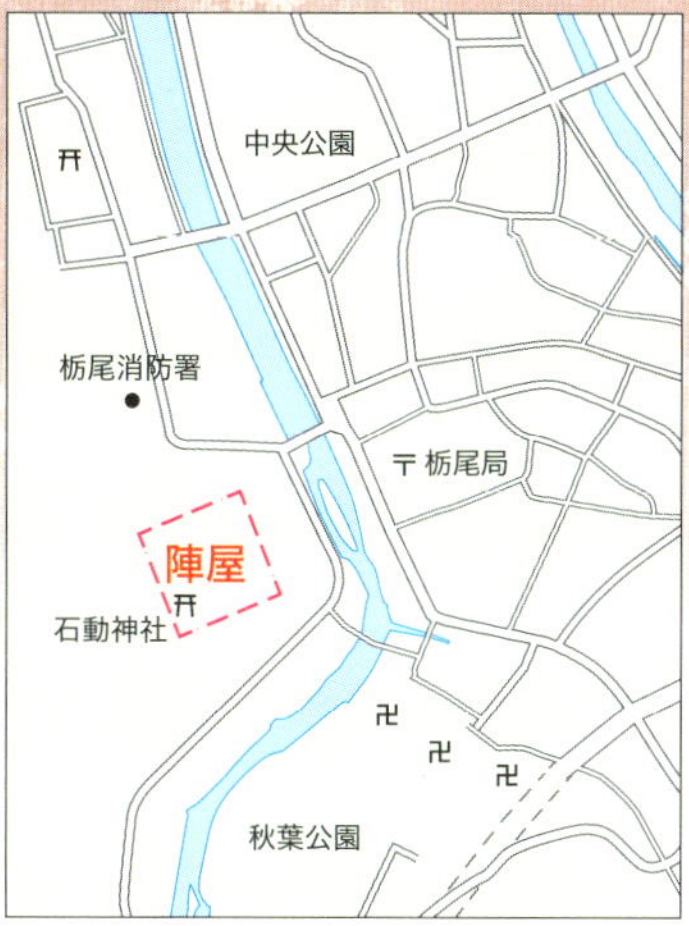

秋葉公園から見た陣屋付近

村上藩寺泊出張陣屋

長岡市寺泊

寺泊周辺が村上藩領となったのは慶安四年（一六四九）で、藩は寺泊に奉行役所と上の代官屋敷（代官御太屋）、下の代官屋敷を置いた。奉行役所は面積六畝、縦十間、横十八間であった。

貞享四年（一六八七）、上の代官屋敷を廃止し興琳寺に払下げた。正徳元年（一七一一）に起きた「四万石騒動」では、代官が一時笹神村笹岡に仮役所を移し、事態の収拾にあたったこともあった。

寛保元年（一七四一）、領地替えにより奉行屋敷は白河藩の出張陣屋となった。文政六年（一八二三）の白河藩松平家桑名移封の際に陣屋は廃止されたものと思われる。

奉行役所地は現在の上田町会館隣の明治天皇行在所付近、上の代官

寺泊陣屋奉行役所跡付近

寺泊陣屋上の代官屋敷跡に建つ興琳寺

屋敷は興琳寺、下の代官屋敷は下荒町鼠山麓にあたる。いずれにも遺構はないが、上の代官屋敷の門が字

五千石豪農の平沢家に譲渡された後、常昌寺山門として残っている。

旧笹岡村には古い屋敷構えが見られるが役所の遺構はない

前面

背面

◆寺泊上の代官屋敷門

薬医門

字五千石の常昌寺山門として現存する。庄屋平沢家からの再移築と伝わる。屋根は後の改修を受けている。

主柱に切詰めの跡はない。

冠木は太いが主柱は細く、全体に力強さには欠ける門である。

村上藩燕町出張陣屋

燕市燕

燕陣屋付近（萬能寺大門付近）

慶安二年（一六四九）、村上藩榊原氏は飛地四万石余りの支配所を燕町に置いた。

天和元年（一六八一）、町立てが行われ、町の上手に間口二十間、奥行二十六間三尺六寸の「御太屋」と牢屋敷が設けられたという。御太屋の敷地は一反九畝二十二歩であった。

元禄元年（一六八八）、陣屋機能は三条に移され、燕町陣屋は廃止となった。

陣屋地は萬能寺大門辺りであるが、遺構は残らない。

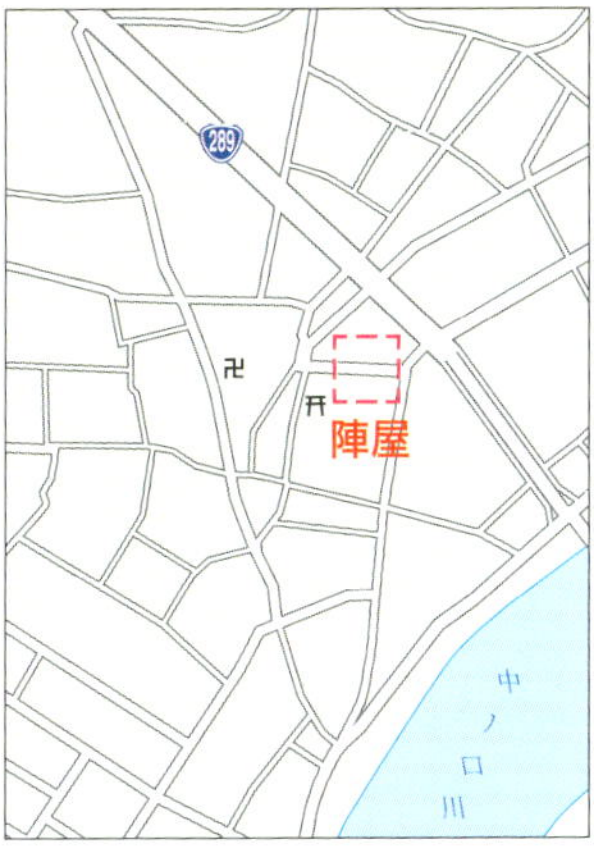

村上藩宮前出張陣屋

関川村宮前

慶安二年（一六四九）に村上城主になった松平直矩が設けた代官陣屋であるというが、詳細は不明である。遺構もない。

陣屋地と伝わる河内神社丘南

村上藩三条出張陣屋

三条市元町

元禄元年（一六八八）、村上藩は燕役所を三条へ移し、出張陣屋とした。総敷地面積は一反九畝八歩半。場所は三条城跡の一部で、文政絵図中「役所」部分であり、同絵図には役所敷地南面に表門（長屋門）が描かれている。

宝永七年（一七一〇）、領民が村上藩四万石の幕領編入を訴えたいわゆる四万石騒動の舞台となった陣屋の跡は現在の小出医院裏一帯であるが、全く市街地化しており、遺構はない。

◆四万石騒動

大庄屋の横暴を百姓が訴えた騒動は、翌正徳元年に幕府評定所の裁定が下り、訴えはある程度認められて庄屋が叱責を受けた。

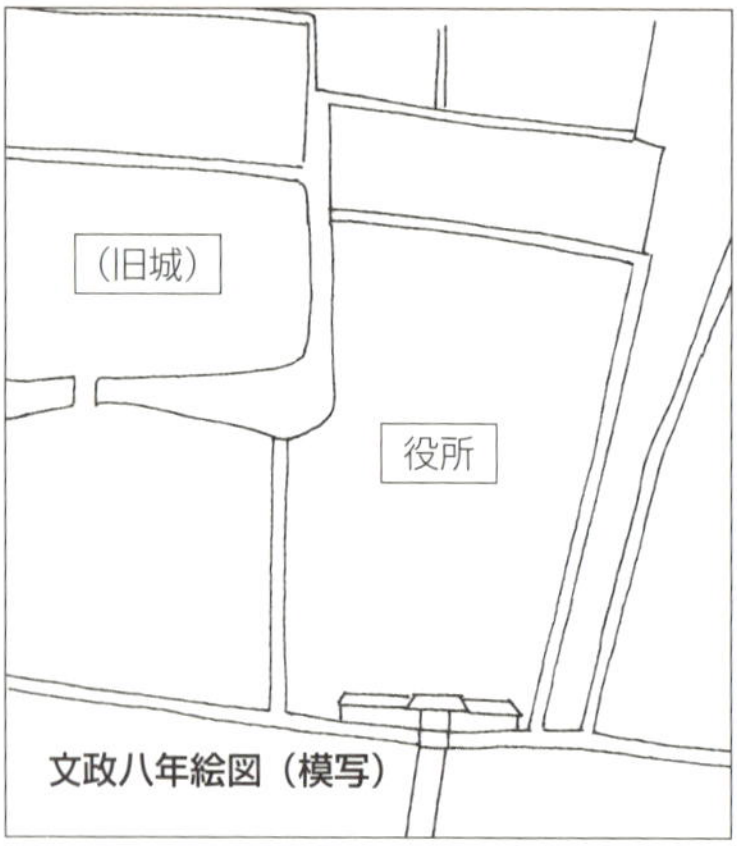

文政八年絵図（模写）

陣屋跡東辺の路地

椎谷藩橋田出張陣屋

五泉市橋田

元禄十一年（一六九八）、上総八幡領主堀直宥は領地替えにより越後橋田、尻上、小熊、中木津等を新たに得た。そこで橋田村庄屋小野沢佐五左衛門方隣に出張陣屋を設け、四か村の支配所とした。陣屋には上屋敷、下屋敷の建物があり、入倉惣内、阿部弥惣兵衛が詰めたという。

椎谷堀氏十一代著朝は天明七年（一七八七）に起きた領民による寺社奉行直訴事件の失政を問われて寛政四年（一七九二）、三島・蒲原・刈羽郡五千石の上知を命じられた。これにより橋田は幕府直轄領となり、陣屋は廃止された。

陣屋跡地は現在、耕地等となり数段の平地や掘割のような窪地が見られるが、陣屋の遺構であるかどうかはっきりしない。同所は護摩堂城に関わる中世城館跡であったとする説もある。

南から見た陣屋跡

糸魚川藩須原出張陣屋

魚沼市須原

寛保三年（一七四三）、糸魚川藩魚沼下条郷支配の代官加藤喜右衛門は金ヶ沢に止宿し、宿所を役所としたが、同年十二月に引き払った。しかし翌延享元年九月、藩は須原に陣屋役所一棟を新設した。

須原陣屋には金ヶ沢詰の役人が引き移ったが、同四年からは御徒士格が定詰となった。

宝暦三年（一七五三）、折からの大雪で役所建物が倒壊、広神地区からの再建負担免除願もあって、陣屋は廃止となった。

陣屋地は重要文化財目黒家の西側、現在駐車場となっている付近とされるが、遺構はない。

陣屋跡付近

高崎藩一ノ木戸出張陣屋

三条市一ノ門

旧一の木戸村は、現在三条市街であるが、江戸時代は三条とは別村であった。その一の木戸村に享保三年（一七一八）、高崎藩松平輝貞が越後支配のための出張陣屋を創建した。

その後一ノ木戸村は宝暦年間と寛政年間に幕府領となった時期を除き幕末まで高崎領であった。陣屋跡地は三条市街地化して遺構はないが、一の門一丁目の「陣屋小路」は一ノ木戸陣屋にちなむ路地で、標柱が建つ。また奥の稲荷社は通称「陣屋稲荷」と呼ばれている。

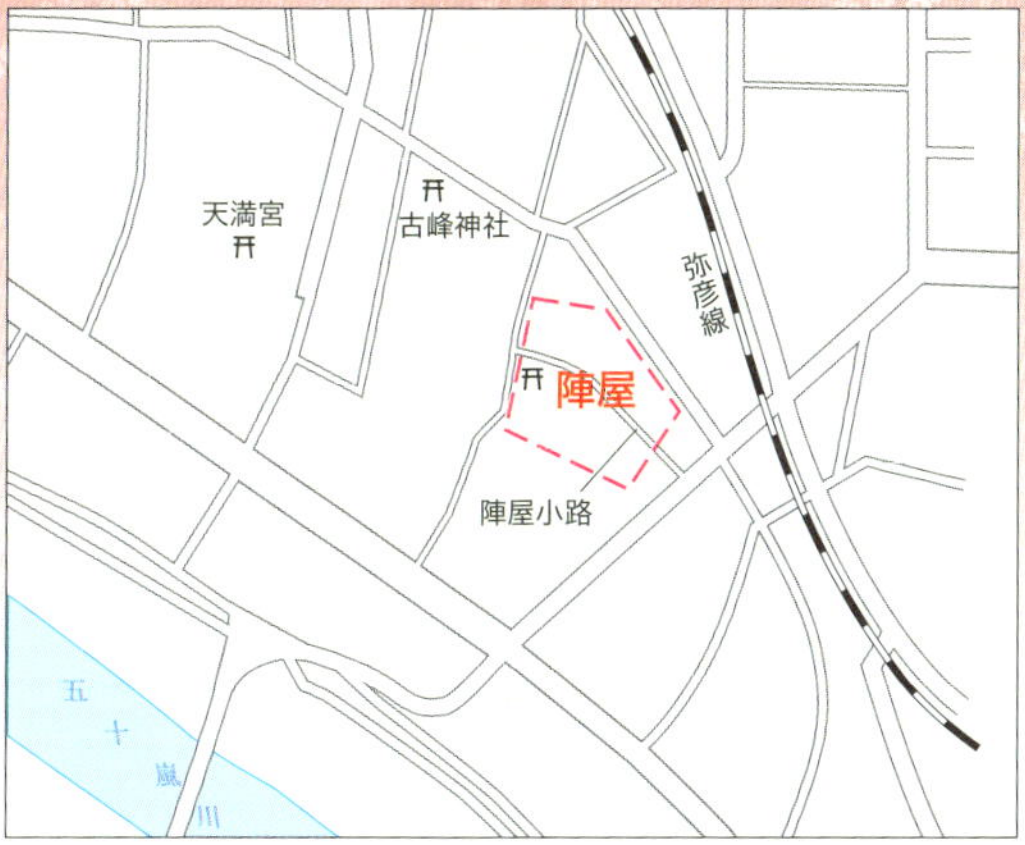

陣屋小路

陣屋稲荷

館林藩海老江出張陣屋

村上市海老江

◆松平清武
六代将軍家宣の弟。越智松平家を興す。八代将軍候補に推されるが、清武にその意思はなかったという。享保九年死去。

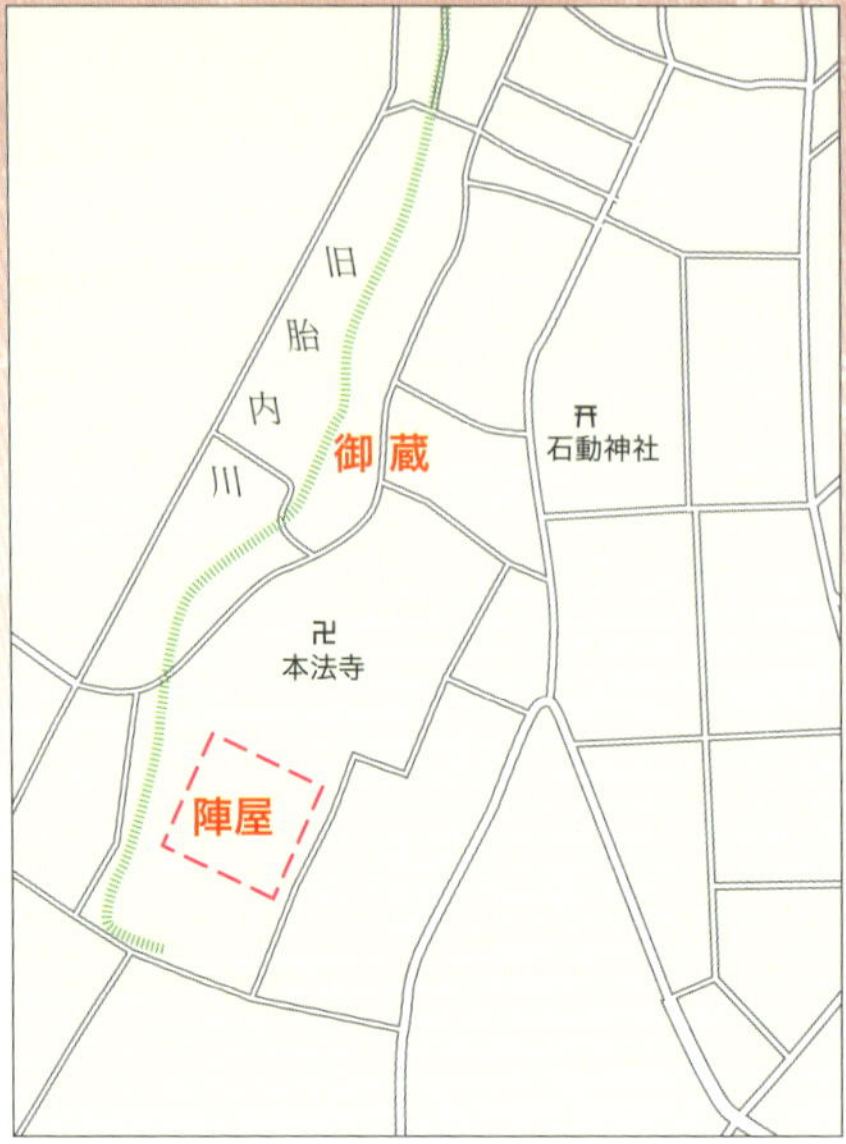

正徳三年（一七一三）、館林藩松平清武は越後支配地二万石を治めるために海老江に出張陣屋を設けた。享保十四年（一七二九）領地替えとなり、陣屋は廃された。

海老江はかつて荒川の河口に面した港町で、安永四年（一七七五）頃から幕領回米の積出湊に加えられ、北前船の廻船問屋ができて賑わいを見せていた。

陣屋については存在期間が短かったため、詳細は不明である。その跡は海老江集落の南西端で、陣屋山と呼ばれる墓地の片隅に記念石碑が建てられている。本法寺からここへ通じる農道には「陣屋通り」の名が残っており、二度矩折れになる道筋は陣屋の痕跡であるかもしれないが、付近に明確な遺構はない。

海老江陣屋跡（記念碑左に陣屋通りへの道跡がある。）

会津藩津川出張陣屋

東蒲原郡阿賀町津川

「道中絵図」に描かれた津川陣屋（模写）

慶安四年（一六五一）、会津藩主加藤明成は、支城である津川城を廃城とし、常浪川対岸の町屋に出張陣屋を設けた。

陣屋には牢屋敷や川番所などを建てたといい、「道中絵図」には役所建物を中心に正門や数棟の長屋、蔵などが描かれている。

以降、幕末まで阿賀野川水運を監視する役所として会津藩が使用した。

現在、陣屋の遺構はないが、代官所跡は「狐の嫁入り屋敷」敷地となり、同所に碑がある他、常浪川に降りる道が残る。

津川陣屋跡の「狐の嫁入り屋敷」

会津藩福岡出張陣屋

阿賀野市上福岡

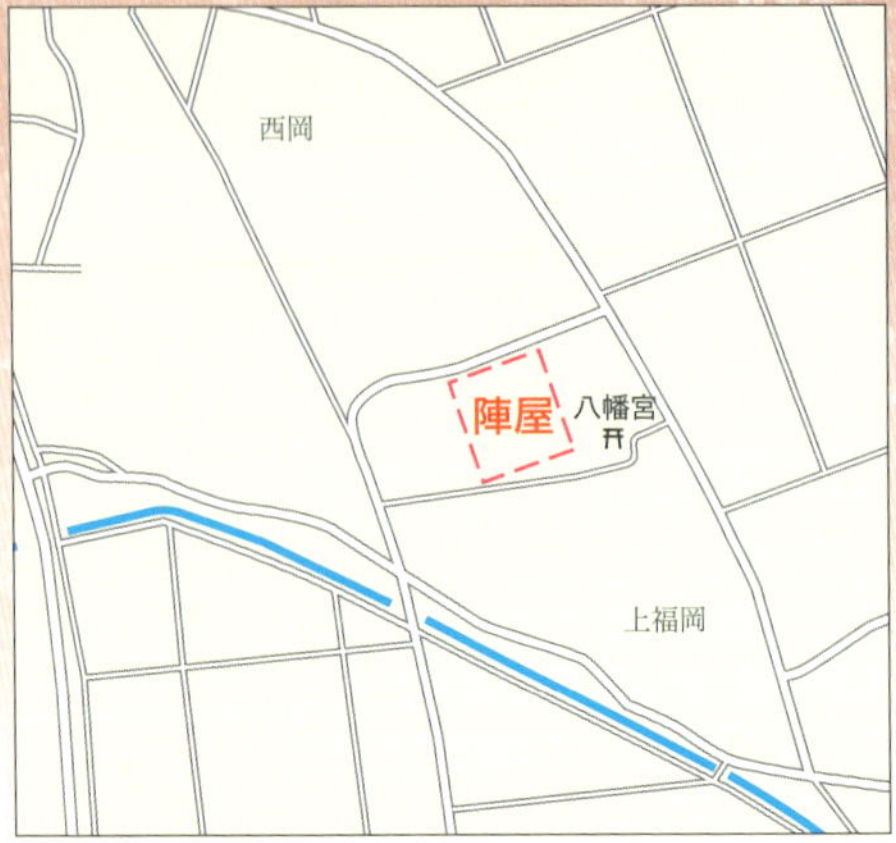

　文久二年（一八六二）越後新領支配のために設置された。奉行篠田金左衛門以下十五名が陣屋詰となり、岩船・蒲原・魚沼郡内五万石を支配したが翌年、陣屋は小出島に移され、福岡陣屋は廃止となった。

　陣屋は周囲に幅七間の堀を巡らし、面積は五反歩程あったという。昭和四十三年頃までは掘割の名残が見られたようであるが、その後の土地改良によって全く消滅し、遺構は残らない。

　なお、「分田郷土史」所収の陣屋遺構図は、西岡八幡社の南に陣屋が位置しているように描かれているが、西岡と上福岡の方向から推察すると、この図は方位に誤りがあると思われる。陣屋跡地は八幡社の西隣であろう。

福岡陣屋跡（西岡八幡社西側）

会津藩小出島出張陣屋

魚沼市諏訪町一丁目

文久二年（一八六二）、会津藩は越後新領を支配するために蒲原郡福岡村に出張陣屋を設けたが、翌年には小出島にこれを移した。小出島には元和四年（一六一八）から高田藩の出張陣屋があり、元禄五年（一六九二）には上田・白峯銀山を支配する奥州田島代官の出張陣屋が設置されていた。戊辰戦争の折には会津藩の一隊が小出島に出張り、ここで激戦（小出島合戦）が行われた。

現在、陣屋の遺構はなく、付近は市街地となって陣屋通りの名が残るのみである。なお、陣屋地跡には小出島合戦を偲ぶ石碑が建てられている。

小出島陣屋跡の小出島合戦顕彰碑

会津藩酒屋出張陣屋

新潟市江南区酒屋

慶応元年（一八六四）、酒屋は会津藩領となり、同三年、阿賀野川、信濃川を経由する物資の出入りを管轄するために陣屋が設けられた。翌慶応四年の戊辰戦争においては奥羽越諸藩が酒屋陣屋にて八日間の会議を開催している。しかし同年八月二日、勤皇隊の攻撃を受けて炎上、陣屋は廃止となった。

陣屋地の一部である地区センターに酒屋陣屋の顕彰碑があるが、付近に明確な遺構はない。

陣屋跡碑

陣屋跡付近

佐倉藩（淀藩）脇野町出張陣屋

長岡市三島町脇野

元禄十四年（一七〇一）、高田藩主稲葉家が下総佐倉に転封の際、越後三島郡内の所領を治めるために設置した出張陣屋である。享保八年（一七二三）、稲葉氏は山城淀へ移封されたが、延享元年（一七四四）には蒲原郡内七千石を加増され、越後国内の所領が二万七千石となった。

天明六年（一七八六）、稲葉氏所領替えに伴い越後の所領は上知、脇野町陣屋は幕府領支配水原陣屋の出張陣屋となった。その後は本陣屋と出張陣屋の役割を交互に担い明治を迎えた。（幕府出張陣屋の時代は別項）

陣屋地は真宗大谷派浄福寺付近にあたるが、現在は陣屋跡の標柱や案内板があるのみで陣屋遺構は残らない。

陣屋跡付近

沼津藩五泉出張陣屋

五泉市本町六丁目（旧指柳町）

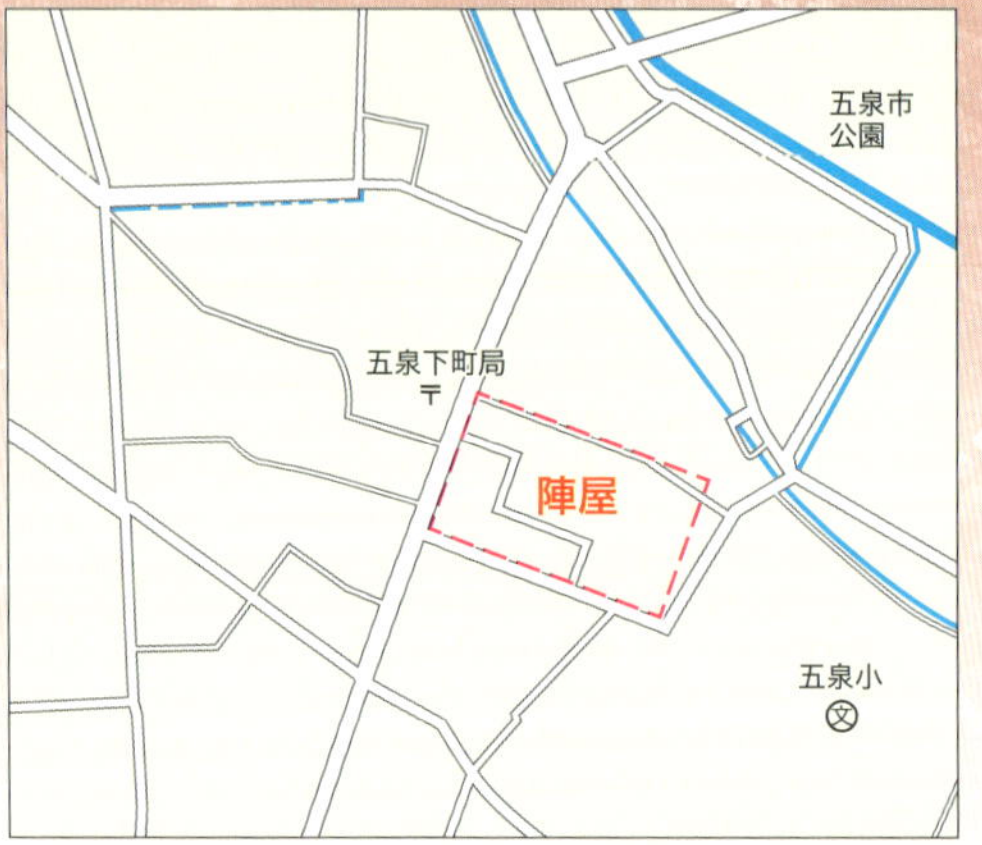

寛保三年（一七四三）、白河藩の出張陣屋が下五泉町指柳に置かれた。規模は東西四十四間、南北十三間で、長岡藩旧三本木役所（宝暦三年廃止）建物を移して役所とし、二棟の郷倉を設けていた。

文政年間、沼津藩主水野忠成は越後国内一万一千石の飛地を支配するため、下五泉指柳町に陣屋を設けた。おそらく白河藩出張陣屋を改築したものであろう。沼津市歴史民俗資料館所蔵「五泉陣屋絵図」（文政十三年）によれば、陣屋は東西四十二間、南北二十八間の堀を巡らせ、北側に二棟の御蔵が建っていた。正門（長屋門。永楽門と呼んだ。）は西向きで、門前の広場から正門を入ると、左手に四軒長屋、奥に三軒

「陣屋の松」

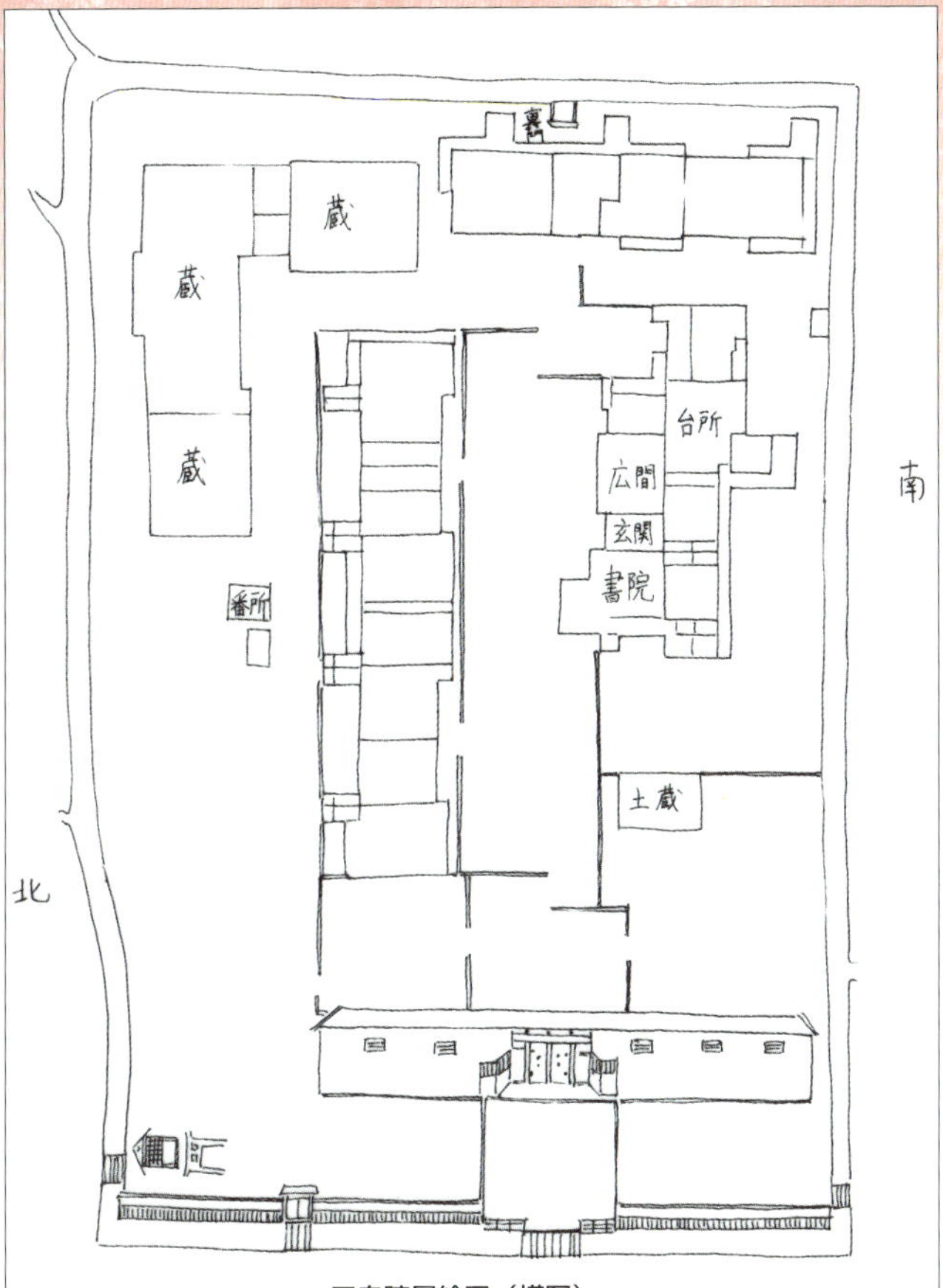

五泉陣屋絵図（模写）

五泉陣屋付近

◆水野忠成
文化十四年、老中首座に就任、十一代将軍家斉の側近として放漫財政と賄賂政治を行った。


長屋、右手に役所があった。

役所は玄関、書院、広間、台所などから成っていた。正門の北隣には御蔵に出入りする平門があり、陣屋裏門は東にあった。他には土蔵一棟と稲荷社が建てられていた。

五泉陣屋付近には、「陣屋小路」と呼ばれる小道と「陣屋の松」と称する松の木があるが、陣屋に直接関係する遺構はない。

上山藩七日市出張陣屋

長岡市三島町七日市

上山藩三万石藤井松平信行は、文政元年（一八一八）、所領替えで越後三島郡に領地を得ると、大庄屋山田権左衛門屋敷に仮陣屋を設けた。翌二年には出張陣屋が完成、上山から藩士が出向し、付近の所領一万三千九百石余を支配することとなった。慶応二年（一八六六）、藩は陣屋に藩校明新館の支館を開く。明治四年、陣屋は廃止。

文政二年の文書によれば、陣屋の主屋は御本陣と称され、玄関、中行、御白洲などがあった。この他陣屋地内には長屋や土蔵、中門（小座敷付の長屋門か）などがあり、正門は御門と呼ばれていた。

陣屋地は街道筋の西側丘陵上、諏訪神社の東側である。一段低い平場に明新館支館の標柱があり、役所はこの背後の高台一帯にあったと思われる。現在、付近は耕作放棄地となっていて、陣屋の面影はない。

◆松平信行
文化二年、信愛の養子として家督相続。家臣間の対立を鎮め、藩校天輔館を創設するなど、藩政改革に努めた。天保二年隠居。

七日市陣屋明新館支館遺跡

米沢藩上関出張陣屋

関川村上関

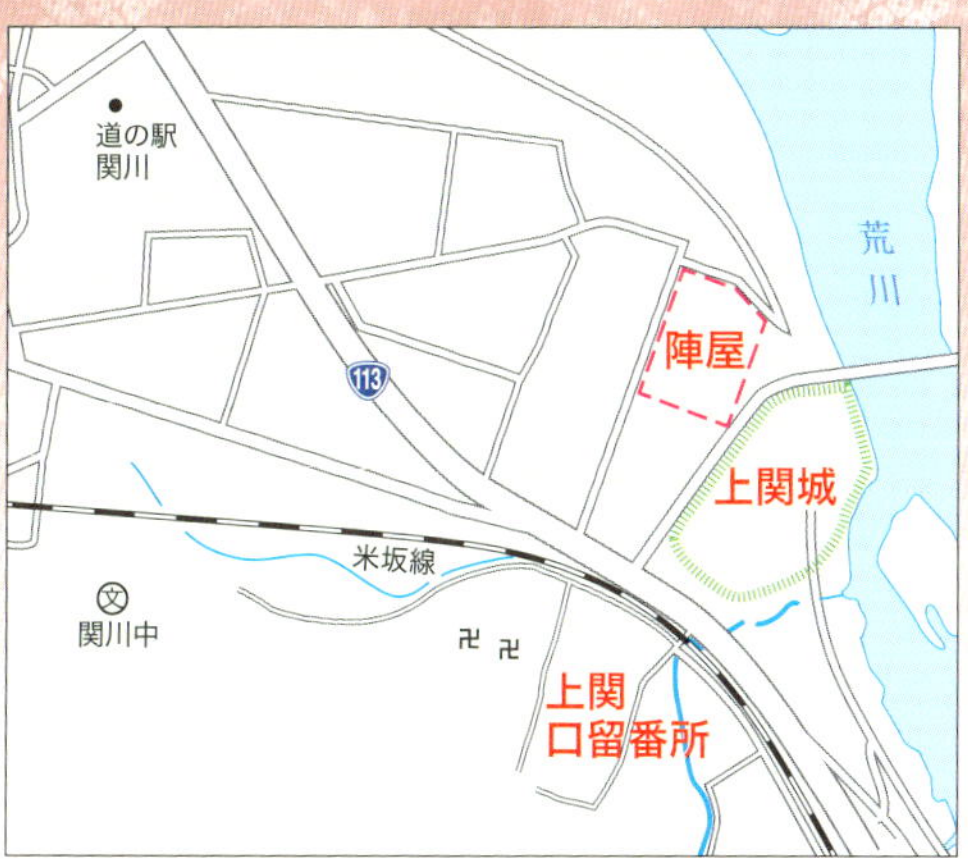

米沢藩上関陣屋は宝暦三年（一七五三）から天明八年（一七八八）まで存在した。同年、付近が会津領になり、陣屋は廃止された。

陣屋地は確証がないものの、中世上関城西側の旧渡辺儀右衛門屋敷跡であると推定されている。敷地面積は五六七八㎡余ある。現在、陣屋の遺構はない。

なお、上関は米沢街道の要衝であり、慶長三年（一五九八）に村上頼勝が上関城跡に番所を構え、慶安三年（一六五〇）には、村上藩主松平直矩が口留番所を設けている。（口留番所の項）

陣屋地と推定される渡辺儀右衛門屋敷跡

田沼家川浦出張陣屋

上越市三和区川浦

　文政四年（一八二一）田沼意正は、陸奥信夫郡三千石の代替地として越後飯田川流域に十六ヶ村の所領を与えられ、川浦に陣屋を設けた。しかし二年三か月後の同六年には遠江相良に国替えとなり、陣屋は廃止された。

　田沼氏の川浦陣屋は存在期間がわずかであったため、その詳細は明らかでないが、幕府の川浦陣屋建物が文政四年に入札に付され、百三両壱分、永銭弐百四拾七文五分七厘で売却されたとする資料が残ることから、田沼藩陣屋建物は幕府代官陣屋建物をそのまま使用したものではなかったことがわかる。

　なお、川浦には江戸時代を通して断続的に幕府代官陣屋が置かれていたが、田沼氏が出張陣屋を設けていた期間は周辺が高田藩預所となっていた時代であり、川浦に幕府陣屋は存在していなかった。

　以上が田沼藩川浦陣屋について推察される内容であるが、陣屋の所在地は特定できない。

◆御他屋の規模

　越後では出張陣屋を他屋と呼んだが、その規模はさまざまであった。諸藩では、村上藩寺泊、長岡藩吉田、巻町、高田藩堀之内のように二棟の役所を建てるなど規模の大きなものがあったが、幕府の他屋は概ね役所一棟、その建坪も多くは小規模で、中には長岡他屋のように郷蔵の付属建物のようなものもあった。

　敷地面積も二畝程度から一反を越えるものまで存在しており、他屋を建物構成や規模から特徴づけることは難しい。

田沼家上出出張陣屋

糸魚川市上出

天明七年（一七八七）、田沼意明が新領一万石を得た際に、越後の所領三千石余を支配するために設けた。文政六年（一八二三）に遠州相良へ国替えとなり、陣屋は廃止されたが、支配所では重税に反発した領民の打ちこわしが起きたこともあった。

陣屋廃止後、陣屋門は砂場村善正寺山門として移築されたが、同寺は近年移転し、跡地にあった旧山門も十年ほど前の台風で大破して撤去され、現存しない。

陣屋地は名勝月不見池北の台地上に所在した。現在、陣屋跡標柱は台地西縁に建つが、道路を隔てた東側の方が高く、敷地は東に広がっていたと思われる。しかし陣屋の規模は明らかでない。

遺構としては、道路際に石列が認められるが、これが陣屋と関連する遺構であるかどうかははっきりしない。

◆田沼意明
意次の孫で世子。家督相続後も松平定信失脚までは領地へ下向することが許されなかった。寛政八年に二十四歳で死去し、弟の意壱が田沼家を継いだ。

不動山城跡から望む上出陣屋跡

一橋家金屋出張陣屋

村上市金屋

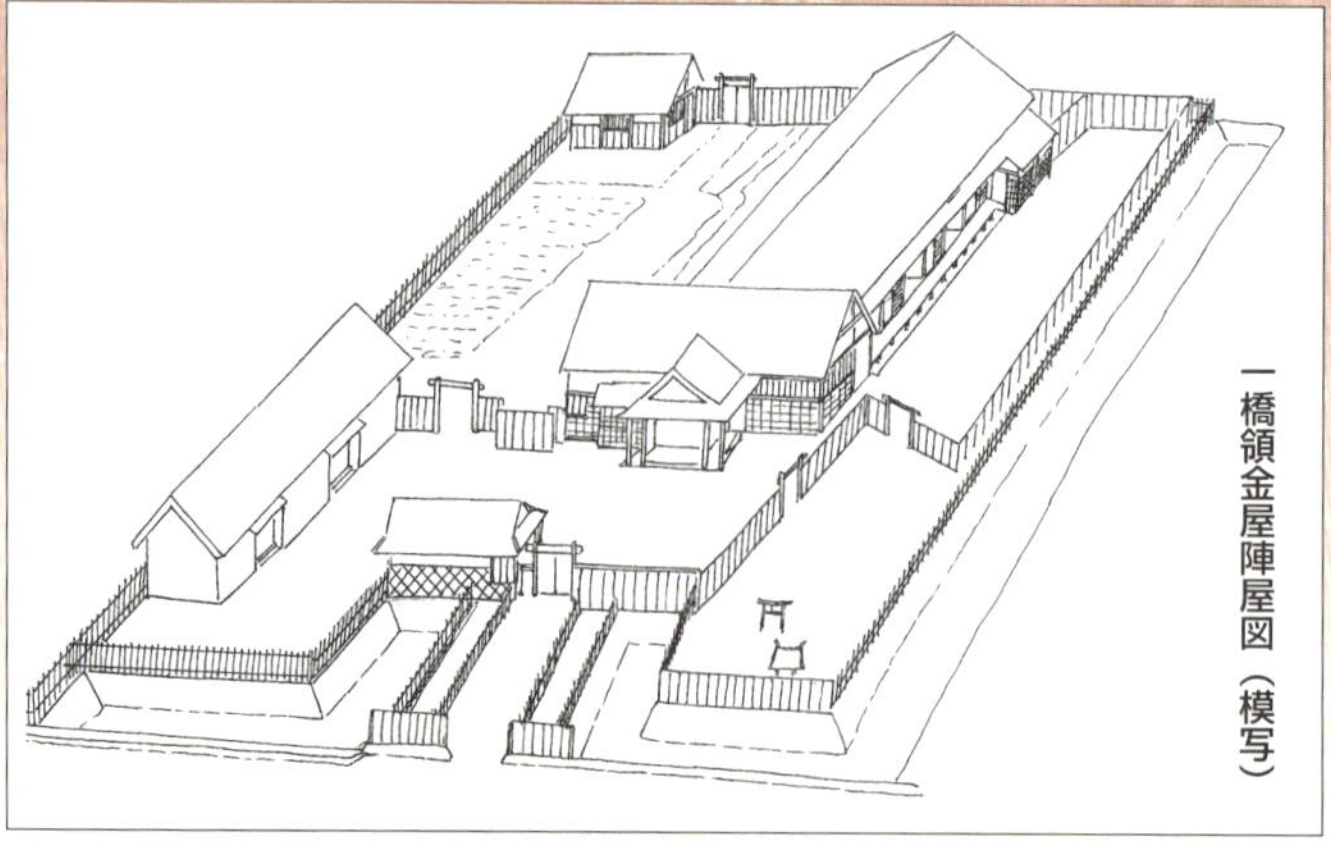

一橋領金屋陣屋図（模写）

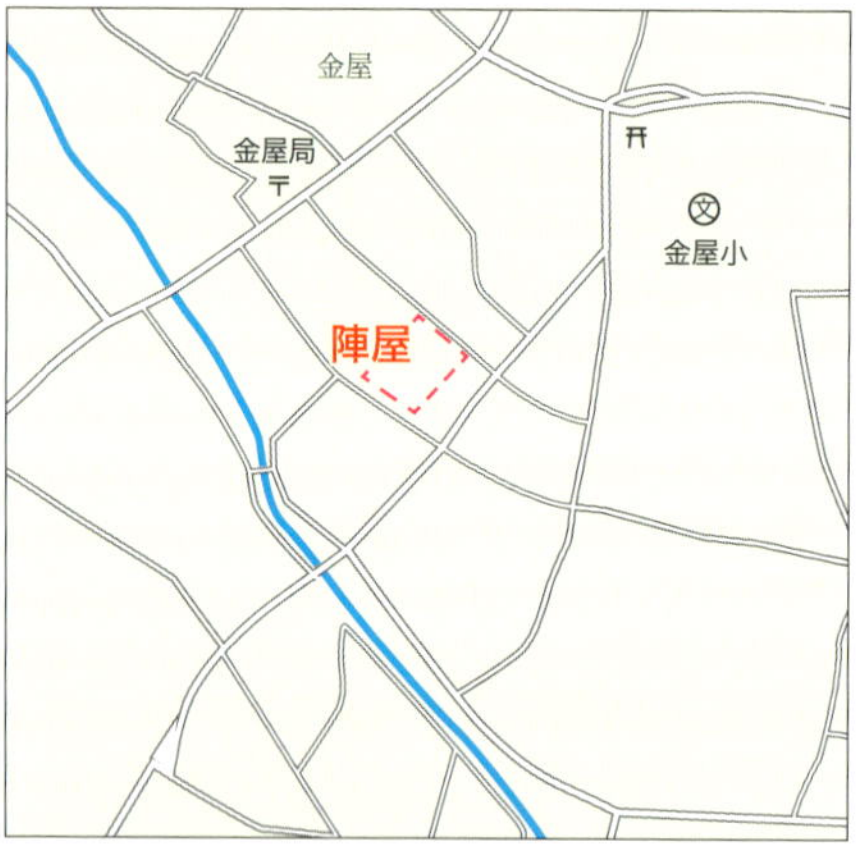

一橋徳川家の出張陣屋。同地には高田藩預の時代にも出張陣屋があったが、文政十年（一八二七）に一橋家の所領となると同家の陣屋が置かれることになった。

「一橋領越後国岩船郡金屋陣屋図」によれば、表門（長屋門）は西を向き、西面と南面には水堀がある。敷地内には役宅の他に土蔵や長屋が建てられていたことが分かる。

陣屋地は旧金谷村役場（現在、金屋地区事務所）の位置にあたるが遺構はない。事務所入り口に陣屋碑が建つ。唯一陣屋の面影を伝えているという老松は枯死寸前である。

金屋陣屋跡

第五章　天領陣屋

（一）奉行所
（二）幕府代官（本）陣屋

天領陣屋

近世新潟の城と陣屋について特徴の一つに天領陣屋の数の多さが挙げられる。それは越後が大穀倉地帯であることに加え、佐渡の金銀を搬出する国であったから、これらを管理し、江戸へ回送する役所が多数必要であったことが理由の一つにある。また、上中越を領有した松平忠輝が改易となって以降、中小諸藩の分割領有が頻りに交代したため、その度に幕府領が変遷したことも多くの天領陣屋が設けられる要因となった。

さらに細見すれば、江戸時代中期からの新田開発、高田藩松平光長の改易、質地騒動などが契機となって越後の幕府代官陣屋は大きく増減したことが分かる。ただし、時に武力を必要とする事態となった場合でも、天領陣屋が防御施設となった例はない。天領陣屋には敵対勢力の来襲に備える普請はなく、百姓の強訴に対してさえ殆ど無力であった。この意味において天領陣屋は「城」の概念から外れるものであったと言えよう。

ところで、幕府代官の職務は公事方（警察、訴訟）と地方（財政、人別）とに分かれていたが、代官職は地方行政官であったから、多くは数年で任免転任が行われた。しかもその代官支配下の人員は数名から数十名に限られており、殆どは雇人で、農民や町人も多かった。天領陣屋は人的にも軍隊を組織できる体制をもたなかったのである。

なお、幕府代官の差配領域村々は公式には「支配所、代官所」と称され、代官が駐在する施設を「陣屋」、役人の執務所を「役所」と区別したが、こうした呼称はかなり混同されている。本書では、施設としての天領陣屋を明確にする意図から、「奉行所」以外の「代官所、役所」という用語は基本的に使用せず、執務所や役宅などの建物があった敷地全体を（天領）陣屋と表記することとした。

佐渡奉行所

佐渡市相川町広間

一　略史

慶長八年（一六〇三）、大久保長安が上杉氏以来鶴子銀山を管理してきた鶴子外山の陣屋を相川に移し、相川陣屋と名付けた。長安は慶長十八年（一六一三）に死去するが、死後に不正蓄財が発覚したとして一族が厳罰に処せられた。この頃の佐渡金銀総山は釜口三百余り、運上は筋金九五三匁、砂金十三枚七両二歩、小判一九〇二両、銀一八一九貫であったと記録されている。

元和三年（一六一七）、相川陣屋は佐渡奉行所と改称された。翌四年（一六一八）に奉行鎮目市左衛門が赴任し、経営に歩合制を導入してから金銀山は全盛期を迎える。大久保長安は佐渡代官と称されたが、この時から佐渡奉行は二人併任制の交代在勤を原則（うち約八十年間は一人制）となった。ただし、奉行は在府であり、佐渡では留守居役（月番役、広間役）を中心として諸役が役務に当たっていた。元和七年の上納金は筋金三五貫余、砂金四貫余、

奉行所大御門

銀五六四七貫に上ったとされている。一方、鎮目はかつて大久保長安が造った茶室などの贅沢な施設を取り壊し、敷地の縮小を実行した。

正保四年（一六四七）相川大火で奉行所も類焼、建物は直ちに再建されたが、慶安四年（一六五一）頃から金銀山は衰え、大雨などの天災もあって閉口が相次いだ。

延宝二年（一六七四）、相川に新鉱脈が発見され、一時的に金銀山は繁栄するが、その後は大雨で度々間歩が出水し、次第に振わなくなった。

元禄三年（一六九〇）、荻原重秀が佐渡奉行に就任して改革に着手、全島検地や奉行所職制見直し、水貫坑道の掘削などを行った。寛延元年（一七四八）奉行所は再び全焼したが再建、宝暦九年（一七五九）には寄勝場（製錬場）を設置。寛政十一年（一七九九）と天保五年（一八三四）に火災で一部類焼、さらに安政五年（一八五八）には全焼してしまうがいずれも再建されている。幕末には異国船に備え、陣屋海側に石垣と土塁が築かれた。

慶応四年に奉行所は廃止。明治以降、旧奉行所建物は相川県庁、佐渡郡役所、相川中学校舎などに使用されたが、昭和一七年に全焼した。

平成六年、奉行所跡は佐渡金山

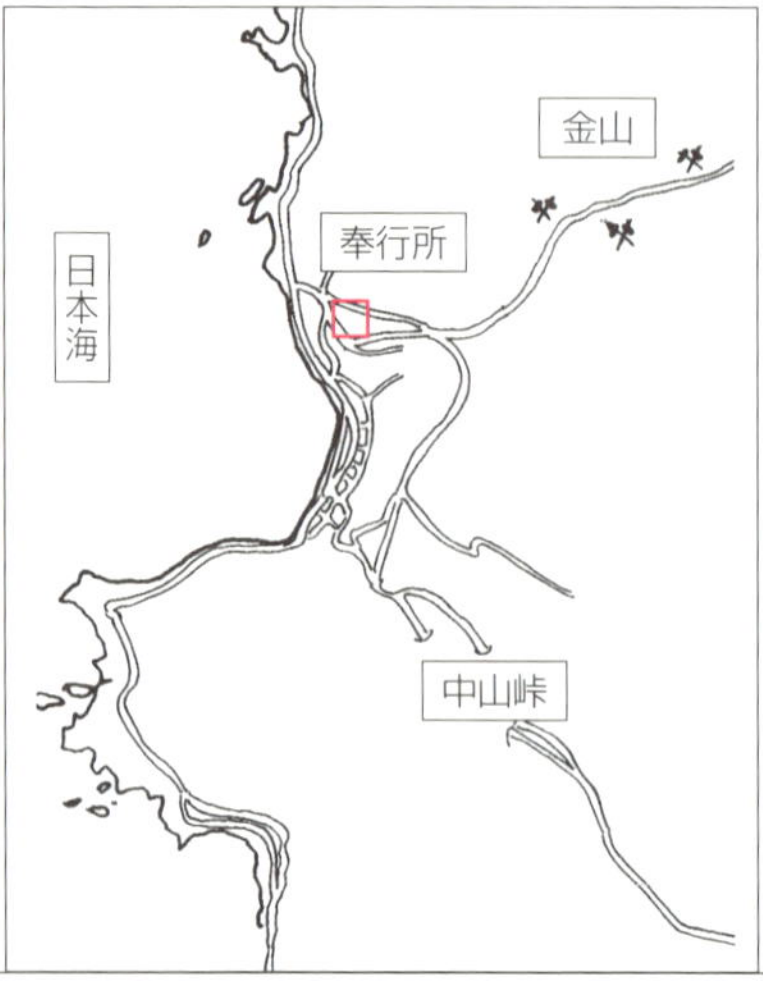

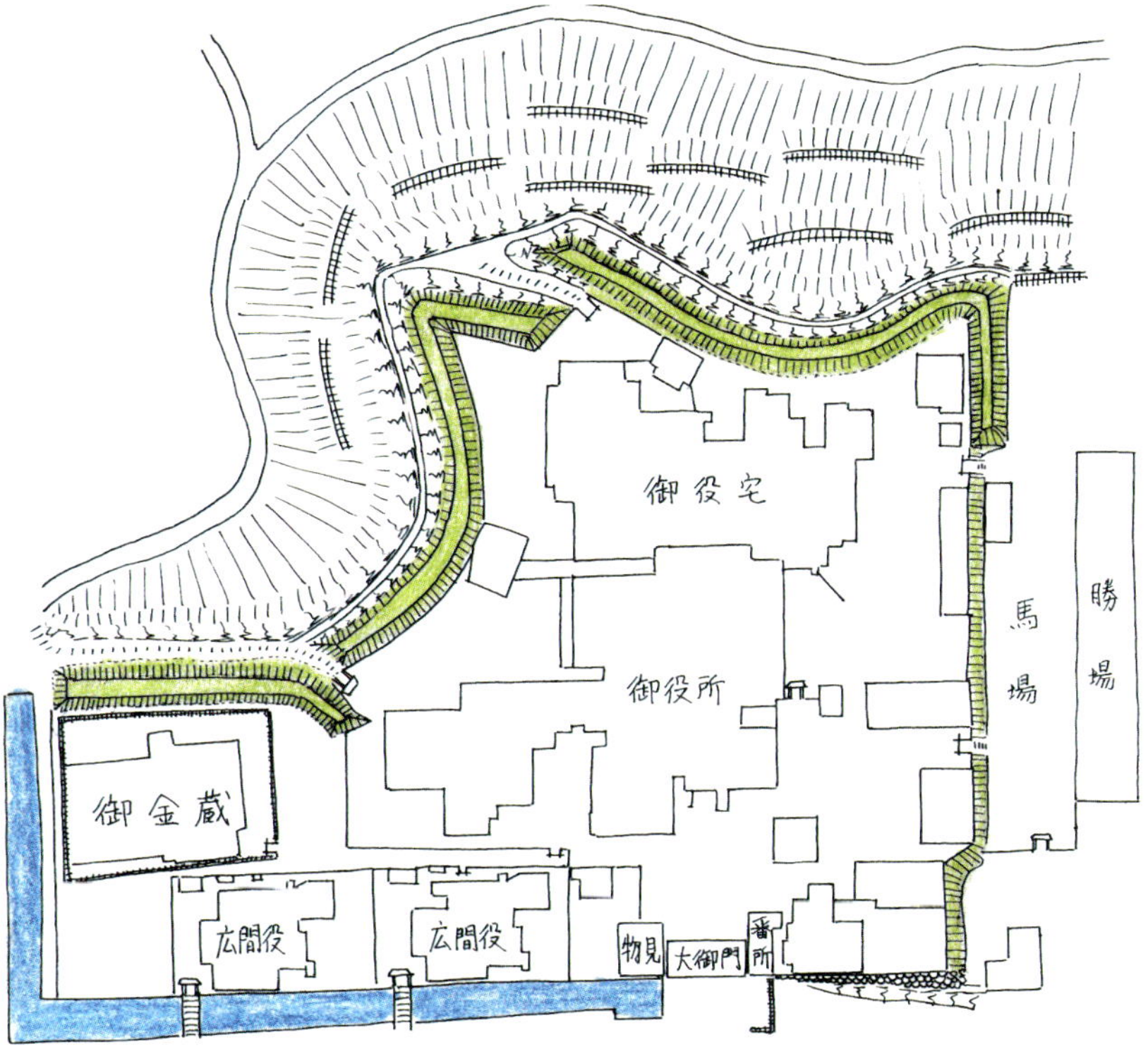

幕末の佐渡奉行所図

遺跡七カ所の一つとして国の史跡に指定され、これを機に御役所などの建物が復元された。

二 構造

佐渡奉行所は海に面した台地の先端にある。建物の配置は、上杉氏時代から数度の変遷を経て幕末に至っている。大門の位置はほぼ変わらないが、大久保長安時代の大門は櫓門であったという。享保の頃、御役所建物を中心とする配置が固まり、寛延年間、文政年間（寄勝場の設置）、天保年間にも再建や大規模な増改築があって、安政六年の再建に至った。

佐渡奉行所は、陣屋の敷地内北側に金銀の勝場を建てている点が特徴的であり、敷地面積は一万㎡に及んでいた。現在の遺構は安永再建後のものである。

三 遺構

佐渡奉行所跡は平成六年に国指定史跡となり、発掘調査を開始。天保から文久頃の建物として、御役所、大御門、大御門脇御物見、御門番所、組工場、広間役長屋の門二棟、南門、西門や塀等を復元、勝場建物もガイダンス施設として一部復元した。

大御門脇から広間長屋にかけては掘割があり、海側には海防のための石垣、土塁が巡っている。勝場敷地は北側に一段低く、この面にも石垣が築かれている。御役宅や御金蔵などその他の建物は平面表示での復元公開となっている。なお、裏門が移築現存する。

御役所玄関

馬場跡から見た御役所建物

奉行所表堀と広間役宅門構え

前面

背面

◆佐渡奉行所裏門

薬医門

佐渡金山近くの相川諏訪町広間の万照寺に山門として移築現存する。この門は佐渡奉行所裏門との伝承がある。

扉板の八双金具などは残っているが、移築に伴い主柱は切り詰められていることが推定される。屋根瓦は後補であろう。小振りで簡素な門である。

新潟奉行所

新潟市西堀通り

略史

天保十四年（一七八三）幕府は新潟を長岡藩から上知させ、宝暦三年（一七五三）から新町にあった長岡藩の出張陣屋を廃して弘化二年（一八四五）に奉行所を新設、初代奉行は勘定吟味役の川村修就であった。

修就は奉行に就任すると仲金徴収改革、物価統制令や風俗取締りを断行する一方で、奉行所内武術稽古場での大筒の稽古を始めるなど異国船への備えを進め、弘化四年（一八四七）には洲崎に番所（台場）を築いた。

文久元年（一八六一）には奉行古山が洲崎台場を信濃川寄りに移した。慶応四年、奉行所は廃止され

奉行所付近

た。

二 遺構

新潟奉行所は現在の三越デパートとNEXT21に跨った場所にあった。柾谷小路の突き当りが正門跡である。一帯はすっかり都市化して陣屋の面影はない。

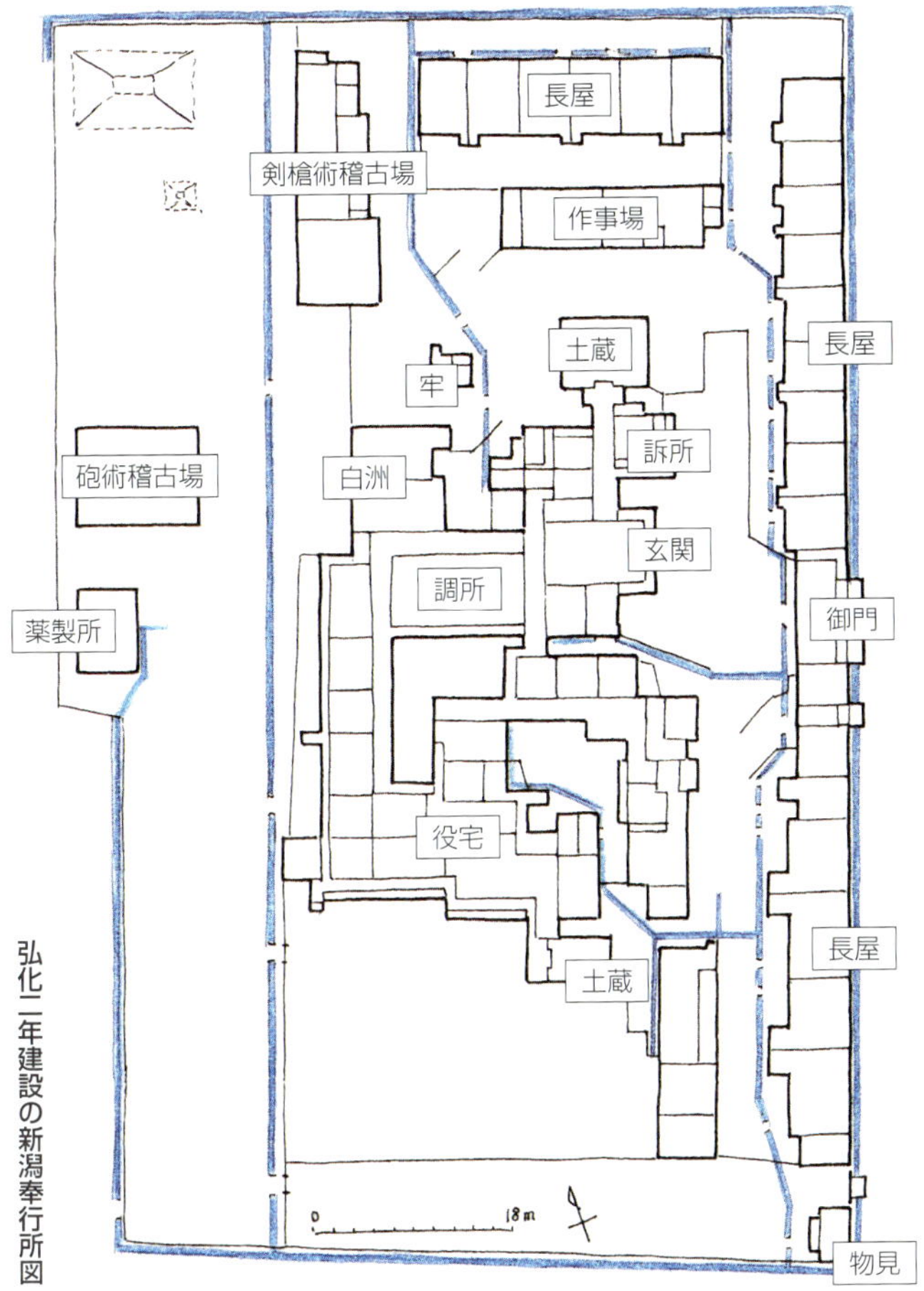

弘化二年建設の新潟奉行所図

新潟奉行所正門

（二）幕府代官（本）陣屋

越後の幕領経営は高田城主松平忠輝が改易となった元和二年（一六一六）から本格化する。しかし、農村生活の変化と米価の乱高下により農民は疲弊し、小作化が進むなど幕府代官の天領支配は必ずしも順調には進まなかった。

享保九年（一七二四）、頸城郡に質地騒動が勃発、天領代官はこの騒動を鎮圧できず、幕府は越後国内の天領三十三万石余を諸藩に預けて事態の収拾と間接的な支配の強化を図った。このことで潟町、楯などの天領陣屋が廃止、幾つかは諸藩の出張陣屋となった。

元文五年（一七四〇）を境に各藩の預所は幕府へ返納され、石瀬、吉木、新井などの天領陣屋が復活した。その後天領支配編成は度々変更し、それぞれの天領陣屋も統廃合を繰り返す。元文五年以降、越後国内で本陣屋として使用された陣屋は十カ所あるが、創設から幕末まで一貫して本陣屋の役割を担った陣屋は一つもない。

幕府代官陣屋は行政の拠点であり、軍事的にはほとんど機能しなかった。それは人件費などの経費を節約しなければならなかったことが大きな理由である。一例をあげれば、代官陣屋に詰める職員は代官一名、元締二名、手伝八名、書役二名、侍三名、勝手賄一名、足軽一名、中間十三名の僅か三十名程度でしかなく、これが標準であった。

天領陣屋の多くは塁堀をもたなかったため、建物を解体すれば更地に戻ってしまって、移築建物以外の遺構は残らない。その意味で平成七年に復元された水原陣屋の建物は、全国的にも貴重な例であり、この復元建物から他の代官陣屋についても多くの情報を得ることができる。

黒井代官陣屋

上越市黒井

黒井は福嶋城の裏町で、北国街道の宿駅となっていた。天和元年（一六八一）の高田藩松平光長改易後の貞享元年（一六八四）、川浦の出張陣屋が黒井に設けられ、間もなく本陣屋となった。役務は犀浜一帯の製塩の監督と一郷数十ヶ村の支配であった。その後正徳四年（一七一四）からは石瀬や高野、新井などの出張となり、文化六年（一八〇九）、高田が榊原氏の領有となるに及んで陣屋は廃止された。都市化が進み陣屋の所在地は特定できない。

四ケ所代官陣屋

上越市四ケ所

天和元年（一六八一）の松平光長改易後、四か所村は幕府領となり、貞享元年（一六八四）に鳥山牛之助精永の陣屋が置かれた。元禄十四年（一七〇一）には本陣屋の役務を解かれ、寛保元年（一七四一）、高田藩榊原政永の領地が設定されて陣屋も廃止されたものと思われる。陣屋の所在地は特定できない。

なお、四ケ所は戸野目の隣村であり、高田城からも東方二㎞ほどの至近に位置する村であった。

潟町代官陣屋

上越市大潟町潟町

潟町陣屋は、元禄二年（一六八九）黒井陣屋の出張として設けられた。

宝永二年（一七〇五）に石瀬陣屋の出張となるが、正徳四年（一七一四）本陣屋とされた。享保九年（一七二四）、付近の幕府領は長岡藩に預けられ、陣屋は長岡藩の潟町役所となった。

寛保三年（一七四三）、役所機能は馬正面陣屋に統合されて廃止。

陣屋は「潟町新田明細村鏡書上帳」にも記載がなく所在地不明である。

馬正面代官陣屋

上越市柿崎町馬正面

陣屋は元禄十四年（一七〇一）に設置された。宝永五年（一七〇八）本陣屋の役務は高野陣屋に移り、馬正面は出張となった。

享保九年（一七二四）、付近の幕府領が長岡藩に預けられた後、寛保三年（一七四三）には役所機能が潟町から馬正面陣屋に移されたが、文化六年（一八〇九）、当地が高田藩領になった際に陣屋は廃止された。

陣屋には上陣屋と下陣屋の二か所があったとされるが、共に遺構はない。

馬正面陣屋跡

福田代官陣屋

上越市福田

宝永五年（一七〇八）設置され、本陣屋として機能したが、享保四年（一七一九）に廃止された。所在地は特定できない。

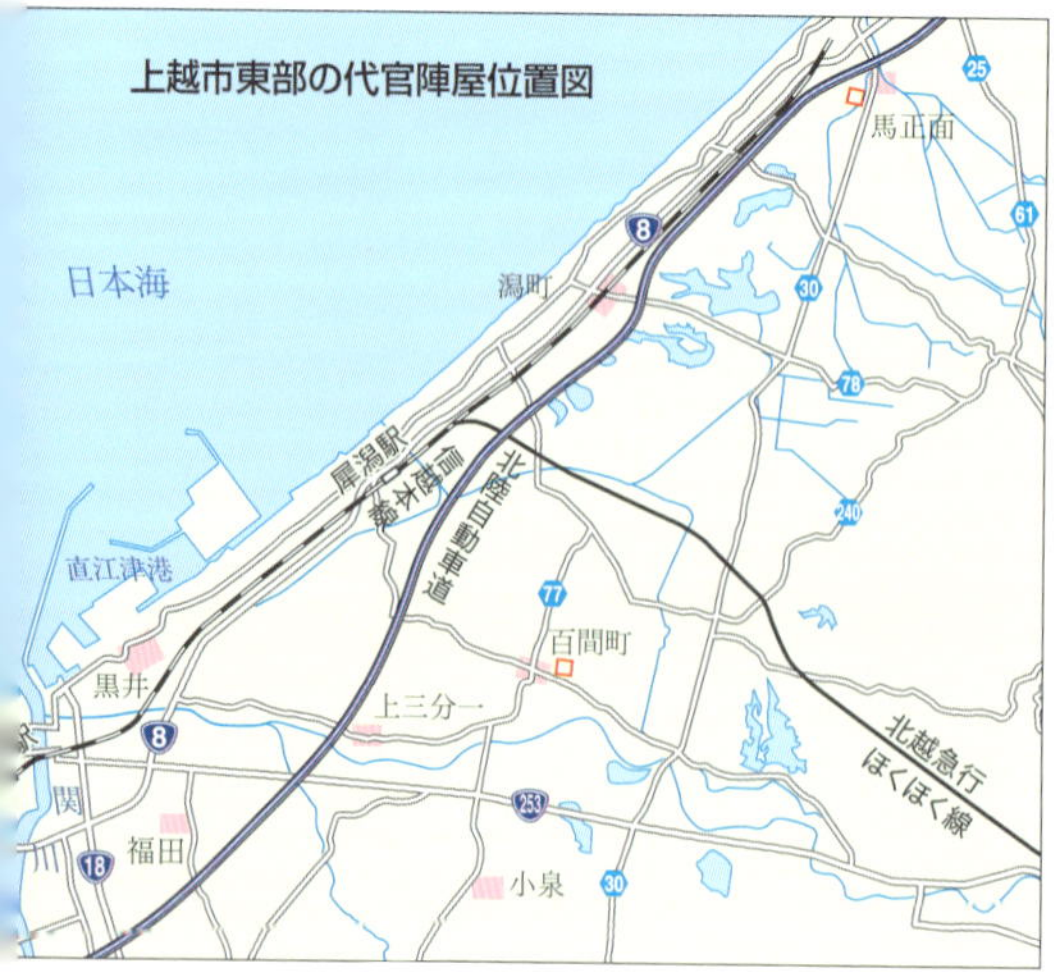

黒川代官陣屋

胎内市黒川

宝永六年（一七〇九）、黒川村黒川の大庄屋涌井源左衛門宅に幕府の本陣屋が置かれ、河原清兵衛正真が代官に就任した。

翌七年、村上藩主が本多忠良から松平輝貞に交代したことに伴う支配所替えのため、陣屋は正徳二年（一七一二）に館村へ移り、廃止となった。

享保九年（一七二四）、柳沢氏黒川藩陣屋として復興した。

（以降、第一章黒川陣屋の項）

楯代官陣屋

胎内市黒川下館

宝永六年（一七〇九）、黒川村下館の大庄屋皆川牛之助（皆川徳右エ門とも）宅に幕府代官林甚五右衛門の本陣屋が置かれたが、正徳二年（一七一二）廃止となった。

陣屋が置かれた皆川家は中世黒川氏館跡の一角にあった。周辺に黒川氏館の塁堀の一部は残存するが、陣屋の遺構は認められない。

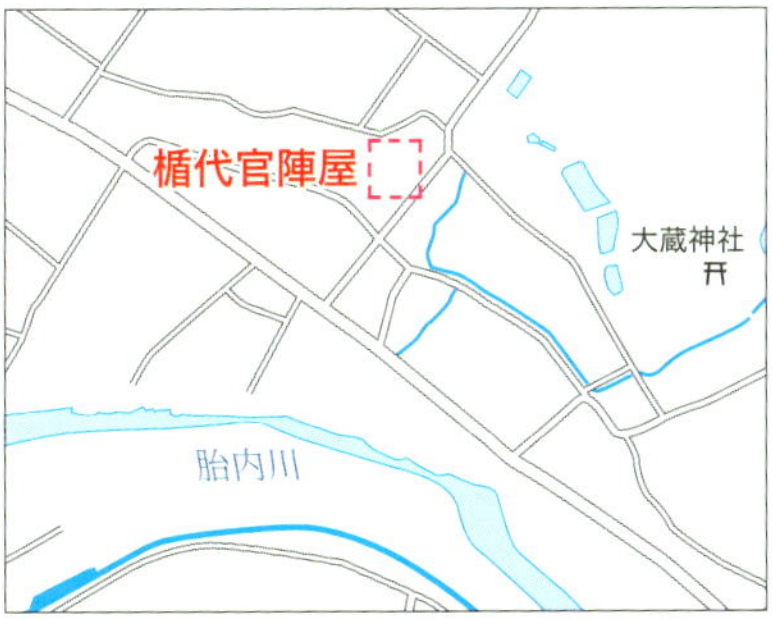

館村代官陣屋

新発田市上館

正徳二年（一七一二）、黒川陣屋、楯陣屋の役務を引き継ぐ河原正真の本陣屋として設けられた。

享保九年（一七二四）には代官鈴木小右衛門正興が館村陣屋にあって質地騒動の収拾にあたったが失敗、これを契機に越後の天領代官支配は諸藩預所支配へと移行することになった。同年、館村陣屋も廃止されたが、間もなく柳沢氏三日市藩陣屋として復興した。

（以降、第一章三日市陣屋の項）

出雲崎代官陣屋

出雲崎町尼瀬

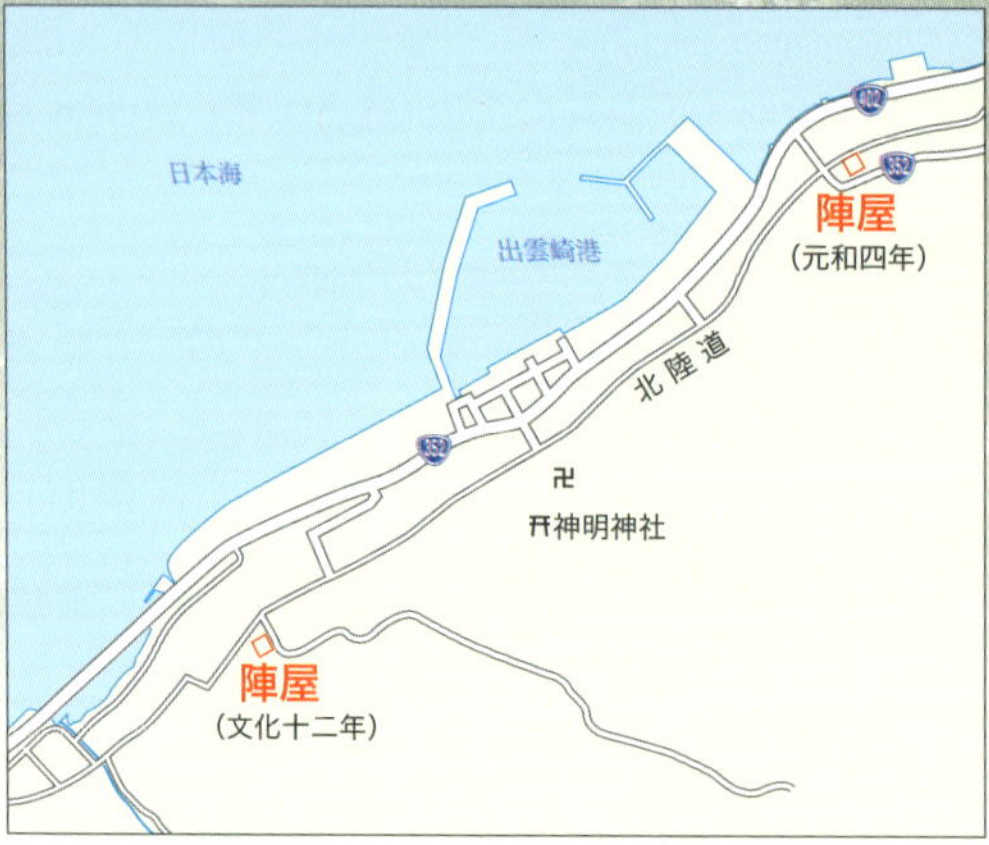

元和四年（一六一八）、幕府は天領陣屋を出雲崎石井町秋田屋に設置し、初代代官には高田直政を任じて三万一千石を管轄させた。出雲崎陣屋の任務は、佐渡金銀の揚陸と出雲崎米の佐渡回送であった。寛永二年（一六二五）、陣屋は尼瀬稲荷町に移される。宝永三年（一七〇六）頃の代官所支配地は八万九千石に及んでいた。

享保九年（一七二四）、諸村は長岡藩預所となり、出雲崎陣屋は廃止されたが、宝暦十三年（一七六三）には再び幕府領に戻ったために陣屋も復活した。

安永二年（一七七三）、役所建物は代官風祭国辰の時に金五十三両をかけて改築された。

天明八年（一七八八）、出雲崎支配の村々は高田藩預所となり、陣屋は廃止。寛政十二年（一八〇〇）復興するが、文化元年（一八〇四）、今度は諸村が白河藩預となり、陣屋廃止。同十二年、幕領に戻り復興した。この出雲崎陣屋再興に当たり、陣屋地は現在の史跡地である場所へ三度目の移転となった。

慶応四年（一八六八）、戊辰戦争の際に西軍の攻撃を受け、建物は焼失した。

現在、元和創建の陣屋跡地は代官所跡案内板が建つのみであるが、

元和の陣屋跡付近

文化の陣屋跡　碑と石積

文化再興の陣屋跡地には「出雲崎代官所跡」の石碑が建ち、石積の一部が残る。周辺には他に代官稲荷、獄門跡もある。また近郊の「天領出雲崎時代館」でも代官所の一部を再現している。

天領出雲崎時代館内に再現された代官所の一部

川浦代官陣屋

上越市三和区川浦

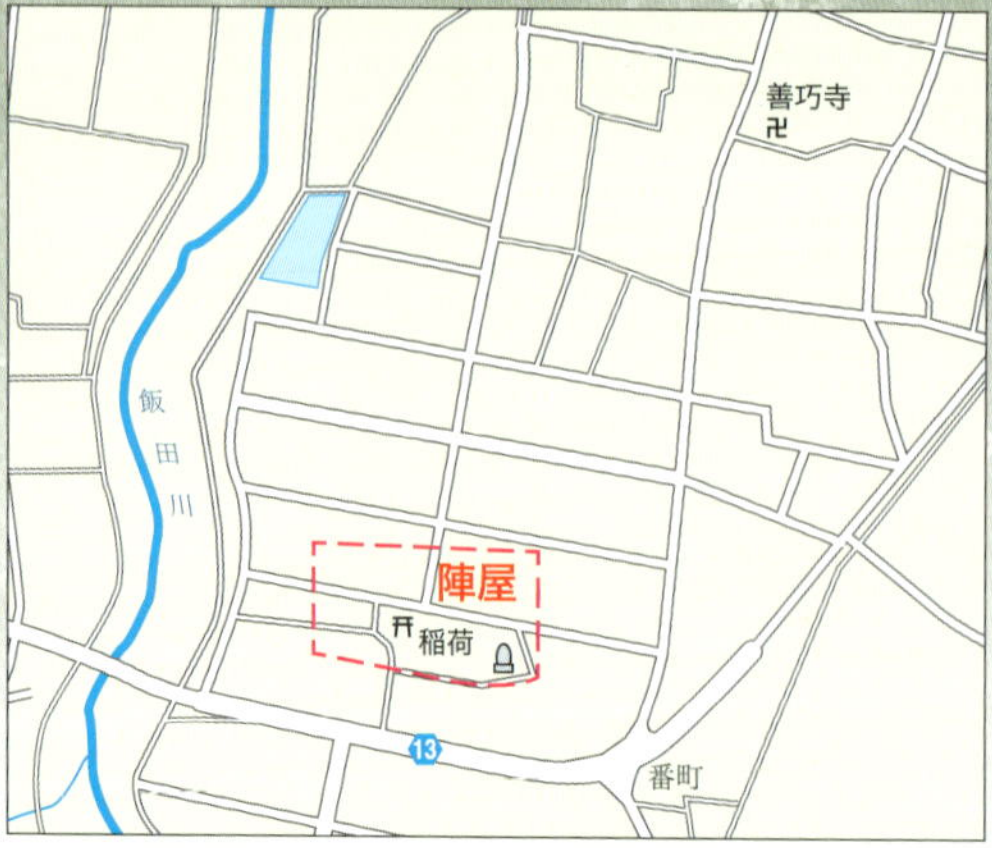

天和元年（一六八一）、高田城主松平光長が改易となると、幕府領に移った所領を支配するために川浦に御用場が設けられた。

寛保三年（一七四三）、御用場は川浦代官所（陣屋）となった。川浦陣屋は、近郷七十九か村、六万石を支配、初代代官は萩原籐七郎であった。

延享四年（一七四七）、陣屋機能は高野に統合されるが、寛延二年（一七四九）と同四年に本陣建物の修復が行われていることから、陣屋そのものは存続していたことが推察される。

宝暦四年（一七五四）、本陣屋業務が再開され、長屋の増設が行われたが、同十一年には落雷により建物の多くが焼失した。

明和頃には代官竹垣直照が頸城郡内八万九千石余と信州水内郡内一万五千石余を管轄する天領陣屋となった。文化九年（一八一二）にはまたもや本陣が焼失している。

文政三年（一八二〇）、川浦が高田藩に編入されると陣屋は廃止され、翌年には建物等が売却された。

天保二年（一八三一）、川浦陣屋は脇野町陣屋の出張として復活し、同十四年から慶応元年（一八六五）までは本陣屋であった。

慶応元年から出雲崎の出張となっていた川浦に同四年（一八六八）、

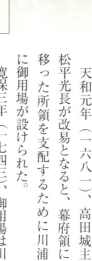

川浦陣屋付近

旧幕府衝鋒隊が駐屯したため、新政府軍に付いた高田藩の攻撃を受けて陣屋は炎上した。

川浦陣屋は東西に長い方形で、周囲を幅一・五ｍの堀と土塁で囲い、中には本陣と手代長屋、馬屋、稲荷社などがあった。門は南に二カ所あり、この内の正門は石門と長屋門の二門から成っていた。また、門前の番町が陣屋町を形成していた。

現在、周辺は宅地化し、土木遺構は残らないが、稲荷神社と「川浦代官所跡」石碑、お仕置き石があって市の史跡に指定されている。

なお、川浦陣屋の建物の一部が近隣の寺院に移築されたとする書物があるが、現状は次の通りである。

陣屋本陣建物の一部は「四辻町浄雲寺」と「末野蓮花寺」に移されたという。しかし、四辻町にあるのは「浄音寺」であり、「浄雲寺」は上雲寺町に所在する別の寺院である。さらにこの二つの寺の建物には外観上、特に古い特徴は窺えない。

また、末野の蓮花寺は昭和四十四年に廃寺となり解体された。それまで陣屋の遺構が残っていたのか定かでないが、現在は現地には何もない。

上雲寺町浄雲寺本堂

四辻町浄音寺本堂

二の門前面

二の門背面

◆川浦陣屋二の門

棟門（旧長屋門）

陣屋近郊の武田山善巧寺山門は川浦陣屋の正門の内、二ノ門の遺構と言われている。現在見られる構造から推察すると、陣屋門であった頃は長屋門形態であったと思われ、長屋が失われ門部のみの遺存であろう。幅四間で奥行は三間。潜戸は左右に残っているが大戸はない。

現在、屋根はトタン葺、門内に時鐘が吊り下げられている。

新井代官陣屋

妙高市白山町一丁目

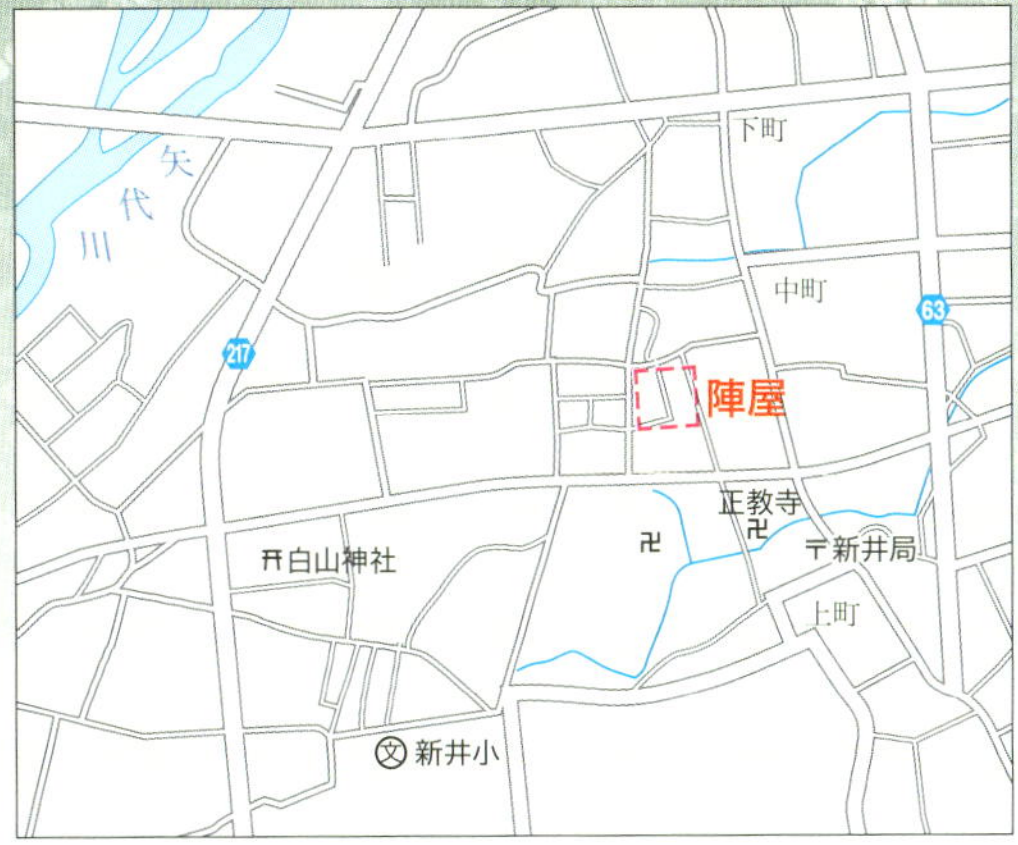

新井（荒井）役所は、天和元年（一六八一）、高田城主松平光長の改易で幕領となった大崎郷を支配するために御用場として設置された。

元禄十四年（一七〇一）に出雲崎陣屋の出張となり、享保五年（一七二〇）から本陣屋として周辺五万石を支配した。

享保九年（一七二四）、支配所が高田藩預となり廃止。寛保二年（一七四二）再興し本陣屋となったが、宝暦十三年（一七六三）再び高田藩領となって廃止、明和八年（一七七一）に出雲崎出張として復活、天明四年（一七八四）廃止、寛政六年（一七九五）本陣屋再興と、高田藩の所領変遷に伴い設置と廃止を繰り返した。文化六年（一八〇九）、役務は川浦陣屋に移管されて廃止となり、以降復活しなかった。

陣屋敷地は約八十m四方と伝わるが、跡地は新井市街地と化し、遺構はない。ただ、旧北国街道から入る「陣屋小路」の名が残るのみである。

陣屋跡（地蔵院北側）

吉木代官陣屋

妙高市吉木

吉木陣屋は、天和元年（一六八一）に高田城主松平光長の改易で幕領に移った上板倉郷を支配するために御用場として設置された。貞享四年（一六八七）には出雲崎陣屋の出張陣屋となる。

元禄十四年（一七〇一）、陣屋は廃止となり、役務は高野と戸野目の陣屋に引き継がれたが、正徳三年（一七一三）に高野陣屋出張として再開、同五年から享保六年（一七二一）まで本陣屋として機能した。しかし同八年、再び陣屋は廃止となり郷倉が置かれた。

その後寛保二年（一七四二）に復興、本陣屋となるが、延享元年（一七四四）には川浦に陣屋機能が移されて廃止、以後再興することはなかった。

現在、陣屋地は史跡広場となり史跡碑が建つ。背後の日吉社が建つ丘には、城館風の段状遺構が見られるが、吉木陣屋と関連はないと思われる。

陣屋広場

高野代官陣屋

上越市板倉区高野

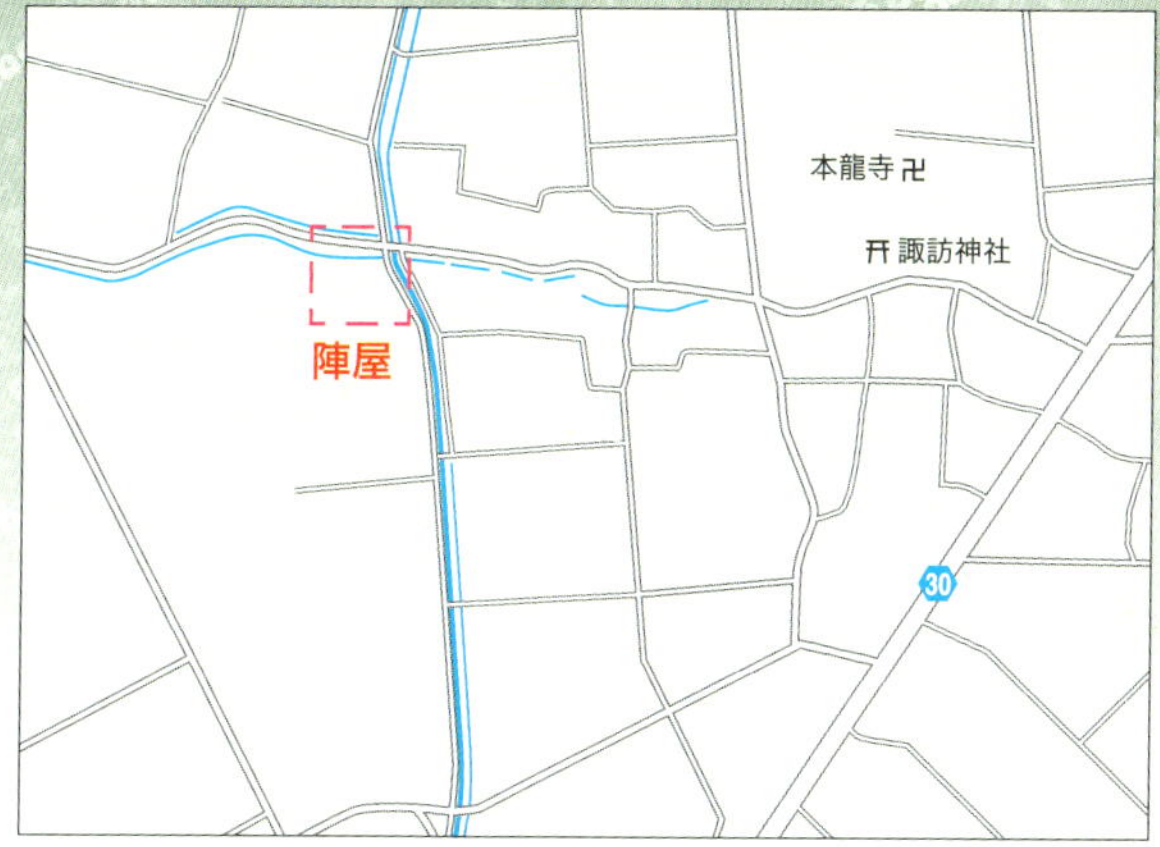

　現在、陣屋地付近は耕地整備が進み、遺構はないが、付近に陣屋跡を解説する史跡表示がある。

　高野陣屋は、天和元年（一六八一）に高田城主松平光長が改易となり、高田領から幕府領に移った下板倉郷を支配するために御用場として設置され、貞享三年（一六八六）に出張陣屋となった。正徳三年（一七一三）、武井善八郎常信の本陣屋となるが、享保九年（一七二四）に廃止。

　寛保元年（一七四一）新井出張として陣屋は再興、同三年には近藤万五郎威興の本陣屋に格上げとなって川浦陣屋を出張としたが、寛延三年（一七五〇）には再び廃止となった。

　高野陣屋には郷倉も併設されており、郷倉は幕末まで存続した。

陣屋跡付近に建つ史跡案内

小千谷代官陣屋

小千谷市元町

小千谷代官陣屋は天和元年（一六八一）に幕府出雲崎陣屋（代官設楽孫兵衛能武）の出張陣屋として設置された。享保九年（一七二四）、小千谷は会津藩預地となり、小千谷陣屋は会津藩が管理する出張陣屋となって政庁が置かれた。

宝暦五年（一七五五）、小千谷は幕領となり、陣屋は代官千種清右ヱ門直豊の本陣屋となるが、一年後には十日町陣屋の出張となった。同十三年、再び会津藩預となり明治に至った。

小千谷陣屋内には、梁間五

陣屋跡付近

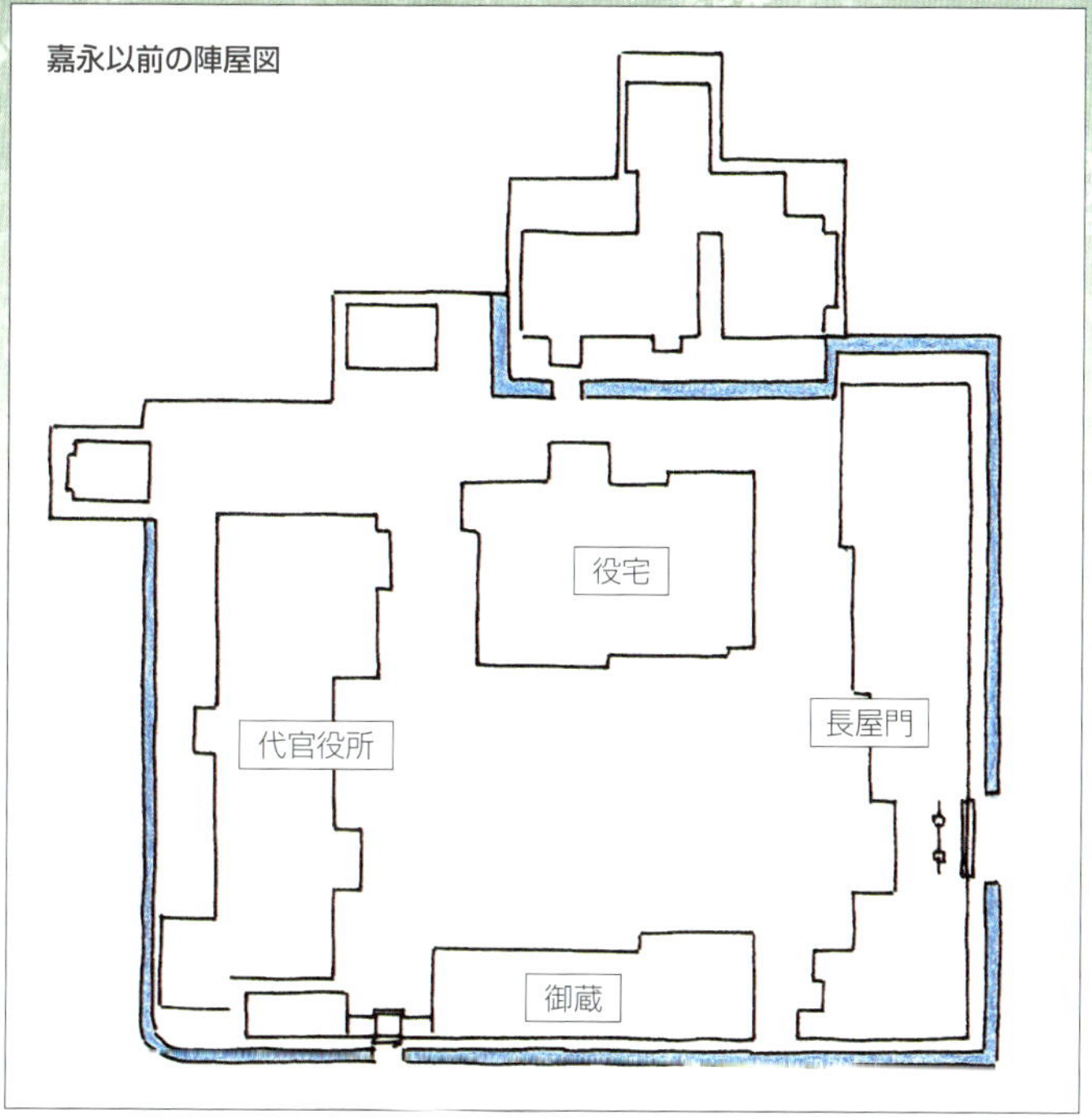

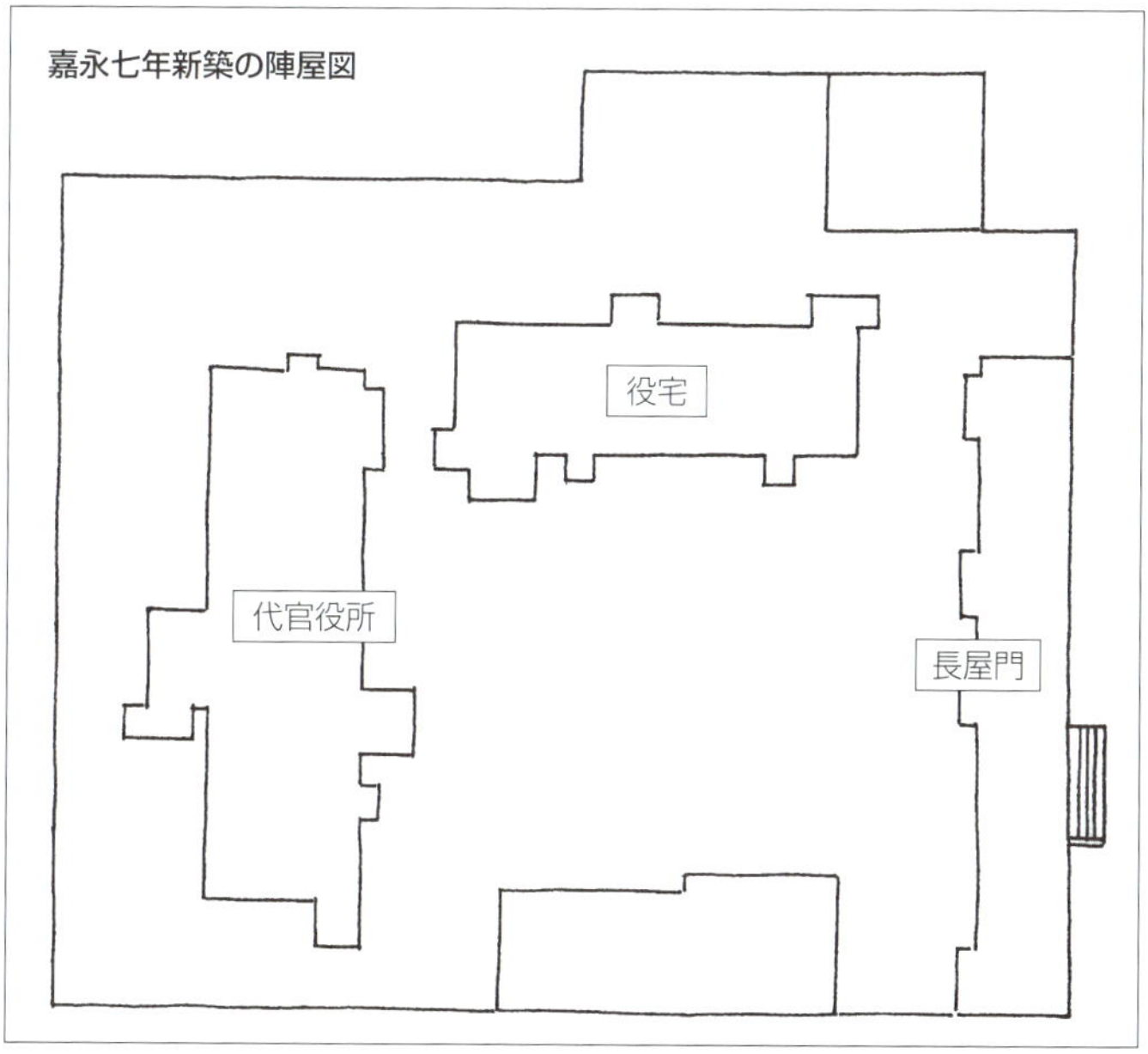

間、桁行十六間の政庁建物や役人住宅数棟が建てられており、町屋に向いた北側に表門（長屋門）があった。

現在、陣屋跡には小千谷総合病院の老人保健施設「水仙の家」が建ち、陣屋の遺構はないが、政庁玄関が陣屋跡南方の五智院に移築現存する。

小千谷陣屋絵図（役所玄関が描かれる）

◆小千谷代官役所御殿玄関

陣屋跡（小千谷総合病院）南方、元町の五智院に現存する。長らく同院庫裡の式台として使用されていたが、最近院内の別の場所に再移改築され、同院地蔵堂に改築された。

なお、この建物は役所の玄関車寄せの部分と推定するが、「小千谷町史」は五智院式台時代の写真に『旧小千谷陣屋の門』との解説を掲載している。

十日町代官陣屋

十日町市十日町

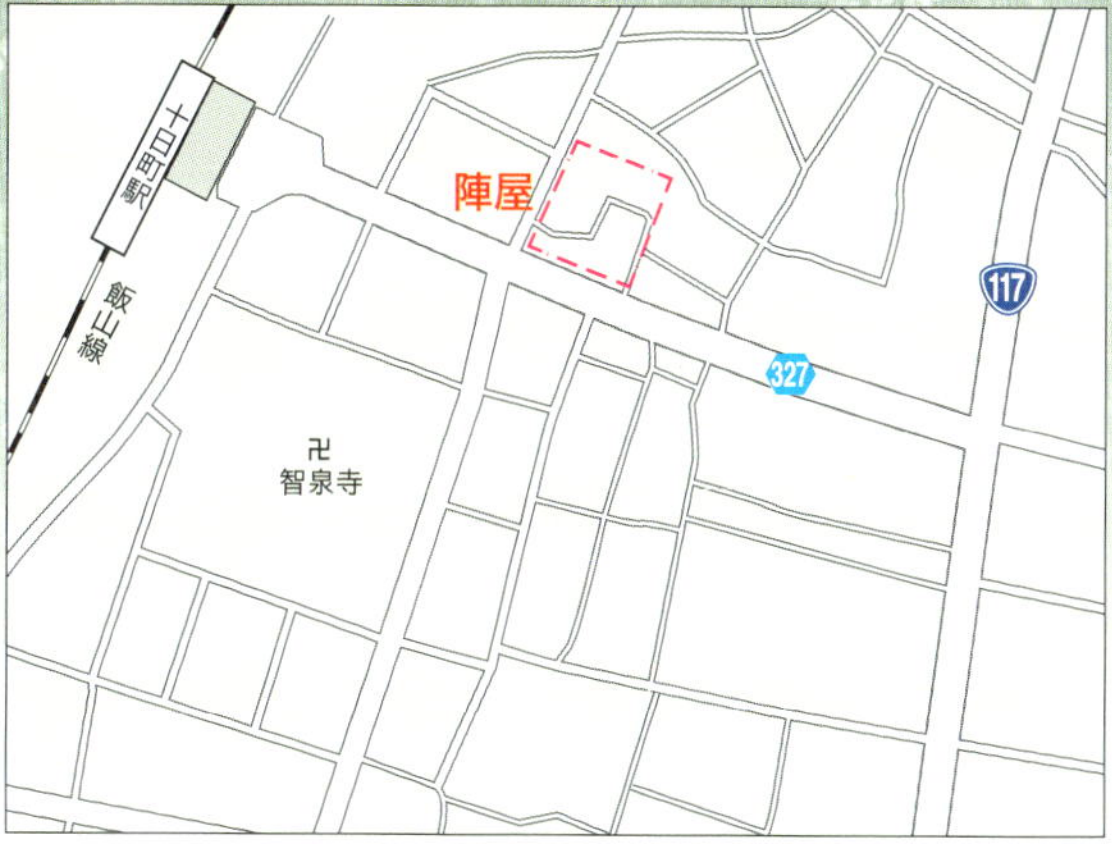

十日町陣屋は貞享四年（一六八七）、川浦出張陣屋として設置された。宝永二年（一七〇五）に黒井陣屋の出張、享保元年（一七一六）からは潟町陣屋の出張となるが、同九年に十日町組等が会津藩預所となったため、管理は会津藩に任された。

宝暦五年（一七五五）、会津藩預所が幕府に戻されると、陣屋は天領陣屋となり、同七年には小千谷陣屋の役務を移して本陣屋とされた。しかし、同十三年（一七六三）、十日町組は再び会津藩預所となり、陣屋は嘉永元年（一八四八）に廃止された。

十日町陣屋の規模は一六三坪の敷地に長さ八間半、横五間の役所があり、近くに牢屋もあったという。

陣屋地は十日町駅前通りの中程であると推定されるが、陣屋の遺構はない。

陣屋跡付近

石瀬代官陣屋

新潟市西蒲区石瀬

石瀬陣屋は宝永二年（一七〇五）、石瀬が与板井伊氏領から幕領に編入されたことで設置され、初代代官には平岡十左衛門が就任した。享保七年（一七二二）に出雲崎陣屋の出張となったが、同九年廃止されて支配所は新発田藩預所になった。

元文五年（一七四〇）、新発田藩預所が再び幕府領に戻されたために石瀬陣屋も再興した。延享三年（一七四六）、一旦水原陣屋の出張となったが、寛延二年（一七四九）には本陣屋に復された。

文化十二年（一八一五）、支配所は与板藩領となったため、廃止された。

種月寺の南方にあたる陣屋旧地には小広場と石碑、案内板があるが、明確な遺構は残っていない。

陣屋跡

水原代官陣屋

阿賀野市水原外町

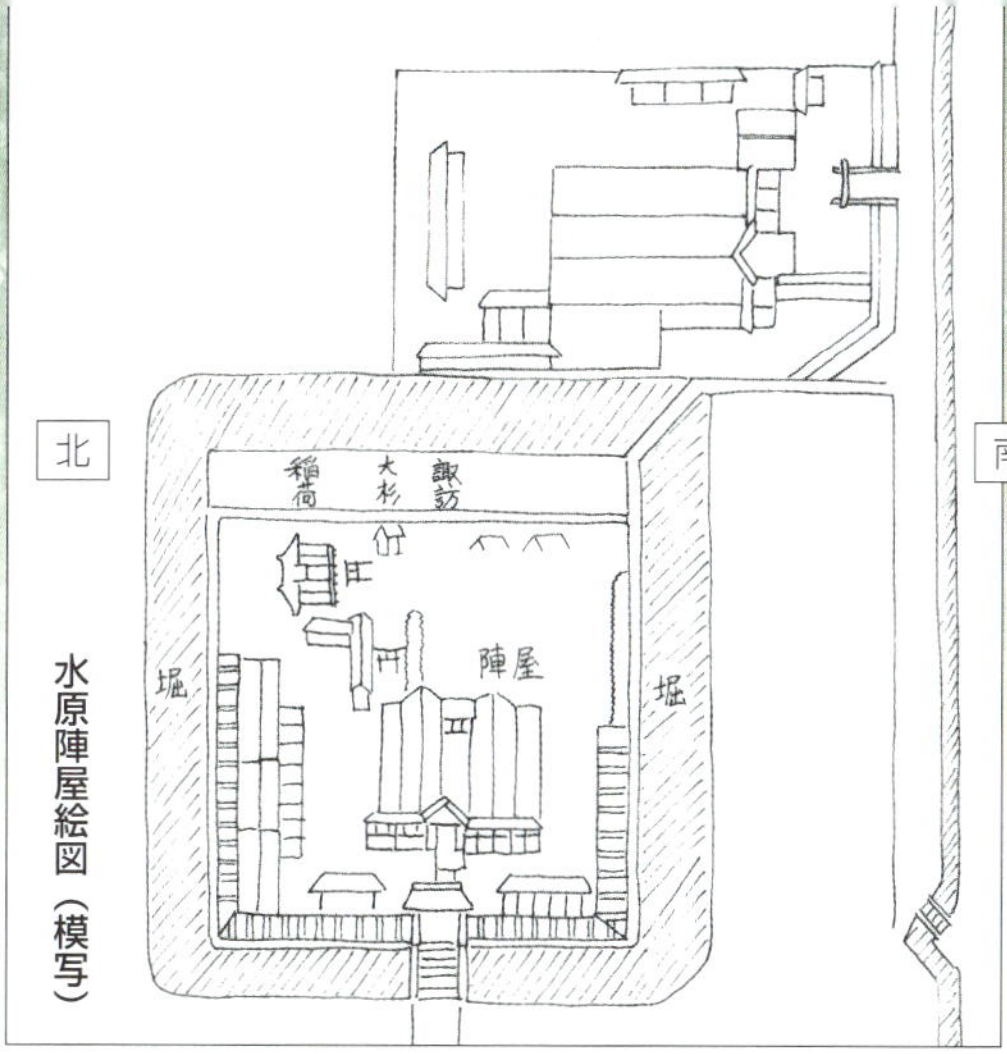

水原陣屋絵図（模写）

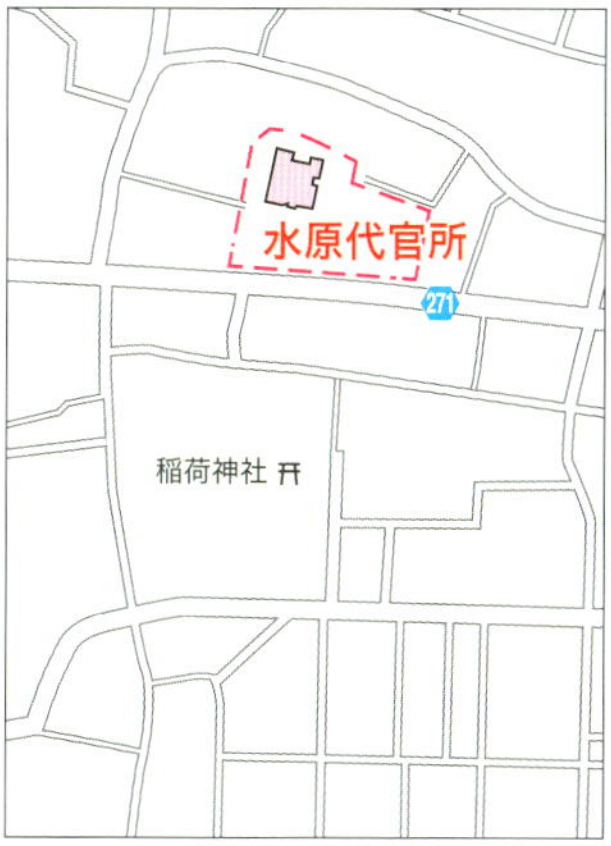

延享三年（一七四六）中世の水原城跡に幕府代官所が設置され、近郷七万三千石を支配することとなった。代官所の役務には福島潟、紫雲寺潟の開発や村上藩、新発田藩の監視も加えられていた。

宝暦九年（一七五九）、代官山中源四郎が不取締りで処分された際と明和三年（一七六六）、寛政七年（一七九五）から同十二年、享和二年（一八〇二）、文政四年（一八二一）、同六年にそれぞれ一時的に出張陣屋となったことがあったが、これ以外は本陣屋として付近の幕領を支配した。

嘉永三年（一八五〇）、代官元締高尾駿助は陣屋の後隣に教授所「温故堂」を建て、頼支峰を講師に招いた。

安政元年（一八五四）、代官小笠原信助真温の病死により出雲崎代官の預かりとなったが、二か月後には本陣屋として復興した。

慶応四年（一八六八）三月、代官篠本信之助の時、陣屋は会津藩預かりとなるが、同年七月、新政府軍の来越で会津藩が撤退し、廃止された。

平成七年、表門と代官所建物（公事場、御用場、大玄関、使者の間、御学問所、上の間、中の間、御用人部屋、奥御台所等）、板塀、冠木門が復元された。ただし、東向きであった陣屋は道路事情などにより南向きで復元されている。復元建物は水原代官所・水原ふるさと農業歴史資料館として一般公開されている。

水原陣屋復元表門

水原陣屋復元本陣建物

水原陣屋復元役所書院内部

◆水原陣屋表門

長屋門

水原陣屋の表門は、文久三年（一八六三）の建築で、明治初年に中条村村松浜の本平野家へ移築され、その後、聖籠町諏訪山の元新発田藩領諏訪山新田村名主大野家に再移築されて現存する。

形態は長屋門。水原陣屋に再建された表門は、この門を参考に復元された。門には筋金の入った大扉の両脇に脇戸が付き、両側の長屋には物見窓が付く。

屋根は桟瓦葺きとなっているが、往時は本瓦葺であったろう。門は昭和三十六年の第二室戸台風で倒壊し、その修復の際に一部改築されたが、現在も大野家の正門として使用されている。

脇野町代官陣屋

長岡市三島町脇野

陣屋跡地付近

天明六年（一七八六）、稲葉氏領が上知となり、同藩の脇野町出張陣屋は幕府出張陣屋とされた。

寛政三年（一七九一）には本陣屋となり、山田茂左衛門至意が代官に就任して信越領国で五〜六万石の天領を支配した。文化四年（一八〇七）と文政十一年（一八二八）に一時、水原や出雲崎の出張となったが、同十二年には代官和田数馬の本陣屋に復され川浦を出張陣屋とした。

下って天保十三年（一八四二）、出雲崎の出張陣屋となり、幕末に至った。

寛政年間〜天保年間にかけての諸文書によれば、陣屋外回りには堀と石橋があり、塀垣が巡っていた。役所御門脇には門番が控える腰掛があり、役所建物には御白洲、御勘定場、湯呑所、玄関の間、御台所などがあった。また、敷地内には役所建物の他に御長屋が三棟、稲荷、牢などがあったことが記されている。

陣屋詰めの手代、手附は五〜八名で在勤し、それぞれが家族や使用人と共に陣屋内に住んでいた。

（淀藩陣屋時代は別項）

第五章 天領陣屋

（三） 幕府代官出張陣屋

(三)幕府代官出張陣屋

本稿では統一名称として「幕府代官出張陣屋」と表現したが、実は幕府代官の出張陣屋という名称は、江戸時代において一般的ではなかった。当時は単に出張、代官所、役所などと呼ばれた他、越後では初期においては御用場（宝永の初め頃までの呼称）、役所と称され、代官の出張所としては、他屋、御他屋、田屋、太屋、手屋などと表記されたことが特徴的である。他屋は旅屋の略と思われ、旅屋とは主体者（この場合、代官）が一時滞在する施設を指すと理解されたことからの意であろう。諸文書において他屋等の表記は厳密に使い分けられていたのではなく、同音異字を当てていたというのが実態であったと思われる。

幕府代官の出張陣屋は在所の庄屋の住まい（あるいはその一部）を借用することで事足りた場合もあるなど、施設としても簡易なものであった。それは、大名や旗本の領地入れ替えや天領内での本陣屋支配村の編成替えが繰り返されたことに加え、様々な村方の要求が要因となって、幕府出張陣屋の多くが結果的に期間限定となったからである。

村々にとって、代官陣屋は年貢収納の場であり、訴訟取扱いの場であったから、近くにあるほど好都合と言えた。このため出張陣屋の設置を村方から要求する場合があった一方で、新陣屋が設置されると却って遠方になってしまう村々からは必ずと言っていいほど新陣屋設置反対の訴訟が起き、争論となる場合が多かった。これに対して幕府側も元文元年（一七三六）に代官所の新築や修復に要する経費は郡中割とする定めを発して牽制している。

幕府代官陣屋が記される史料はこのような訴訟関連の文献ばかりで、施設情報は殆どない。建築遺構も残らず、現在となってはその場所の特定すらできない場合が多い。

能生出張陣屋

糸魚川市能生

能生陣屋は天和三年（一六八三）にはすでに存在していたらしいが、正確な設立は明らかでない。貞享年中（一六八四―八七）の黒井陣屋代官伊奈兵右衛門の代には一時本陣屋であったと『能生町組村明細鑑』に記される。文化八年（一八一一）には屋敷地が五畝三歩あったという。

享和三年（一八〇三）、陣屋建物は火災に会い、以後再建されなかった。

陣屋は文化十二年の絵図によれば、北陸道南側で能生川とささら川の間にあった。現在の能生市街中心部、旧町立体育館高台付近と思われるが、陣屋の遺構はない。

能生陣屋跡と推定される旧町体育館の高台

桂出張陣屋

糸魚川市桂

高田藩松平光長改易後の貞享四年（一六八七）、幕府は糸魚川支配の陣屋を桂村に置いた。天明三年（一七八三）桂出張陣屋は廃止となった。

陣屋の詳細は不明だが、延享五年（一七四八）に行われた屋根の葺き替え文書には惣廻り間数十九間の建物があったと記されている。陣屋には他に、牢屋や郷蔵もあったといい、郷蔵は桂神社北の十字路、地蔵堂付近というから、陣屋もこの付近であろう。

遺構はない。

糸魚川出張陣屋

糸魚川市横町二丁目

貞享元年（一六八四）、黒井陣屋の代官伊奈忠易が出張陣屋を糸魚川に置いた。同二年糸魚川町絵図には横町筋西端近くに北面して「御旅屋」がある。

元禄二年（一六八九）に出張陣屋は廃止され、同四年（一六九一）、有馬清純が五万石で糸魚川に入部した。有馬氏が清崎城跡に陣屋を置いたのか、幕府陣屋を引き継いだのか不明だが、横町の陣屋は享保二年（一七一七）松平直之の陣屋として再興される。（清崎城、糸魚川陣屋の項）

梶屋敷出張陣屋

糸魚川市梶屋敷

享保年間の『越後頸城郡誌稿』に「郷蔵並びに役所・牢屋等の設け有る様、これ等は代官所の出張所にして」と梶屋敷に出張陣屋があったと記している。その存在期間は松平光長改易から質地騒動後までと思われる。梶屋敷は文化六年（一八〇九）から再び高田領となったが、この時も会所が置かれた。現在、旧北陸道に数軒の旧家が見られるが、陣屋の遺構はない。

戸野目出張陣屋

上越市戸野目

天和元年（一六八一）、高田城主松平光長が改易となり、高田領から幕府領に移った津有郷、新田郷、里五十公郷を支配するために御用場と郷蔵が置かれた。

貞享元年（一六八四）から黒井や川浦の出張陣屋となるが、元禄十四年（一七〇一）、当地が高田領に復帰するに及び、稲村に陣屋が移り、戸野目陣屋は廃止となった。

現在、陣屋の遺構は認められないが、旧松之山街道筋にあたる戸野目小学校脇に戸野目陣屋についての案内板が設置されている。

なお、戸野目には文政年間に高田藩御用達となった大名主保阪家の屋敷があった。

戸野目小学校にある史跡案内

百間町出張陣屋

上越市頸城町百間町

百間町陣屋は貞享三年（一六八六）、潟町代官陣屋の出張として設置された。その後川浦御用場の出張となったが、寛保元年（一七四一）、当地は高田藩領に編入されて陣屋は廃止

百間町 山田邸の長屋門

となった。

百間町地区には現在も、黒板塀と薬医門を残す豪農で士分の瀧本家、古い長屋門や板塀が見られる上越第二の大地主山田家屋敷などが残っている。しかし、百間町陣屋の遺構は伝えられていない。

稲村出張陣屋

上越市上稲

当地は天和元年（一六八一）から幕府領で川浦御用場の支配下にあった。

元禄二年（一六八九）に川浦陣屋の出張陣屋設置となり、同一四年（一七〇一）には戸野目陣屋の役務が稲村に移された。宝永三年（一七〇六）一旦廃止されたが、享保五年（一七二〇）から同九年まで荒井陣屋の出張陣屋として機能した。陣屋の所在地は不明である。

真砂出張陣屋

上越市上真砂

真砂は天和元年（一六八一）より幕府領となり、代官陣屋と郷蔵が置かれた。

寛保元年（一七四一）、支配は高田藩に戻されて陣屋は廃止されたが、宝暦四年（一七五四）に幕府領に移管され、川浦陣屋の出張陣屋として再興された。

現在、勝名寺付近にかつての町筋の面影があるが、陣屋の遺構はない。

上真砂勝名寺門前の町筋

上三分一出張陣屋

上越市上三分一

上三分一には貞享三年（一六八六）、潟町陣屋の出張陣屋が設けられた。文化六年（一八〇九）、当地は高田藩領となったので、上三分一陣屋はこれ以前に廃止されたものと思われる。現在は陣屋も旧町筋の面影もない。

安塚出張陣屋

上越市安塚

清里村小山家文書「歴代支配者書上」の享保三年（一七一八）と同四年中に「安塚役所」とあり、三和村岡田風巻神社文書にも「安塚御役所」の文字があるが、安塚役所についてこれ以外の史料はなく、町史編さん調査でも新たな資料は発見されなかった。

小泉出張陣屋

上越市小泉

小泉村は天和元年（一六八一）より幕府領であり、享保年間（一七一六—一七三五）、郷蔵や役所・牢屋等が代官所の出張所として設けられていたと『越後頸城郡誌稿』にあるが、詳細は明らかでない。一方、寛保二年（一七四二）には隣村の長岡に郷蔵があり、その中に二間×三間の御旅屋が建っていた。

長岡郷蔵付近

下条出張陣屋

上越市下条

『越後頸城郡誌稿』によれば、享保年間の書に郷蔵や役所・牢屋等が代官所の出張所として設けられていたとあるが、これ以上のことは明らかでない。

大久保出張陣屋

柏崎市大久保

宝永二年（一七〇五）、黒井陣屋の出張となる。寛保元年（一七四一）、高田藩主松平定賢が白河へ転封し、柏崎も白河藩松平領に編入されたことを機に、松平氏は大久保に新たな出張陣屋を設けた。

（以降は白河藩柏崎陣屋の項）

比角出張陣屋

柏崎市比角一丁目

宝暦十年（一七六〇）の『半田陣屋存続願』によれば、代官鈴木三郎兵衛の節、比角村に出張陣屋（文面では「御役所」）があった。下って能勢権兵衛の節に比角が「柏崎御同領」になり陣屋は廃止、役務は半田陣屋に引き取られたという。

鈴木は元禄十四年（一七〇一）から宝永五年（一七〇八）まで馬正面陣屋の代官を務め、能勢は宝永五年から享保四年（一七一九）まで福田陣屋の代官であった。比角に出張陣屋があったのは、この間であろう。寛政以降の絵図に陣屋は描かれていない。

なお、比角には天和年間（一六八一―八三）に御蔵が七棟建てられた。現在も小倉町の跡地には老松が見られ、付近に「御蔵小路」の名が残る。

半田出張陣屋

柏崎市半田

寛保二年（一七四二）、柏崎大久保陣屋が白河藩支配になったので、出雲崎へ郷中物入せよとした幕府の命令に対して遠方の村々が反発、半田陣屋を「建替」るよう願い出た。下って宝暦十年（一七六〇）には半田陣屋の引き払い方針に対して村方より陣屋存続の願いが出されている。

半田陣屋は比角陣屋の役務を引き継ぐ陣屋であった。明和八年（一七七一）、大風で建物が倒壊し、陣屋は廃止された。

宮川出張陣屋

柏崎市宮川

慶長十五年から（一六一〇）元和二年（一六一六）まで、宮川村は松平忠輝付家老松平清直五千石の支配地であった。

下って松平光長改易後に行われた天和検地帳には宮川村に一反二畝二十四歩の旅屋屋敷があったと記されている。また、御蔵屋敷も存在し、庄屋が年貢の収納を代行したという。宮川村は天和元年（一六八一）から貞享二年（一六八五）まで幕府領であったが、その後は高田藩や与板藩の所領となって明治を迎えた。

満願寺出張 陣屋
新潟市秋葉区満願寺

永二年（一七〇五）もしくは同四年、沢海代官支配の内旗本小浜氏六千石を除いた四千石を治めるために、出雲崎陣屋の出張として満願寺村庄屋石川与治右衛門の居宅に陣屋が設けられた。

満願寺陣屋は享保元年（一七一六）、三日市陣屋出張となり、さらに同九年には館林藩海老江陣屋出張となったが、同十四年（一七二九）、当所が新発田藩預所となるに及んで廃止された。

陣屋地は満願寺の東方にあたる。

現在は畑地や宅地となり、遺構はない。

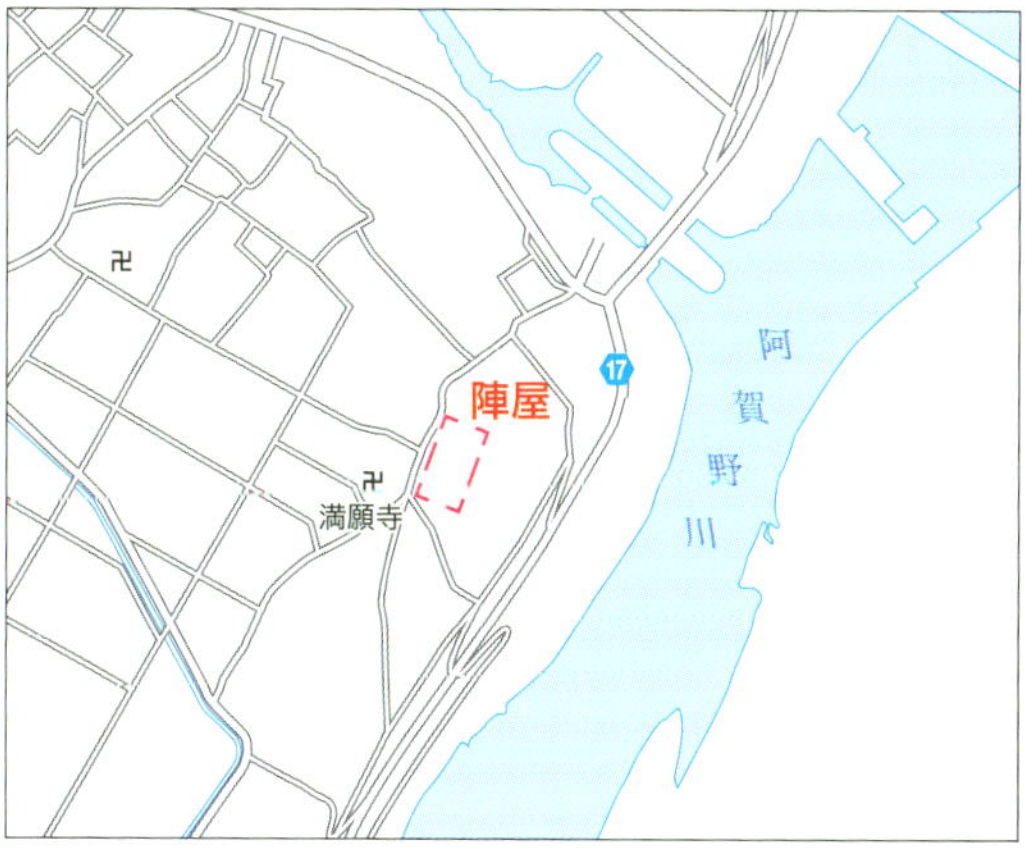

満願寺陣屋付近

沢海出張陣屋
新潟市江南区沢海

元禄元年（一六八八）、沢海溝口藩の改易を受けて設置される。宝永四年（一七〇七）、沢海が旗本領になることにより出張陣屋は旗本小浜氏の陣屋となった。（以下、旗本沢海陣屋の項）

竹森出張陣屋
長岡市竹森

宝永八年（一七一一）、いわゆる「四万石騒動」の折に竹森に役所が設けられ、福田陣屋の出張として使用された。寛政八年（一七九六）の記録によれば、陣屋の周囲は生垣や柴垣がめぐらされていたが、管理が行き届かず、「見苦敷」有様であったという。陣屋廃止の時期は定かでないが、竹森村は享保二年（一七一七）から村上領となって明治を迎えている。

陣屋所在地の確証はないが、草薙神社南方の字「おくら」「小屋場」周辺と想定される。

陣屋跡付近（小字小屋場）

塚野山出張陣屋

長岡市塚野山

天和二年（一六八二）、塚野山宿北側に代官岡上次郎兵衛の出張陣屋（旅屋）が設置された。陣屋は元禄十四年（一七〇一）に塚野山が佐倉藩稲葉氏領となったのに伴い廃止となった。

記録によれば敷地（手屋屋敷）面積は四畝二十歩。中に役所（旅屋）一棟（十間×三間三尺）があったとする。

塚野山陣屋の場所は、長谷川家に伝わる絵図によれば同家の北側にあった。

現在は長谷川邸資料館の駐車場になっている。

明確な陣屋の遺構はないが、旧地西端には旧図に描かれる用水堀の跡が残る。

陣屋跡付近

千谷沢出張陣屋

長岡市千谷沢

宝永二年（一七〇五）、黒井代官金丸又左衛門の出張となる。別称を原小屋役所といった。千谷沢は塚野山に近く、塚野山「旅屋」の廃止を受けての幕府出張陣屋設置であったと思われる。敷地は二畝二十五歩で旅屋一棟（七間五尺×四間）が建っていた。

正徳四年（一七一四）、出張陣屋としての機能は千手に移された。

安永年間（一七七二—一七八〇）、千谷沢村は与板藩の領地となるが、この折に同藩の出張陣屋が置かれている。与板藩の陣屋の詳細は明らかでないが、幕府の旧陣屋地を使用したとも考えられる。

千谷沢陣屋は龍光院西側の字「南田」にあったとされるが、付近は水田となり、遺構は見られない。

陣屋跡付近（龍光院から）

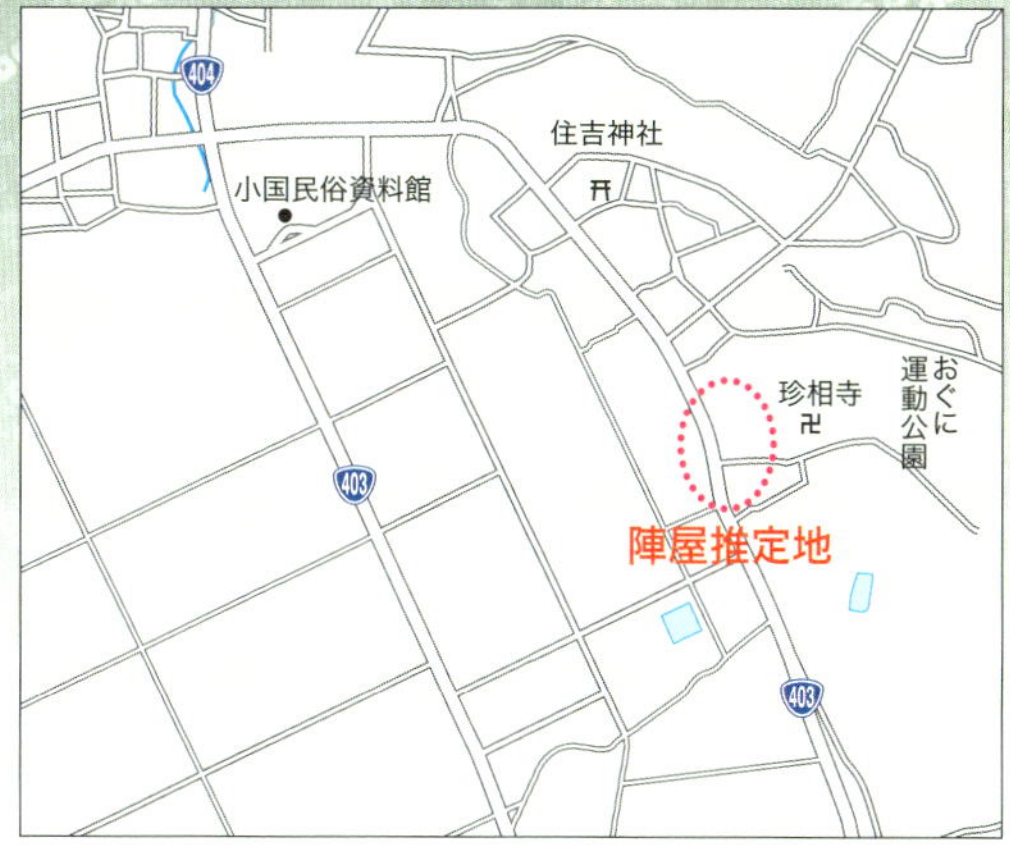

相野原出張陣屋

長岡市相野原

相野原は天和元年（一六八一）から幕府領となり、宝永七年（一七一〇）から与板藩領となるが、文化十二年（一八一五）に再び幕府領となって明治を迎えた。天和検地帳によれば、相野原には「手屋屋敷」一筆があり、面積は三畝二十歩であったという。

相野原陣屋は新町の珍相寺付近に所在したというが、確かな記録はない。

珍相寺

浦出張陣屋

長岡市浦

天和二年（一六八二）、塚野山宿に代官岡上次郎兵衛の出張陣屋（旅屋）が設置された時、北東に一〇キロほど離れた信濃川沿いの浦村にも敷地面積一反六歩の出張陣屋が設けられた。陣屋は元禄十四年（一七〇一）に塚野山が佐倉藩稲葉氏領となったのに伴い廃止された。

陣屋の詳細は不明である。

千手出張陣屋

十日町市千手新田

千手出張陣屋が最初に置かれた年ははっきりしないが、元禄七年（一六九四）には上新井村に長さ六間半、横二間半の「他屋」があったという記録がある。

元禄十六年（一七〇三）、幕府は千手新田の役所設置を決したが、これに反対する村々の訴えを受け、翌年これを撤回、正徳四年（一七一四）に潟町代官日野小左衛門が改めて他屋（出張陣屋）を千手に設けた。陣屋は山谷村三郎右衛門の酒蔵を使用し、手代が詰めたとされるが、三郎右衛門は元禄六年に上新井村市左衛門屋敷を借り受けて醸造業を始めていることから、陣屋もここにあったと思われる。享保九年（一七二四）に廃止されたらしい。

延享四年（一七四七）に写された『千手新田古絵図』によれば、宿の中央を西に入る小路を「御陣屋小路」と称し、突き当りの地蔵堂手前南側に御蔵と陣屋屋敷が並んでいた。遺構はない。

御陣屋小路（突き当りが地蔵堂）

上野出張陣屋

十日町市上野

陣屋地付近

潟町陣屋の出張。元禄七年（一六九四）に破損、宝永二年（一七〇五）に再建したという記録が残る。川西地区には他屋が二カ所あったというが、上野と千手新田は至近であり、出張陣屋の機能は後に千手に移ったことも考えられる。上野村は寛保二年（一七四二）に白河藩領となり、文政六年（一八二三）からは桑名藩領となって明治を迎えている。

上野「他屋」は現在の農協倉庫辺りにあったという話があるが、確証はない。

中条出張陣屋

十日町市中条

元禄七年（一六九四）の妻有組村鑑によれば、中条村には「他屋」があったという。川浦代官馬場新右衛門昌重の出張であったと思われる。中条村は天和元年（一六八一）から幕末まで幕府領であった。

他屋建物は長さ四間五尺で横三間五尺。その修復、維持は妻有組の村々の負担であったという。

中条上町にはかつて「御蔵小路」という地名があり、「他屋」もこの近辺に存在したと推定されるが、遺構はない。

塩澤出張陣屋

南魚沼市塩沢町田屋小路

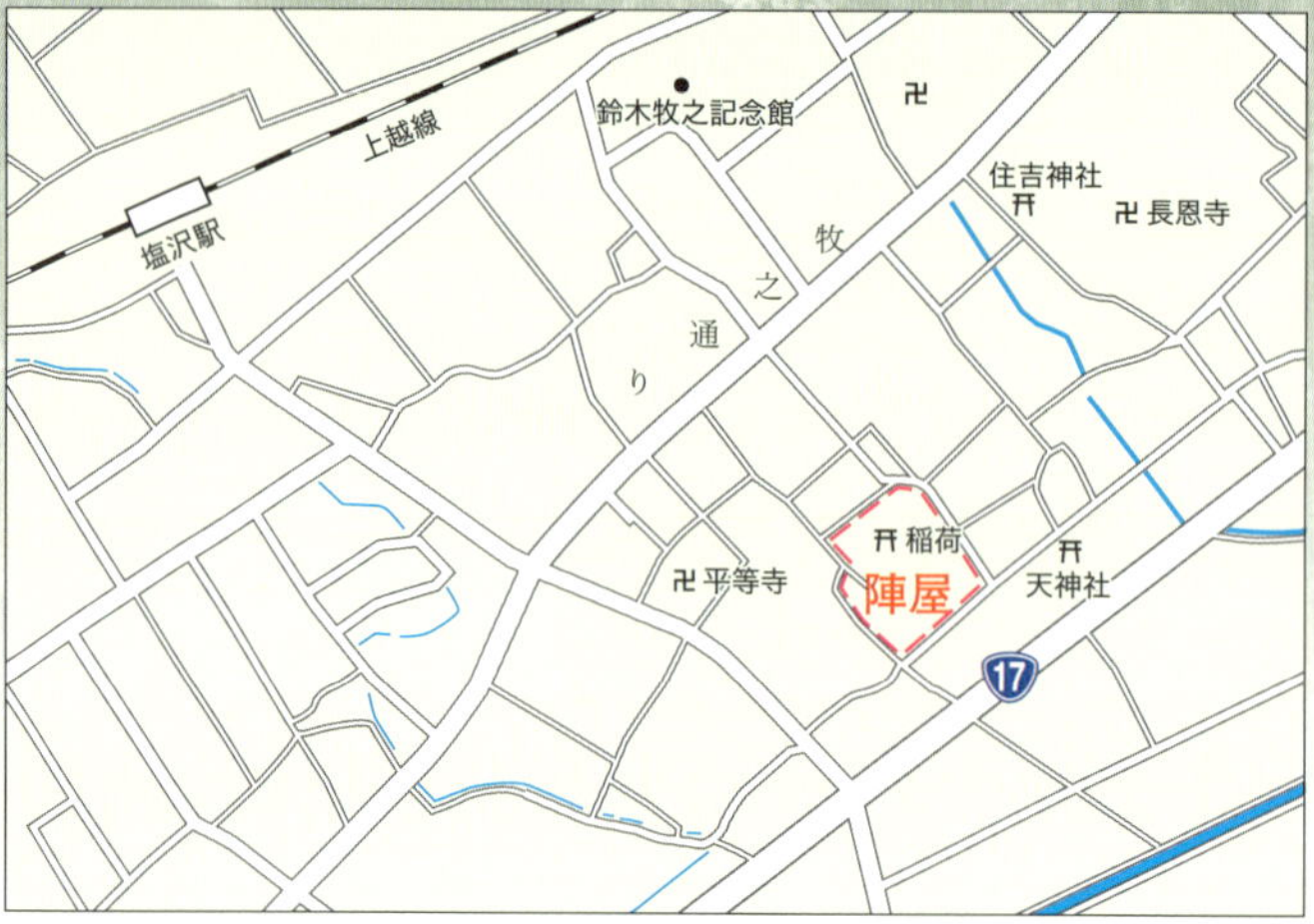

　寛永三年（一六二六）、松平光長が塩澤武田家内に出張陣屋を設置したが、越後騒動後の天和二年（一六八二）より塩澤陣屋は幕府出張陣屋となって代官と手代が派遣された。享保三年（一七一八）頃の陣屋役所は板葺で西の座敷四坪、湯殿、雪隠、東の座敷六坪、次の間（中の間四坪、取次の間二坪、白洲内玄関）、下役部屋（勘定場五坪）、台所二十四坪と冠木門から成っていた。

　同九年（一七二四）、会津藩預地となり、小千谷陣屋と共に会津藩出張陣屋として魚沼七郡を支配した。初め陣屋代官は小千谷と一年交代で役務に就いていたが、宝暦五年（一七五五）には小千谷陣屋が統括支配することとなり、塩澤陣屋は小千谷陣屋の出張となった。明和九年（一七七九）には建物の改築が行われている。

　文化元年（一八〇四）、塩澤地方は再び幕領とされ、塩澤陣屋は出雲崎、川浦、脇野町などの出張陣屋として使用されて幕末に至った。この間の同十三年には門の改築と塗塀の建設が行われている。

　陣屋は宿場筋から東に田屋小路を下った場所に置かれた。明治維新後には栄盛座という劇場が建ち、

塩澤陣屋付近

◆**塩沢陣屋の門**
移築現存当時の写真から薬医門であったことがわかる。主柱は太く、武骨な門であった。

役所建物は小学校舎や隔離病棟などに使用されたのちに解体された。陣屋表門は郡役所の門として移築、その後再移築されて商家の門として使用されていたが、昭和五十六年頃解体され現存しない。

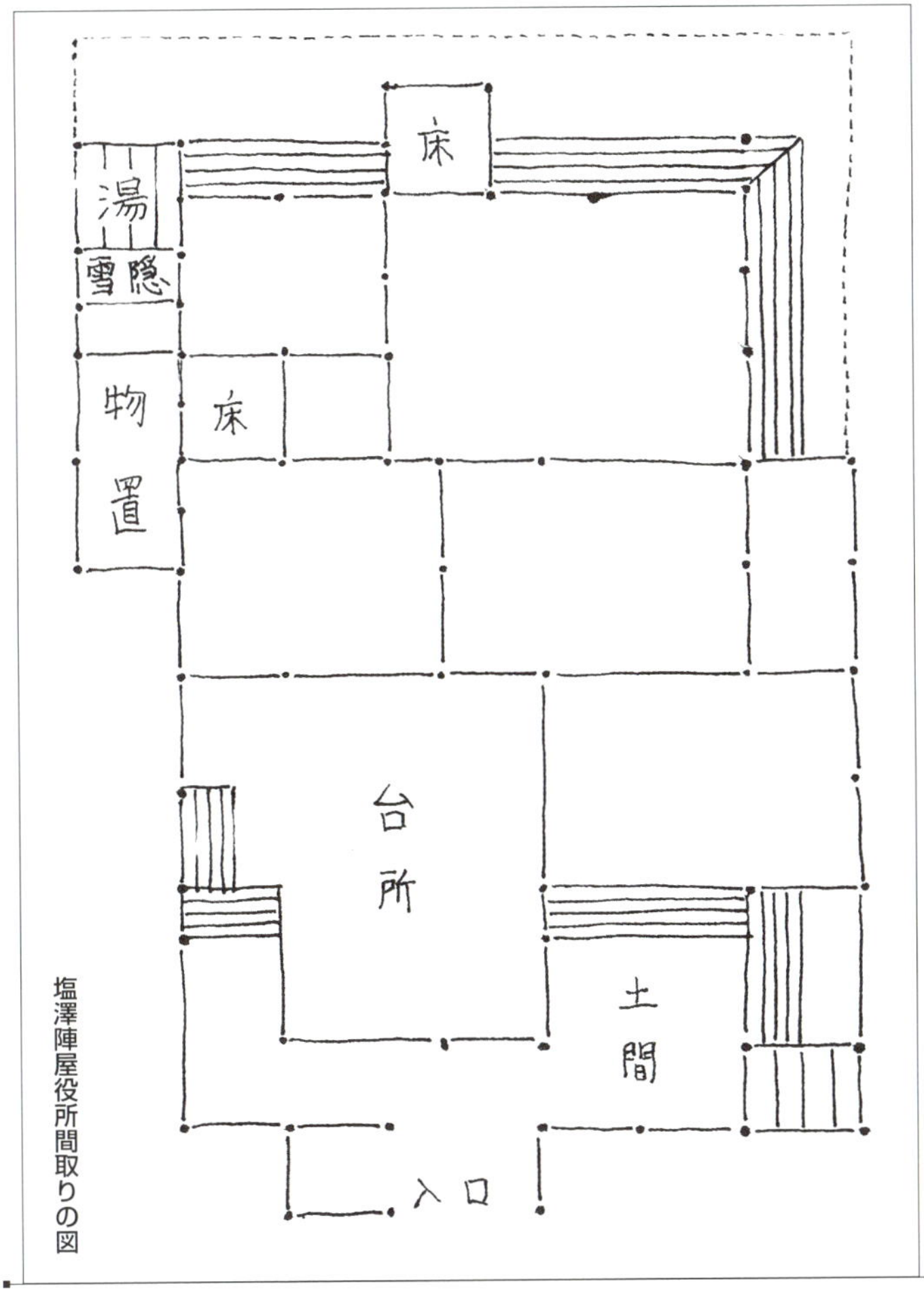

塩澤陣屋役所間取りの図

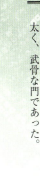

六日町出張陣屋

南魚沼市六日町

六日町陣屋は天和二年（一六八二）に幕府代官陣屋として設置された。宝永二年（一七〇五）から黒井陣屋の出張となるが、享保九年（一七二四）、会津藩預地とされたために管理は会津藩に任され、役務は塩澤陣屋に統合されて六日町陣屋は廃止となった。

六日町の宿場筋は明治以降に市街地化して現在は陣屋も含め往時の面影は殆どなくなった。旧陣屋地は現在の六日町郵便局付近である。

陣屋跡付近

浦佐出張陣屋

南魚沼市浦佐

天和二年（一六八二）、周辺が高田藩領から幕府領に移管されると、代官陣屋が設置され、会津藩が預かった。出張陣屋として機能したのは僅かの期間であったと思われ、陣屋について詳細は伝わっていない。

浦佐の宿は裸祭りで有名な毘沙門堂を中心に南北に細長い家並みを形成していたが、家数は多くはなかった。現在も街道筋の面影をわずかに伝えているが陣屋の所在地は確定できない。

大崎出張陣屋

南魚沼市大崎

天和二年（一六八二）、幕府代官陣屋として設置された。経緯は浦佐陣屋、虫野陣屋同様である。大崎陣屋についても詳細は不明であるが、虫野、浦佐、大崎は距離にして3～5㎞しか離れておらず、北の小出島陣屋、南の六日町陣屋とも近接していることから、3つの陣屋共に出張陣屋として使用された期間は限定的であったろう。陣屋の所在地は不明である。

片田出張陣屋

南魚沼市片田

享保六年（一七二一）、潟町代官日野小右衛門は塩澤組片田に役所を設けた。同九年に廃止されたらしい。陣屋の所在地は分からない。

虫野出張陣屋

魚沼市伊米ヶ崎

天和二年（一六八二）、幕府代官陣屋として設置された。浦佐陣屋、大崎陣屋と同様であるが、その詳細は不明である。なお、享保十七年（一七三二）当時、字東浦には御蔵があった。

塩野町出張陣屋

村上市塩野町

陣屋跡付近

天明八年（一七八八）、幕府は米沢藩預地であった塩野町に出張陣屋を設置した。以降、幕末まで使用された。

陣屋地は最近までＪＡにいがたあさひ塩野町支所敷地であったが、現在同所は郊外に移転し、跡地は空き地となっている。旧道筋は宿場の面影を残しているものの、一帯に陣屋の遺構はない。

鶴子銀山出張陣屋

佐渡市鶴子

天正十七年（一五八九）、上杉氏が佐渡銀山支配の拠点として築いた。慶長八年（一六〇三）、佐渡代官大久保長安は陣屋を相川に移し、鶴子陣屋を廃止した。廃止後の弘化元年（一八四六）、銀山床屋跡に小屋を建て大砲の鋳造が行われている。

陣屋（代官所）跡

鶴子銀山遺跡は近年調査され、探索路途中の代官所跡も下草が刈り取られて見学者の利便が図られている。

陣屋跡の方形の平坦地は北側に土塁があり、南側には二段の平坦面がある。この他各所に低土塁や虎口の跡も残っている。代官所の丘と本口間歩との間には堀を穿ち、土橋を渡している。

銀山の採掘は断続的に昭和二十一年まで行われた。

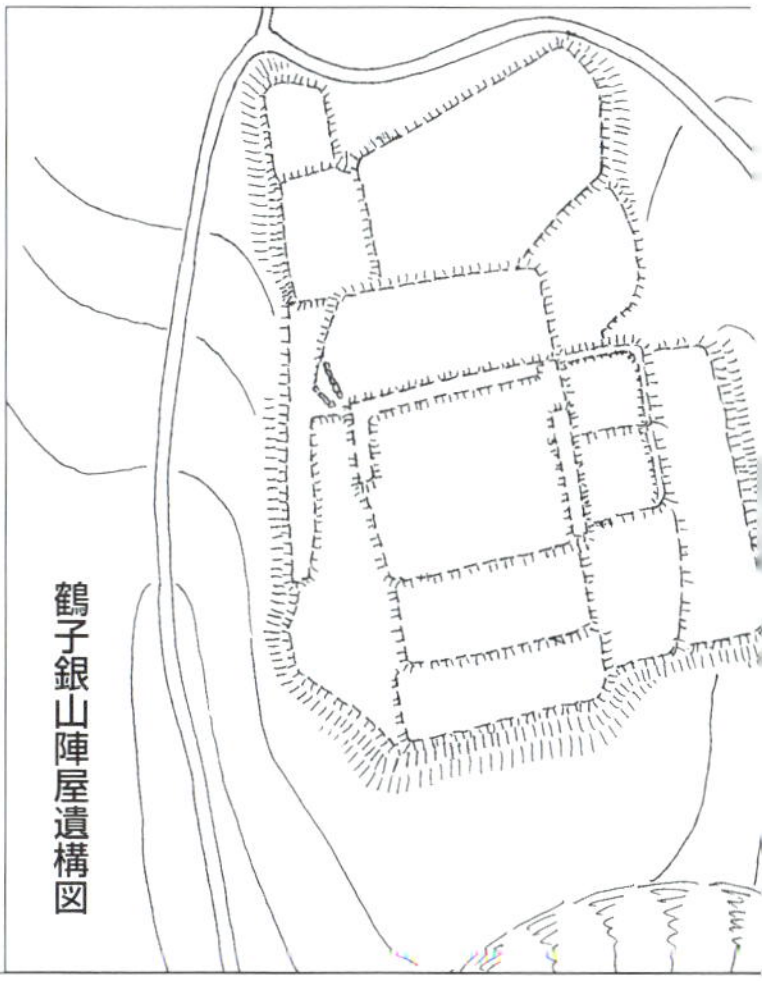
鶴子銀山陣屋遺構図

小木出張陣屋

佐渡市小木

◆役屋
本来の意味は本百姓と同意であるが、天領や秋田藩、米沢藩などでは出張陣屋を指す言葉としても使用された。

慶長九年（一六〇四）、佐渡奉行大久保長安は原土佐を小木代官に任命し、原は陣屋を築く。用材は羽茂城から運んだという。元和四年（一六一八）長安が死没し、一族失脚して小木出張陣屋も廃止となった。

元和五年（一六一九）建物等は払い下げられ、寛永十二年（一六三五）から正保年中には一部敷地も払い下げとなった。

寛文三年（一六六三）、佐渡奉行は旧陣屋地に港役屋を建設した。城山の高さは十九間、回り四百二十四間、横百十五間。周囲に土塁を巡らし、門は四か所あった。奥の方五〇ｍほどの場所に役所があり、海際には燈明台が建てられ、後に砲台も置かれた。

現在は小木城山公園となり、曲輪跡、土塁、門跡堀切などが残る。

小木港沖から見た城山

河原田出張陣屋

佐渡市河原田

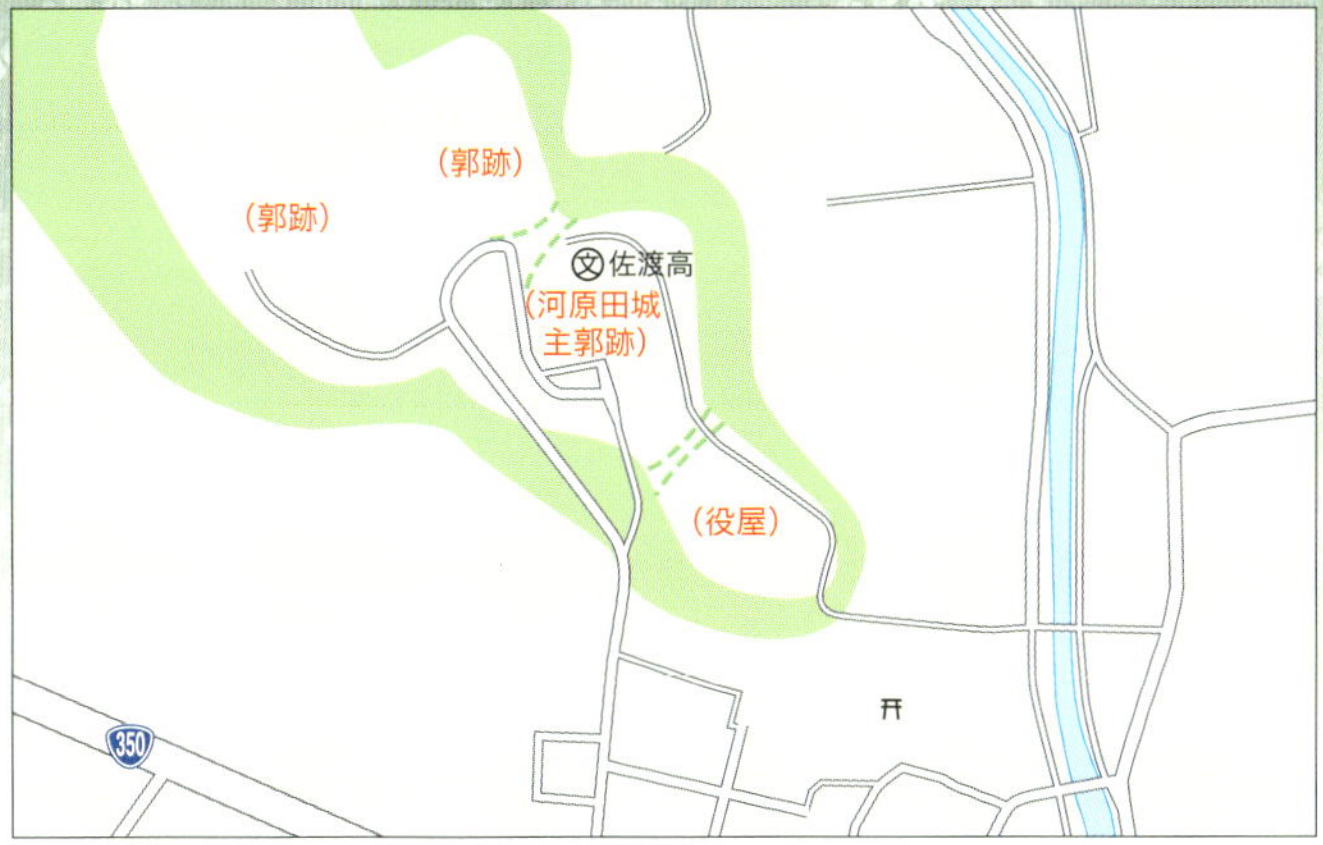

中世河原田城の地にあった出張陣屋。河原田城は戦国の国人領主河原田氏の居城であったが、上杉景勝に敗れて天正十七年に滅亡し、その後は上杉氏番城となった。

慶長三年（一五九八）上杉氏会津移封の後は豊臣領、同五年（一六〇〇）には徳川領となって代官陣屋が設けられた。

元和八年（一六一八）陣屋は廃止されたが、幕末には海防役屋が置かれた。

陣屋跡には佐渡高校が建ち、遺構はない。ただ丘陵麓に陣屋の雰囲気を醸し出す小公園が造られている。

城山を大門口から見る

前面

背面

◆河原田陣屋門

薬医門

現在は本田寺総門。前後左右を支柱が支え、主柱と冠木は当時のままと思われるが傷みが激しい。扉板はない。冠木に河原田城の別称「獅子城」の額が掛かっている。屋根材は後の作であろう。

控え柱から、往時は薬医門であったと想定される。

この門は旧河原田城乾門であるとも伝わり、中世に遡る建築物の可能性がある。

湊出張陣屋

佐渡市両津湊

江戸時代初期の両津湊の役屋。大久保長安が設け服部伊豆が代官に就いたが、大久保が失脚後には番屋に格下げとなった。

現在に残る遺構はない。

佐渡の番所と台場

異国船に対する海防上の備えが必要となった幕末、佐渡には六十に上る台場とこれを預かる番所が設けられていた。文化五年（一八〇五）当時、台場を預かる番所の数は十一か所が記録されている。

海府相川浜手番所　材木町相川浜手番所
下戸相川浜手番所　夷湊浦方番所
水津浦方番所　松ヶ崎浦方番所
赤泊浦方番所　小木浦方番所
沢根浦方番所　弾野遠見番所
春日崎遠見番所

しかしこれらの番所や台場の火器が実際に使用された記録はなく、普段は近郷の村々に保管されていた大筒などの装備も外国船に対しては大変貧弱であった。

現在まで残る遺構は、小川台場の土塁のみである。

越後府

阿賀野市水原

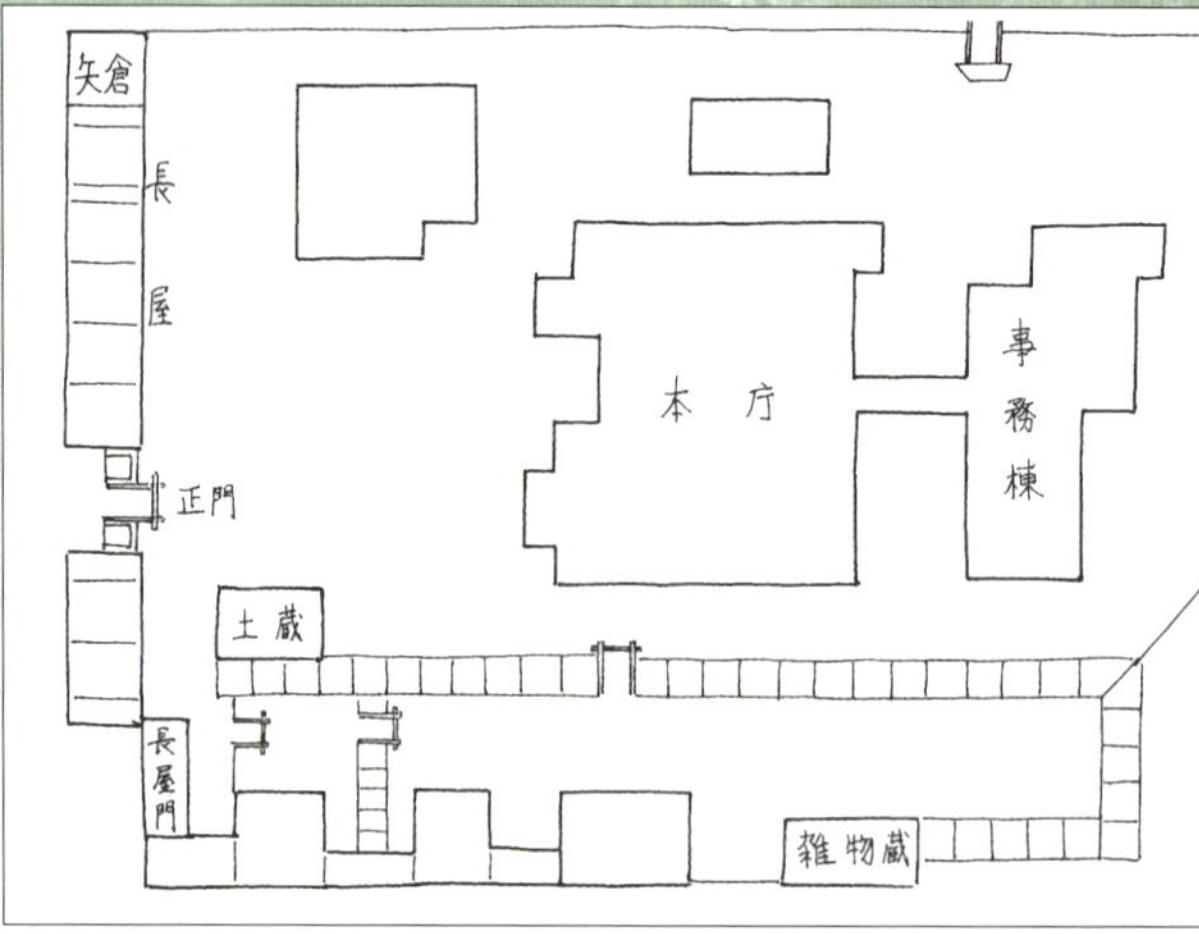

越後府建物配置図

越後府は、越後統治の拠点として明治政府が明治二年二月に設置した役所である。ここには天保八年（一八三七）に大地主市島家が築いた別荘「継志園」があり、北越戊辰の役には会津藩の本営が置かれたこともあった。

明治二年七月、名称が水原県となっても越後府は越後統治の中心であったが、廃藩置県の進行と共に翌三年には役目を終えて廃止となった。

越後府は旧幕府代官所であった水原代官陣屋の南東台地に建てられ、役所の正面に土塁と多聞長屋を構え、隅部に物見櫓を揚げた近世陣屋造りの役所であった。

現在、跡地は天朝山公園となり、物見櫓が揚げられていた長屋の北東隅部が平成十一年に復元されて

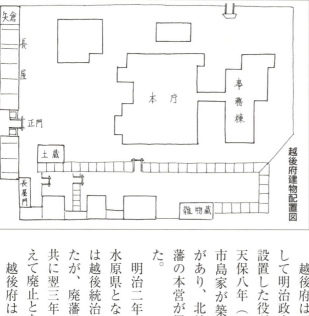

外面

郭側

復元された物見櫓付の長屋

いる。

また、越後府の門であったという四脚門が北本町長楽寺に移築現存している。門は扉板が欠損し、部材の交換なども見られる。往時は薬医門であったと思われる。

長楽寺東門として移築現存する四脚門

代官陣屋に関わる用語について

◆代　官

幕府や諸藩、旗本の支配機構における直轄地の農民支配を担当した地方官のこと。諸藩の代官は藩によって組織や機能が異なったが、一般に直接村方を支配し、年貢収納や運搬、治安維持、検地、宗門改めなどの役務に携わった。

◆地代官

在地の代官の意。江戸や国許から派遣されてくる代官ではなく、諸藩の領分や旗本知行所の農民で領主から任命された代官。代官職にある間は士分として遇されることが多かった。

◆手　付

幕府代官の下にあって収税などの役務を担当した。寛政頃に創設された。手付は御家人の中から登用された幕臣である。

◆手　代

手付同様に代官の下にあって収税などの役務を担当した。幕府の場合も諸藩、旗本の場合も手代と称される役人が存在した。有力農民や町人から抜擢され、幕府代官の場合、主席手代を元締、次席を加判といった。

◆名　主

一村の長。庄屋と同意。名主が複数名いる村もあった。初めは世襲が一般的であったが、経済的地位が変動するようになると、一代限りとか年番や選挙で名主を選ぶ村も出てきた。名主の任務の第一は年貢の完納であり、皆済不能の場合は処罰された。名主の家は役宅と称し村役人の会合の場となったので一般村民の家よりも造りが大きく、普請造作に関する規制もゆるやかであった。領主への貢献が著しい名主には名字帯刀が許される場合があった。

◆郷　蔵

年貢米の保管や凶作時のための貯穀用に作られた公的倉庫。年貢米は一旦郷蔵に収納された後に幕府や藩の御蔵に回送された。非常時用の貯穀庫は江戸中期以降、それまでの郷蔵に併設もしくは新設された。

◆藩

一般に大名の支配領地や組織を「藩」と呼ぶが、幕府は公称として「藩」を用いたことはない。大名の支配領は「領分」、旗本のそれは「知行所」と公称していた。行政区画としての「藩」が生まれたのは、明治新政府が旧大名の「領分」を「藩」とし、居城の所在地名を冠して読んだことによる。

従って、国名や家名などを付けて「藩」と呼ぶ言い方が普及したのは明治以降のことになる。なお、本書では、現在は一般的に多用されている「藩」を使用した。

第六章 関所・台場・その他

(一)関所、口留番所

（一）関所、口留番所

関川関所

妙高市関川

頸城三関の一つ。高田藩が管轄した信越国境の関所であった。木戸は池尻川に臨む高台の端にあり、番所は急坂を登った街道の西側に設けられていた。

現在は「歴史の道」として付近の旧北国街道筋を整備、石垣や礎石が残っていた関所跡には二棟の番屋や木戸を復元し、歴史情報館を併設した観光名所となっている。

北国街道と関所入り口

番所建物（復元）

鉢崎関所

柏崎市米山町

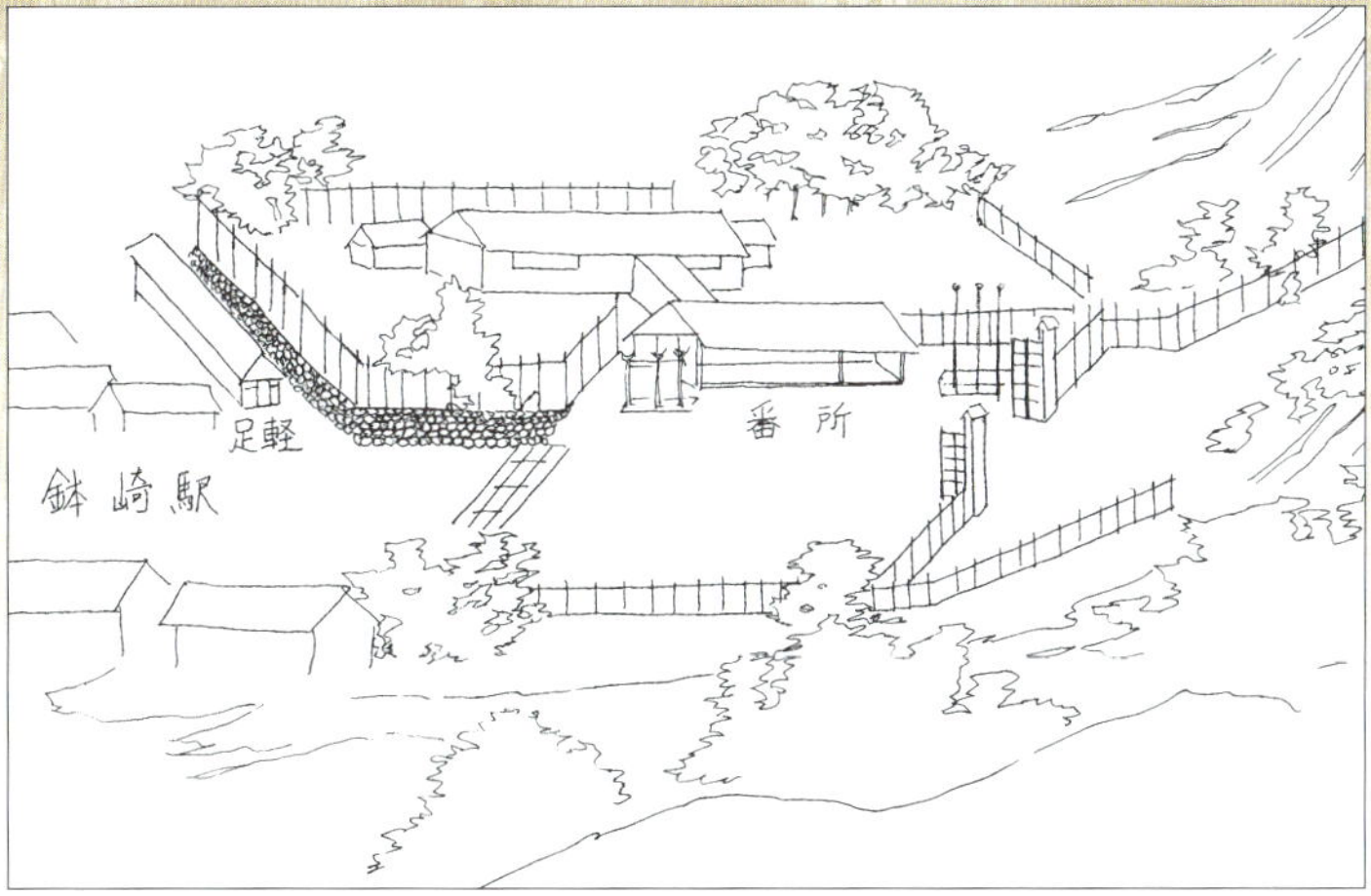

頸城三関の一つ。慶長二年（一五九七）、上杉景勝が設置した。江戸期を通じて佐渡の金荷が泊まる関で、金銀の輸送に際しては御金蔵が置かれ、金箱は七十人で警護したと伝わる。

関所は米山に登る街道の麓に設けられ、東側に木戸があった。関所建物は番所と役所を長屋でつなぐ形で、これは頸城三関に共通する構造である。

鉢崎関所跡地に遺構はないが、史跡案内板と石碑が建てられている。

鉢崎関所跡（背景は米山）

市振関所

糸魚川市市振

頸城三関の一つ。越中から越後に入る北国街道の海岸沿いに設けられた関所であった。

関所は街道の東西に木戸を設け、土塁と柵で仕切って交通を遮断していた。また、市振村の端の高台には幕末に市振角が鼻台場が築かれ、関番所が管理していた様子が古絵図に描かれている。

現在は小学校敷地となり、遺構は残らないが、敷地内にあったという榎の老木が関所榎として旧青海町文化財に指定されている。

市振関所跡

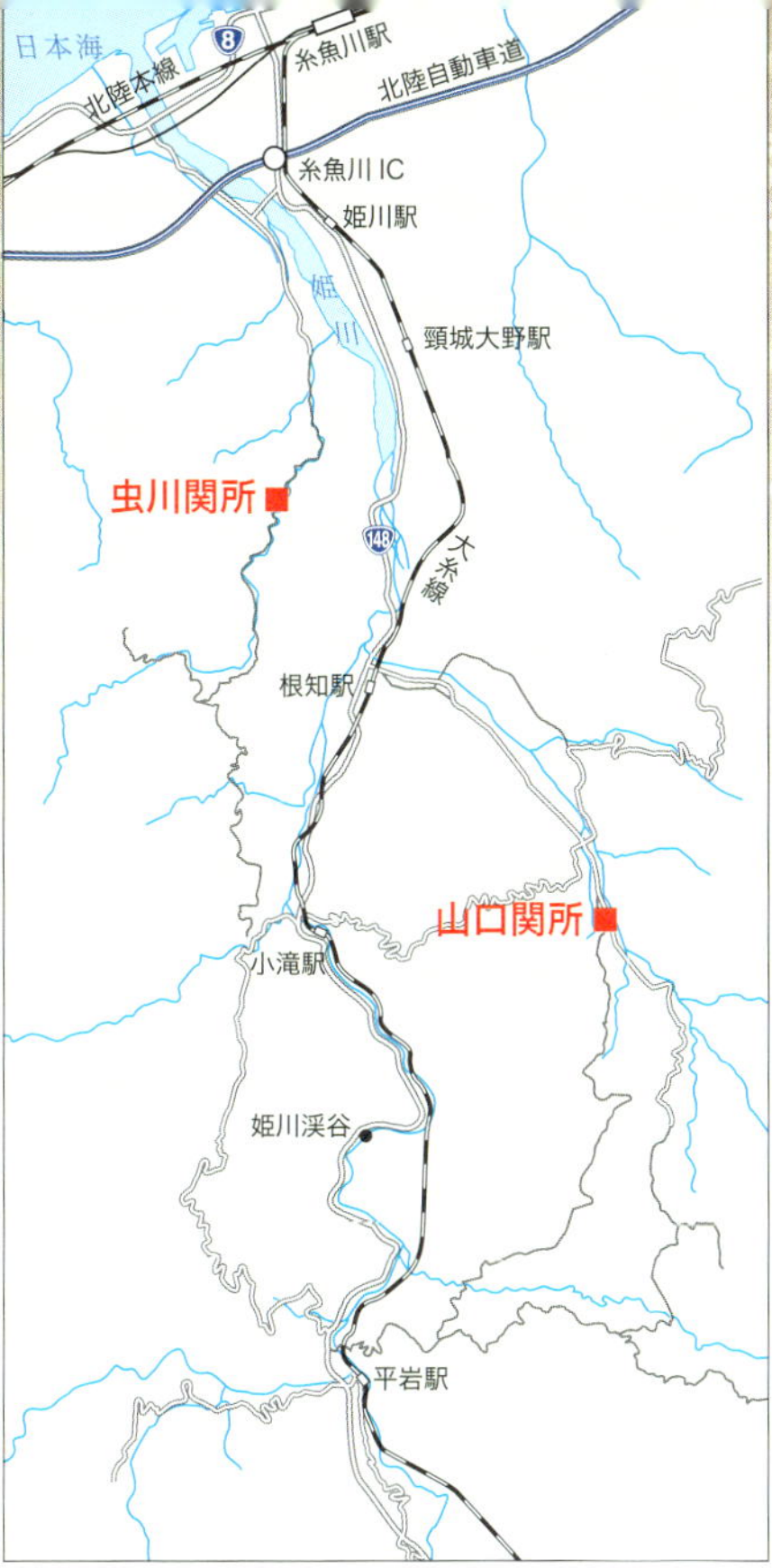

虫川関所

糸魚川市虫川

糸魚川もしくは青海と信濃を結ぶ「塩の道」西回りの虫川にあった関所。関所の遺構はなく、虫川も廃宿となっている。

山口関所

糸魚川市山口

糸魚川から姫川沿いを根知谷に南下し、信越国境大網峠を越える「塩の道」東回りの山口にあった関所である。遺構はないが、近くに塩の道資料館がある。

◆近世関所と口留番所

近世の関所は幕府によって設置された政治的・軍事的・治安警察的施設である。延享二年（一七四五）『諸国御関所書付』によれば、当時越後国には市振、関川、鉢崎、山口、虫川に関所があり、管理は前者三関が高田藩、後者が糸魚川藩に任されていた。

口留番所とは諸藩が自・他領の境に設置した関所施設で、御番所とも称することがあった。初めは軍事・警察的な意味合いを重視する番所もあったが、幕藩体制確立後、番所の主務は物流の監視に移行した。

口留番所は一藩限りの施設で、関所と比べると簡易な構造のものが多かったが、八木沢口留番所のように中世城郭（荒砥城）跡をそのまま使用した番所もあった。後には幕府も、簡易な関所を口留番所と称している。

八木沢口留番所（荒砥城）

湯沢町三股

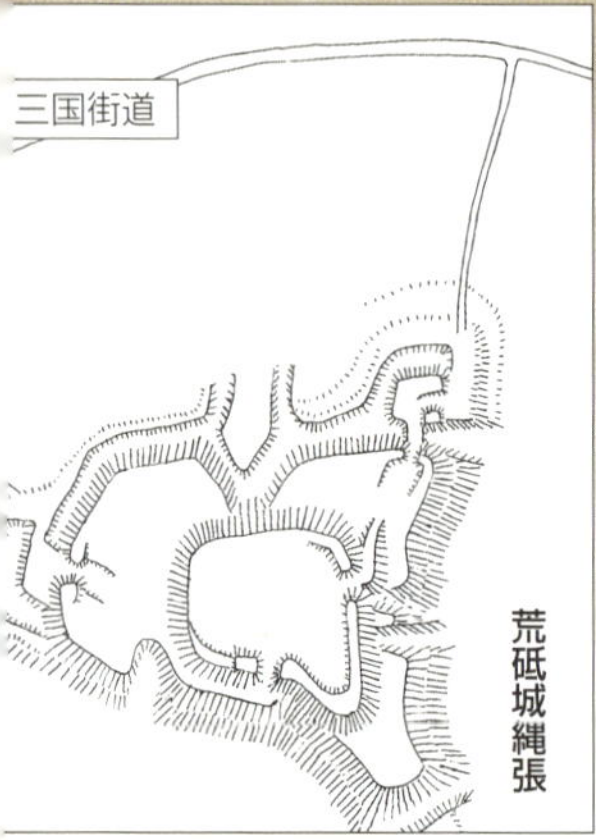

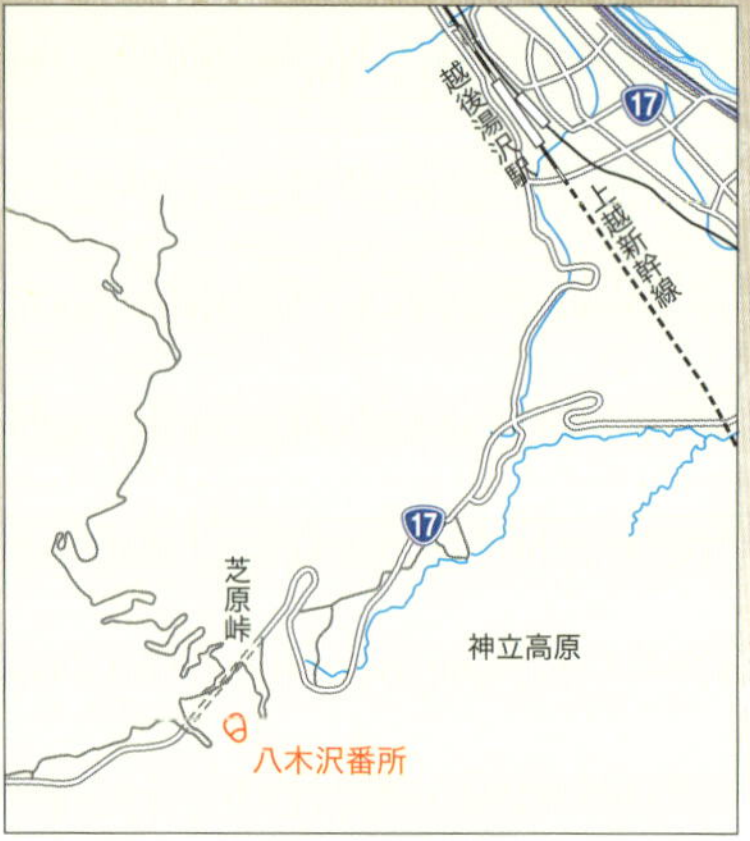

天正六年（一五七八）、上杉景虎の援軍として関東から攻め込んでくる北条勢を防ぐ目的で上杉景勝が築城し、荒砥城と称した。城は慶長三年（一五九八）に廃止されるが、三国街道の八木沢口留番所として江戸時代末期まで番屋が置かれた。街道を監視する尾根上に主郭を中心として二の曲輪、三の曲輪を配し、二つの虎口には桝形を築いた厳重な備えである。現在も山林の中に郭や堀の遺構がほぼ完存している。

荒砥城北虎口付近土塁と空堀

高田藩口留番所

◆十日町草津街道の信越国境
・寺石番所
・宮野原番所（十日町市）

◆只見会津国境
・穴沢番所
・大白川新田番所（旧入広瀬村）

◆日本海海岸線
・名立番所（上越市）
・鬼伏番所（糸魚川市）

◆信越国境
・樽本番所（妙高市）
・長沢番所（妙高市）
・平丸番所（妙高市）
・小沢番所（上越市）
・牧番所（上越市）
・寺石番所（津南町）
・関田番所（上越市）
・大島番所（上越市）

◆上越国境
・八木沢番所（湯沢町）
・清水番所（南魚沼市）
・高倉番所（魚沼市）
・福山新田番所（魚沼市）
・小平尾口番所（魚沼市）

新発田藩口留番所

◆会津国境
・山内番所（新発田市）
※関所門の礎石が残る。

山内番所跡

長岡藩口留番所

◆魚野川の渡河口
・中山番所
（長岡市越後川口）

村上藩口留番所

◆羽越国境
・中浜番所（旧山北町）
・岩石番所（旧山北町）
・小俣番所（旧山北町）
・雷番所（旧山北町）
・寝屋番所（旧山北町）
※享保二年、幕府領となって廃止。

◆米沢国境
・上関番所（関川村）
※掘割と石垣の一部が残る。
・大内淵番所（関川村）
・畑番所（関川村）
・小和田番所（関川村）
・鍬江沢番所（関川村）

上関番所跡

◆荒川河口
・塩谷番所（旧神林村）

村松藩口留番所

◆奥只見八十里越
・葎谷番所（旧下田村）

◆三条境
・高岡番所（旧下田村）

出雲崎陣屋支配口留番所

◆信濃川口
・栗林番所（三条市）

会津藩口留番所

◆奥只見越
・栃堀番所（旧上川村）
（寛政五年廃止）

◆阿賀野川口
・五十島番所
（旧上川村　寛政五年～）
・谷沢番所
（旧三川村寛政五年廃止）
・三月沢番所
（旧三川村　寛政五年～）
・石間番所（旧三川村）
・釣浜番所（旧三川村）

◆新発田会津通
・赤谷番所（新発田市）

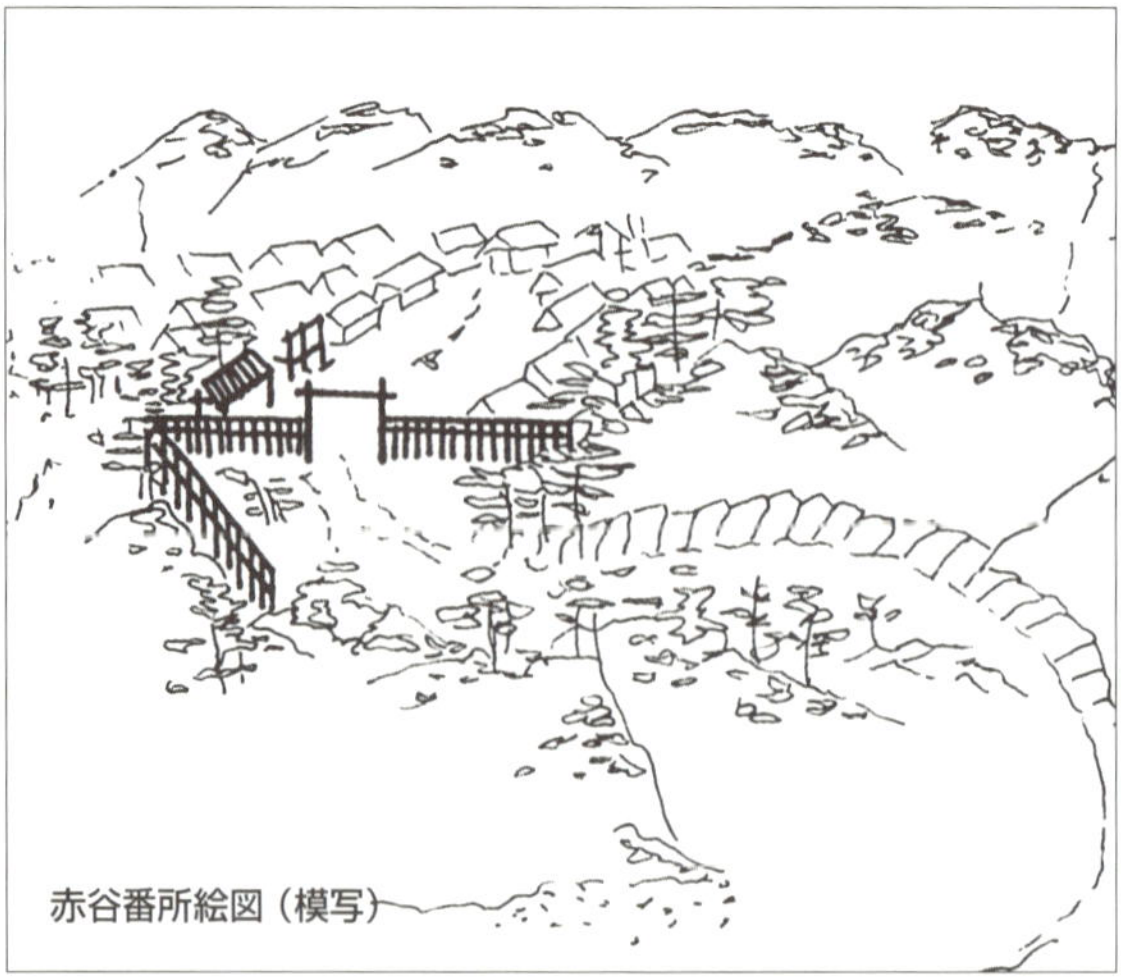
赤谷番所絵図（模写）

第六章　関所・台場・その他

（二）台場

(二) 台場

幕府や越後諸藩が外国船の脅威に注目し始めたのは、ペリーが浦賀に来る五十年以上も前のことであった。寛政五年（一七九三）、高田藩榊原家は領内の海岸に遠見番所や大筒台場を築くことを決し、後の天保十四年（一八四三）には藩の大筒台場は二十二か所に達していた。幕府も越後諸藩に越後佐渡の海岸警備にあたることを命じたが、佐渡へは長岡藩と新発田藩を充てて後に高田藩を加え、新潟の海岸警固は村上藩、村松藩に命じた。また、佐渡奉行所も文化五年（一八〇八）、島内六か所の番所と各浦目付所に鉄砲や長柄を配備し、弾野と鹿伏に新たな遠見番所を設け、弘化元年（一八四四）には奉行川村修就が異国船への対処の心得を発している。

嘉永二年（一八四九）異国船が初めて佐渡沖に出現すると、脅威はいよいよ現実のものとなり、前出の諸藩の他、糸魚川藩が領内の田伏村、横町、須沢村に台場を築き、与板藩や三日市藩も海岸警備のための人夫を徴発するなどして事態に備えていく。

安政元年（一八五四）に日米和親条約が締結されると、同六年にはロシア、オランダ、イギリス船が佐渡や新潟に来航し、慶応三年（一八六七）にはアメリカ、フランス船も加わって翌年の新潟開港となった。越後諸藩が築いた台場には、例えば高田藩は大砲を五挺ずつ配備することを決めているが、全ての台場に有効な火力が配置されたわけではなく、もちろん実際に異国船に対して威力を発揮したことは一度もなかった。そして新潟開港と前後して全ての台場は廃止され、歴史遺産としても全く顧みられなかった結果、新潟海岸で現存する台場遺構は一つもなく、わずかに佐渡小川台場が残るのみである。

岩ヶ崎台場

村上市岩が崎

村上藩が嘉永六年（一八五三）に設置した。現在の岩が崎多岐神社西隣にあたるが、遺構なし。

洲崎台場

新潟市海辺町

弘化四年（一八四七）、異国船への備えとして幕府が築き、新潟奉行の管轄とする。文久元年（一八六一）、信濃川寄りに移転した。洲崎台場は明治以降の海岸浸食により海辺町二番町の沖合に没してしまい現存しない。

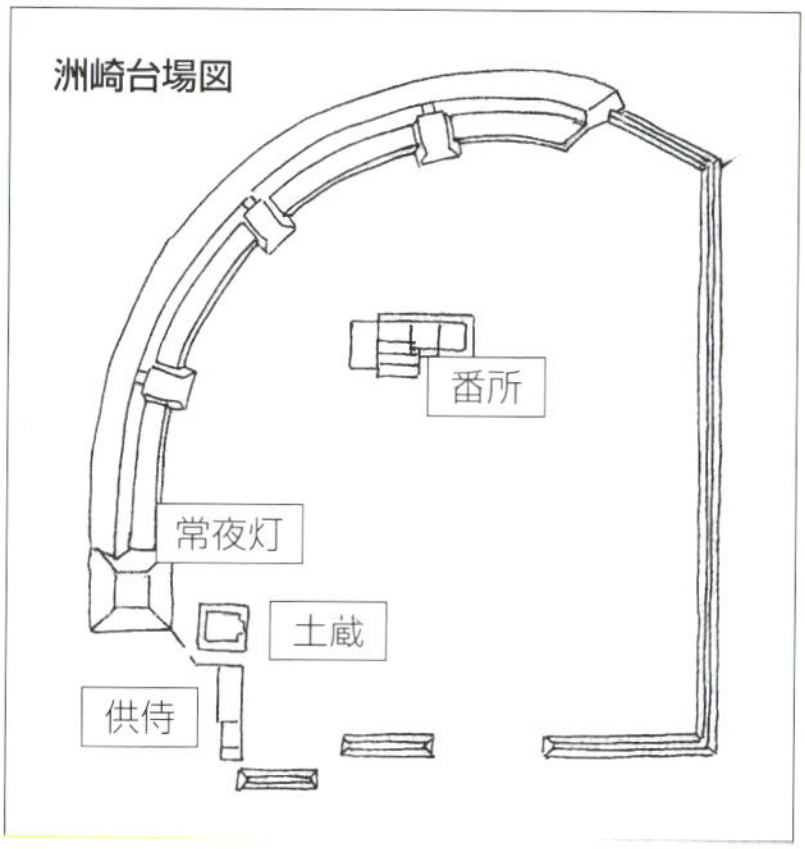

関屋浜台場

新潟市関屋

天保十五年（一八四四）に長岡藩が築く。安政六年（一八五九）には英国艦が新潟に来航し、台場に援兵が送られて港の警備にあたった。

関屋浜台場付近は海浜公園となっているが、台場の遺構はない。

五十嵐浜台場

新潟市五十嵐

天保十五年（一八四四）、長岡藩が新潟港警備のために下五十嵐浜に台場を築く。嘉永二年（一八四九）、

五十嵐浜台場遠望（新川漁港から）

異国船に備えて警備が強化され、大筒六門、小銃六十挺などが配備された。さらに翌年には大筒がモルチュル砲、ホーイッスル砲、野戦砲などに切り替えられ、台場も四砲台が新調された。

沼垂台場

新潟市沼垂西

文化五年（一八〇八）新発田藩はエトロフ号事件を受け、沼垂沖の口番所に大筒を配備した。さらに安政二年（一八五五）には配備の大砲を三門にして新潟港の警備を強化した。

現在は信濃川河口付近である台場跡辺りは全く市街地化し、遺構はない。

池の平台場

柏崎市椎谷

嘉永四年（一八五一）、椎谷藩が築く。場所は観音崎の高台で、現在は椎谷鼻灯台が立つ崖である。台場の遺構はない。

椎谷鼻岬

大浜平台場

柏崎市宮川大浜平

宝永四年（一七〇六）から与板藩領。規模は高さ十八間、幅八間、坪数百四十四で舟番所も設けられていた。所在地は現在の高浜小学校と椎谷集落との中間、三五二号線沿いの山側とみられる。遺構はない。

後山台場

柏崎市中浜

所在地は虚空蔵寺本堂裏の高台で、桑名藩が設けた。現在は墓地となっている。遺構はない。

番神堂背後の高台と日本海

番神岬台場

柏崎市番神一丁目

桑名藩が設けた台場は日蓮上人所縁の三十番神社が建つ大地の北端にあった。
現在、岬の突端に平坦地と土塁があるが、遺構であるかどうか分からない。

鯨波台場

柏崎市鯨波三丁目

鯨波海岸弁天島に対する岬の突端に桑名藩の台場が築かれていた。遺構はない。

青海川向田台場

柏崎市青海川向田

所在地はＪＲ青海川駅裏山で国道八号米山大橋の下にあたる。遺構はない。

笠島岩の谷台場

柏崎市笠島

台場の所在地は柏崎国民休養地の海岸付近と思われるが、特定できない。弘化元年（一八四四）頃に高田藩榊原氏により建造された台場の一つで、岩場の高台に土盛りをして平坦面を造り、五つの砲門を横一直線に並べた構造であった。

竹ヶ鼻台場

上越市柿崎町竹鼻

高田藩台場。別名鉢崎村大間々台場。弘化元年（一八四四）頃建造。東西十五間、南北五間で五つの砲門が直線に並んでいた。所在は竹鼻から大清水にかけての海岸と思われるが、特定できない。

柿崎鍋屋町台場
上越市柿崎町鍋屋

高田藩台場。弘化元年（一八四四）頃建造。所在は理研製鋼の北方海岸。遺構なし。

台場は高さ六尺の巨大な将棋の駒を扇状に六基並べたような形で、全体の長さは十七間、幅は八間であった。駒と駒の間の砲門は底辺部で三尺空いていた。配備された砲は二貫目筒と百目筒五門であった。

上下浜堂の鼻台場
上越市柿崎町上下浜

高田藩台場。天保十四年（一八四三）築造。所在は帝国頸城ガス場東側にあたる。遺構はない。

下土底塩地頭台場
上越市大潟町土底浜

高田藩台場。潟町砂丘の中央付近に所在したと思われるが、遺構なし。弘化元年（一八四四）頃建造。五つの砲門が扇形に並ぶ構造であった。

行野浜古宮台場
上越市大潟町犀潟

高田藩台場。所在地は犀潟児童遊園や諏訪神社の北方付近である。現在、付近は防風砂保安林となっており、域内には小丘陵や窪地が数か所見られるが、これらが台場の遺構であるかどうかは不明である。

行野浜古宮台場付近

高崎新田市野町台場

上越市市ノ町

高田藩台場。天保十五年（一八四四）竣工。十九間×八間で五つの砲門が扇状に配置されていた。弘化二年（一八四五）に六間四方の遠見御番所が付設された。所在は市ノ町諏訪神社裏手の砂丘。遺構なし。

今町塩谷新田台場

上越市西本町

高田藩台場。台場跡は上越市水族館から上越自動車学校にかけての海岸であるが、遺構はない。

虫生岩戸台場

上越市虫生岩戸

高田藩台場。天保十四年（一八四三）築造。竹垣に囲まれ、土塁も築かれた。現在の虫生岩戸町内会館付近である。「史跡　郷津」の石碑が建つが遺構はない。

郷津碑と日本海

長浜台場

上越市長浜

高田藩台場。所在は現在の谷浜海水浴場であるが、日本海の浸食で消滅。

有間川家浦台場

上越市有間川家浦

高田藩台場。日本海の浸食で消滅。

名立小泊浜平台場

上越市名立町小泊

高田藩台場。日本海の浸食で消滅。

徳合馬鍬台場

糸魚川市能生町徳合

高田藩台場。日本海の浸食で消滅。

旧図によれば、台場は方形の石段の上に五つの砲門を備え、周囲を石組の堀と柵で囲み、二カ所に冠木門が建っていたらしい。

藤崎塩浜台場

糸魚川市能生町藤崎

高田藩台場。日本海の浸食で消滅。

能生町古川尻台場

糸魚川市能生町能生

高田藩台場。町村台場とも。所在は能生川東岸のＧＳ付近であるが、遺構なし。

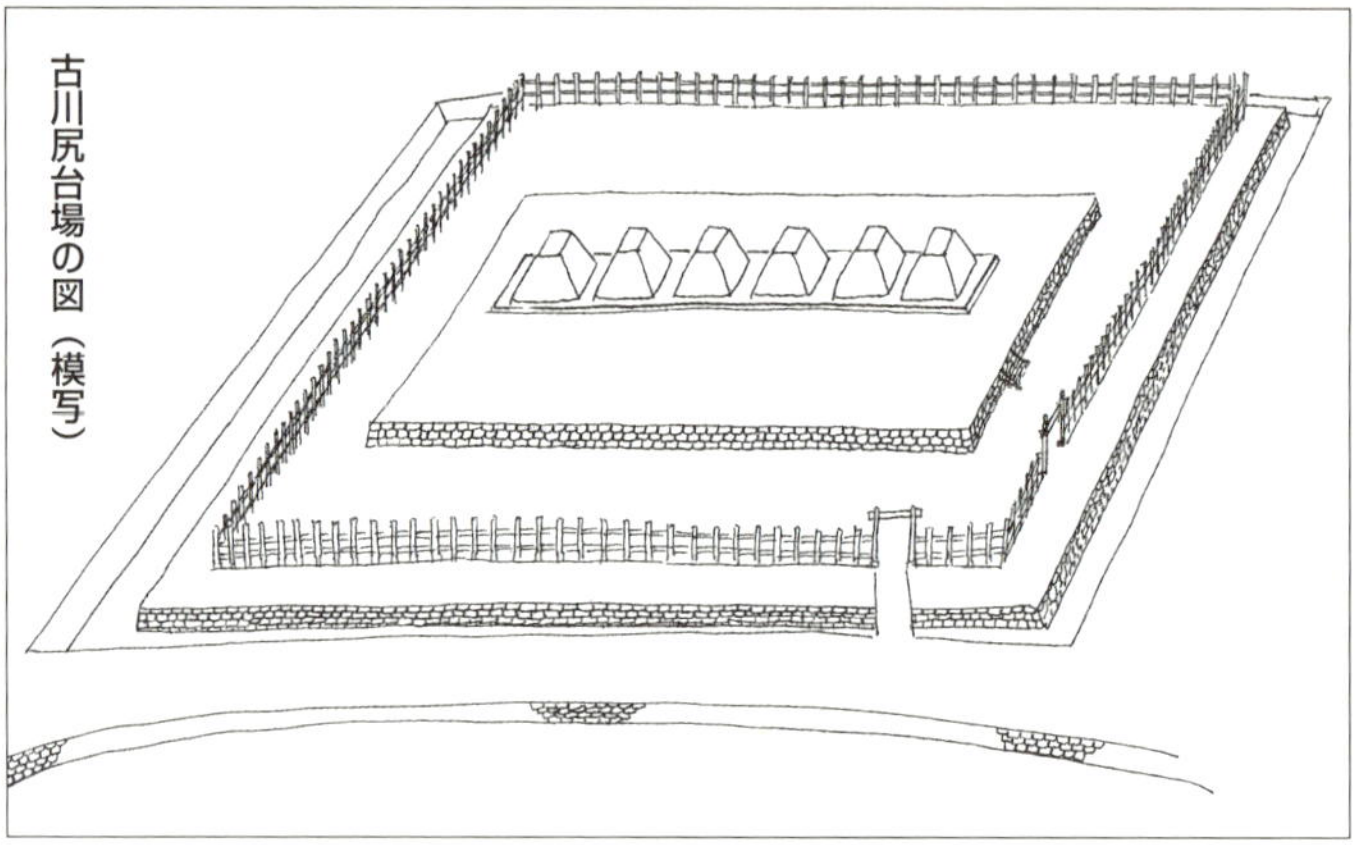

古川尻台場の図（模写）

鬼伏崩山台場

糸魚川市能生町鬼伏

高田藩台場。所在は「順徳天皇御遺跡」碑の海側であるが、海岸浸食が進んでいる。遺構なし。

田伏台場

糸魚川市田伏

安政二年（一八五五）糸魚川藩が設置。東西十間四尺、南北八間一尺五寸、総高六間四尺五寸大砲二門。周囲には木柵を巡らし、正門があった。ＪＲ梶屋敷駅付近の国道八号線田伏砂山が所在地であるが、遺構なし。

中宿扇谷台場
糸魚川市中宿

高田藩台場。高さ四間　長さ十八間、幅八間、竹矢来で囲まれていた。

中宿扇谷台場付近

現在は防波堤内側の国道八号線中宿駐車場や公園になっている。遺構はないが、公園には案内板が表示されて松林や芝生広場に台場の面影がある。

須沢台場
糸魚川市青海町須沢

糸魚川藩が設置。東西十二間、南北九間、高さ五間　周囲には木柵を巡らし、正門があった。須沢姫川口海岸にあったが、遺構なし。

青海荒登台場
糸魚川市青海町歌

高田藩台場。所在はＪＲ親不知駅の山側から歌外波小学校付近と言われているが、確認できない。

外波台場
糸魚川市青海町外波

高田藩台場。安政五年（一八五八）設置。場所は、外波より十六丁とされているが特定できない。

風羽見台場
糸魚川市青海町市振

高田藩台場。弘化元年（一八四四）頃建造。場所は、親不知展望台から西方であろうと推定されるが、確認できない。古絵図によれば丘陵先端部を削って方形の平坦地を造り、五つの砲門を横一直線に並べる構造であったらしい。

市振角が鼻台場

糸魚川市青海町市振

高田藩台場。市振集落の東。遺構なし。

浜梅津台場

佐渡市梅津

幕府が佐渡に築いた台場。砲台の南北には簡易な防御施設である土塁が築かれていた。遺構はない。

春日台場

佐渡市両津

幕府が両津港防衛のために築いた。南に土塁を伴った。遺構はない。

住吉台場

佐渡市両津

幕府が両津港南の海岸に築いた。遺構はない。

小木台場

佐渡市小木

幕府が小木湊防衛のために小木役屋内に設けた。砲台は東西に二か所あった。現在、付近は公園で、砲台跡は展望台になっている。

（小木出張陣屋の項）

小木台場西砲台跡

真野台場

佐渡市真野

幕府が真野新町の海岸に設けた。遺構はない。

二見台場　佐渡市二見

幕府が二見弁天岩近くに設けた砲台。遺構はない。

春日崎台場　佐渡市相川

幕府が相川防衛のために南の春日崎に設けた砲台。湾の奥には簡易な防御施設である土塁も設けられていた。共に遺構はない。

小川台場　佐渡市相川町小川

幕府（佐渡奉行所）が嘉永三年（一八五〇）に築造した。現在も土塁と砲台座遺構が残る県内唯一の台場遺構である。県指定史跡。

形態は半円形で径四十五m。土塁の高さは一・二〜二・四m。砲台は三か所あった。

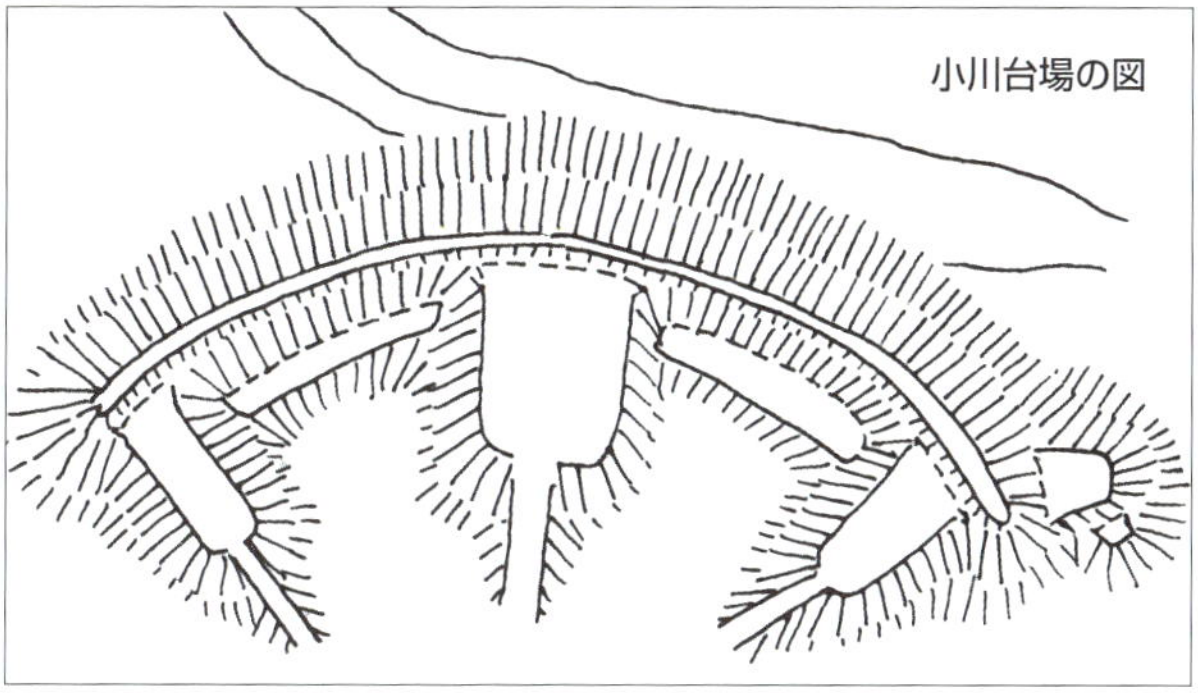

小川台場

高田藩の台場

高田藩が上越沿岸に台場を整備したのは、文政八年に幕府が発令したいわゆる異国船打ち払い令を受けた天保年間のことであった。

同十五年に作成された台場設計図である「車輞形台場惣絵図」と「台場絵図面」によれば、高田藩の台場には二つの系統があったことがわかる。その一つ、車輞形台場とは、半径約三十二mの円周上、中心角百度の弧の範囲に、幅四・五m、高さ約六十cmの土塁を築き、その上に四つの砲台座を設けたもので、左右の胸墻の高さは一・二から一・五m程度あった。高崎新田、柿崎、下土底浜台場などがこの形態である。もう一つの形は、土塁を直線に築いて砲座を並べたもので、同絵図に描かれた台場の規模は土塁の長さ約二十九m、高さ約八十五cm。砲台座左右の胸墻の高さは約一・四mから一・六mであった。竹鼻、笠嶋、市振の台場などがこの形態で築かれた。

こうした台場が築かれたのは、海岸線の岬の突端であった場合と砂浜を造成した場合があり、多くは五百目筒と三百目筒の大砲が設置されたが、中には八百目筒や二百目、百目筒砲なども配備されていた。また、鉢崎、高田新田、能生には見張り所である遠見番所が設けられた。

高田藩が築いた台場は初期形態に属するもので、稜堡形や石垣の採用へと発展することはなかった。

幕末の新潟湊

安政六年、新潟湊にロシアとオランダの船が入港した様子を描いた「新潟湊之真景」を見ると、新潟町側には河口近くの高台に村松藩の沖見番所があり、対岸の沼垂浜には新発田藩の沼垂番所があったことがわかる。

村松藩の沖見番所は築山のような高台にあり、柵囲いの中に玄関を備えた役所と小屋が一棟、灯台一棟が見える。一方、新発田藩沼垂番所には台場があったという記録があるが、同絵図では確認できない。撤去されたものか、そもそも大砲は常備していなかったのか不明である。なお、新潟開港は様々な事情により明治元年を待つことになる。

第六章　関所・台場・その他

（三）堀氏が使用した中世城郭

（三）堀氏が使用した中世城郭

春日山城

上越市春日山

春日山城

春日山城は戦国末期の天正年間に戦国山城として完成し、上杉謙信の居城として天下にその名を轟かせた名城である。

慶長三年（一五九八）、上杉景勝は会津へ移封となり、堀秀治が入部する。秀治は山麓部の改修拡張を開始、東城砦から愛宕谷を囲み正養寺山に至る総構えを築いた。総構えの堀は秀治の重臣である堀監物直政にちなみ、監物堀と呼ばれた。

慶長十二年（一六〇七）、息子忠俊は福嶋城を築き、春日山城を廃止する。越後国内の上杉氏色を一掃するとともに、水陸の要衝に居城を移す意図があったためと言われている。

平成七年、発掘調査に基づき監物堀の土塁と堀を復元し、柵や番小屋を建て資料館を建設するなど、「春日山城史跡広場」として整備した。山城全体が国指定史跡。

監物堀

平成２年当時の状況
門扉はなく、茅葺屋根もむくりをもっていた。

◆伝 春日山城搦手門

茅葺四脚門。

春日山麓林泉寺の総門は春日山城の搦手門を移築したという伝承があるが、上杉時代の遺構か堀氏が造営した門であるかは不明。

主柱は細く、小柄な門である。なお、扉板は最近付け足されたもので、他の部材も後補の部分が多い。

◆東山砦番小屋

板葺平屋倉庫。発掘調査で出土した柱穴を基に上部建物を想定復元。

左上 護摩堂下の休憩所

右上 毘沙門堂

春日山神社社務所冠木門

◆春日山城の山城部にも上杉謙信所縁の建築物が散在するが、いずれも模擬建物である。

栃尾城

長岡市栃尾

秋葉公園から見た城山

栃尾城は上杉謙信が十四歳からの五年間居城した城として著名である。

慶長三年（一五九八）上杉景勝は会津に移封。栃尾城には新領主堀秀治の家臣神子田正友が城代として入る。石高一万石。

慶長十五年（一六一〇）堀氏改易で栃尾城も廃城となった。

なお、神子田正友が入ったのは栃尾二日町の二日町城であったという説もある。

山城で多くの曲輪跡や竪堀跡などが良好に残る。一部に石垣も見られるが、全体に上杉氏時代の遺構を残していると考えられる。

新潟県指定史跡。

二の曲輪堀切

主郭と切岸

下倉城

魚沼市小出下倉

国道17号から見た城山

天文年間頃に築城された。国人領主で上杉氏家臣の福王寺氏の居城であった。

慶長三年（一五九八）、景勝の会津移封に伴い、堀秀治の家臣小倉正熙が城代として入る。八千石支配。

慶長五年（一六〇〇）関ヶ原合戦に関連し、上杉遺民一揆が起こる。一揆勢数千人が下倉城を包囲して攻撃。小倉正熙以下討死を遂げた。慶長十五年（一六一〇）堀氏改易で廃城。

山城。山頂に主郭を置き、斜面には段状に曲輪を配する典型的な越後の山城である。現在も曲輪跡や虎口が残り、新潟県指定史跡となっているが、未整備である。

石落土居

実城之平

犬伏城

十日町市犬伏

渋海川段丘上の居館部と城山

戦国末期には上杉謙信の支城で、関東遠征の折には第二日の宿城でもあった。

御館の乱では上杉景勝方の諸将が守備したが、慶長三年（一五九八）、景勝の会津移封で堀秀治支配となる。慶長十五年（一六一〇）堀氏改易で廃城となった。

山城。山頂に主郭を置き、ここから四方に延びる尾根上に郭を配する。南山腹には十日町に向かう街道が走っていた。現在も山林の中に曲輪跡や虎口、土塁など上杉時代の遺構が良好に残っている。なお、山麓の犬伏集落は犬伏城の平城部分で、居館を囲んでした堀の一部も残っている。

大手門跡

主郭跡

直峰城

上越市安塚

大手先から城山を見る

南北朝時代には風間信濃守が居たという伝承がある。

戦国時代は上杉謙信の支城で、関東遠征の際には第一日目の宿営地となった。

慶長三年（一五九八）、景勝の会津移封で堀秀治支配となる。秀治は一族の堀清重を城代とした。慶長十四年（一六〇九）清重は上杉一揆に備えて城を破却した。

山城。山頂の主郭は規模が大きく石積みも見られる。この他の曲輪も規模が大きく、堀跡など、遺構は良好に残る。また、大手下と一の曲輪跡に櫓風の建物が建てられている。

新潟県指定史跡。

主郭東下堀切

主郭跡

根知城

糸魚川市根小屋

根小屋城の大手口から城山を見る

戦国時代は上杉氏の支城。戦国末期には信濃の村上義清が武田信玄に追われて上杉謙信を頼り、根知城を預けられたことがあった。

慶長三年（一五九八）上杉景勝の会津移封で堀秀治支配となる。秀治は重臣の堀清重を城代とした。

慶長五年の上杉一揆の後に清重は清崎城を築城してこれに移り、同十五年、堀氏改易で根知城は廃城となった。

山城。根小屋城、栗山城、上城山城の三つの山城の総称を根知城と呼ぶ。根小屋城が最も規模が大きく、曲輪跡や堀切、虎口などの遺構が良好に残る。

新潟県指定史跡。

殿屋敷下の堀切

根小屋城主郭

渡部城

燕市渡部

城山を南から見る

戦国時代は上杉氏の支城。

慶長三年（一五九八）、上杉景勝の会津移封で堀秀治支配となる。秀治は準一門で重臣の芝田安貞を城代として六千石（一説に一万三千石）を支配させたが、慶長八年（一六〇三）、安貞は堀直政と対立して改易、渡部城も廃城となった。

山城で、信濃川に面して張り出した丘陵の最頂部に主郭を置き、山麓にかけて多数の腰郭を配する。尾根続きの西側には堀切を四ヶ所切って遮断している。

現在、主郭跡には菅原神社が鎮座する。全山が山林で、腰曲輪跡などの遺構が良好に残っている。

東斜面の段状遺構

主郭跡

菅沢から見た城山

護摩堂城

田上町山田

南北朝動乱期、北朝方の和田一族が立て籠もった城とされ、当時は山岳寺院があった。

戦国時代には守護代長尾氏の拠点の一つ。慶長三年（一五九八）、上杉景勝の会津移封に伴い、三条城主堀直清が領する。慶長五年（一六〇〇）、関ヶ原の前哨戦となった上杉一揆が越後各所で蜂起、三条城にいた堀一族は一時護摩堂城に避難したという。慶長十五年（一六一〇）堀氏改易で廃城となった。

高峻な山頂に主郭を置き、三方に延びる尾根上にも多くの曲輪を配した規模の大きな山城であった。

中世の山城遺構が山林の中に現在もよく残っている。

蔀石塁

本丸

坂戸城

南魚沼市六日町

樺沢城から見た坂戸城山

永正九年（一五一二）長尾房長が本格的に築城した。

天正三年（一五七五）長尾景勝は上杉謙信の養子となり春日山城に入り、坂戸城は春日山城の支城となる。

慶長三年（一五九八）上杉景勝は会津に移封。坂戸城には二万石で堀直寄が入り、御館に石垣を築くなど山麓部の改修を行った。

慶長十一年（一六〇六）直寄は蔵王堂城に移り、坂戸には城代を置いたが、慶長十五年（一六一〇）堀家内紛により直寄の坂戸城は没収され、廃城となった。

山城の山頂は標高が六三四m。山城部は実城、小城、大城からなり、実城山腹に広瀬曲輪、桃の木平、主水曲輪などを配する。山麓には御館と御居間屋敷があり、魚野川を外堀に見立て、埋田堀を掘って内堀とした。

山頂の曲輪群、山麓居館跡付近の石垣など、遺構が多い。

国指定史跡。

山麓居館石垣

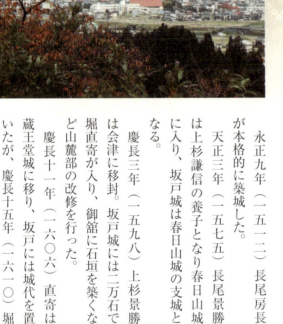

桐沢城

南魚沼市大和要害山

八海山麓スキー場から見た城山

築城伝承は南北朝時代まで遡るが、戦国期には長尾氏の支城であり、慶長三年（一五九八）上杉景勝の会津移封で堀直寄支配となる。直寄は重臣の高橋大膳大夫を城代とした。慶長十五年（一六一〇）堀氏改易で廃城となった。

要害山の山頂に二段の主郭を置き、西側と南側に腰郭を配する。切岸には連続竪堀も見られるが、他の山城と比べると城域全体の規模は小さい。

近辺はスキー場として開発され、城郭遺構の残存状況は良くない。山麓にあったであろう居館の位置も不明である。

◆堀氏の支城

慶長三年越後に入部した堀秀治は上杉時代の城郭の内十一城を支城として取り立てた（この項の十城と三条城）。三条と蔵王堂以外は山城で、支城は上杉遺民を統治するための要害であった。

越後の中世山城は、山頂に主郭を置き、山腹にかけて階段状に腰曲輪を多数配置し、横堀は採用せずに竪堀を連続させる縄張りが一般的である。また、枡形など虎口の造作や石垣は発達していない。山麓居館を改修した坂戸城を除けば、堀氏の支城もほぼこれに準じており、各城は上杉時代の山城をそのまま使用したものであったことがわかる。

蔵王堂城

長岡市蔵王町

主郭の堀と土塁

戦国時代は、古志長尾氏の拠点であった。慶長三年（一五九八）、上杉氏の会津移封とともに堀秀治の弟親良が入城した。石高は四万石。慶長七年（一六〇二）、親良は鶴千代に家督を譲って隠居し、鶴千代後見に家老の堀直寄が就いた。

慶長十年（一六〇五）直寄は事実上の蔵王堂城主として長岡築城を開始する。翌年、鶴千代は卒して直寄が正式な城主となった。

慶長十五年（一六一〇）、高田に松平忠輝が入封すると、直寄は信濃飯山に移され、忠輝家臣の山田勝重が村松城に入って蔵王堂城も管轄に置いたが、元和元年（一六一五）忠輝の改易と共に勝重も禄を失い、蔵王堂城は廃城となった。

城は信濃川を要害として築かれた平城で、一辺約七十m方形の本丸と東側の郭から成っていたと思われるが、全体の縄張りは不明である。

現在、本丸の東堀と南堀の一部、南土塁と北土塁の一部が残り、整備されている。本丸内は安禅寺境内である。昭和五十三・五十四年に発掘調査が行われ、最近、残存堀が再整備されて堀直寄の像が建てられた。

附章

新潟県内の城郭建造物

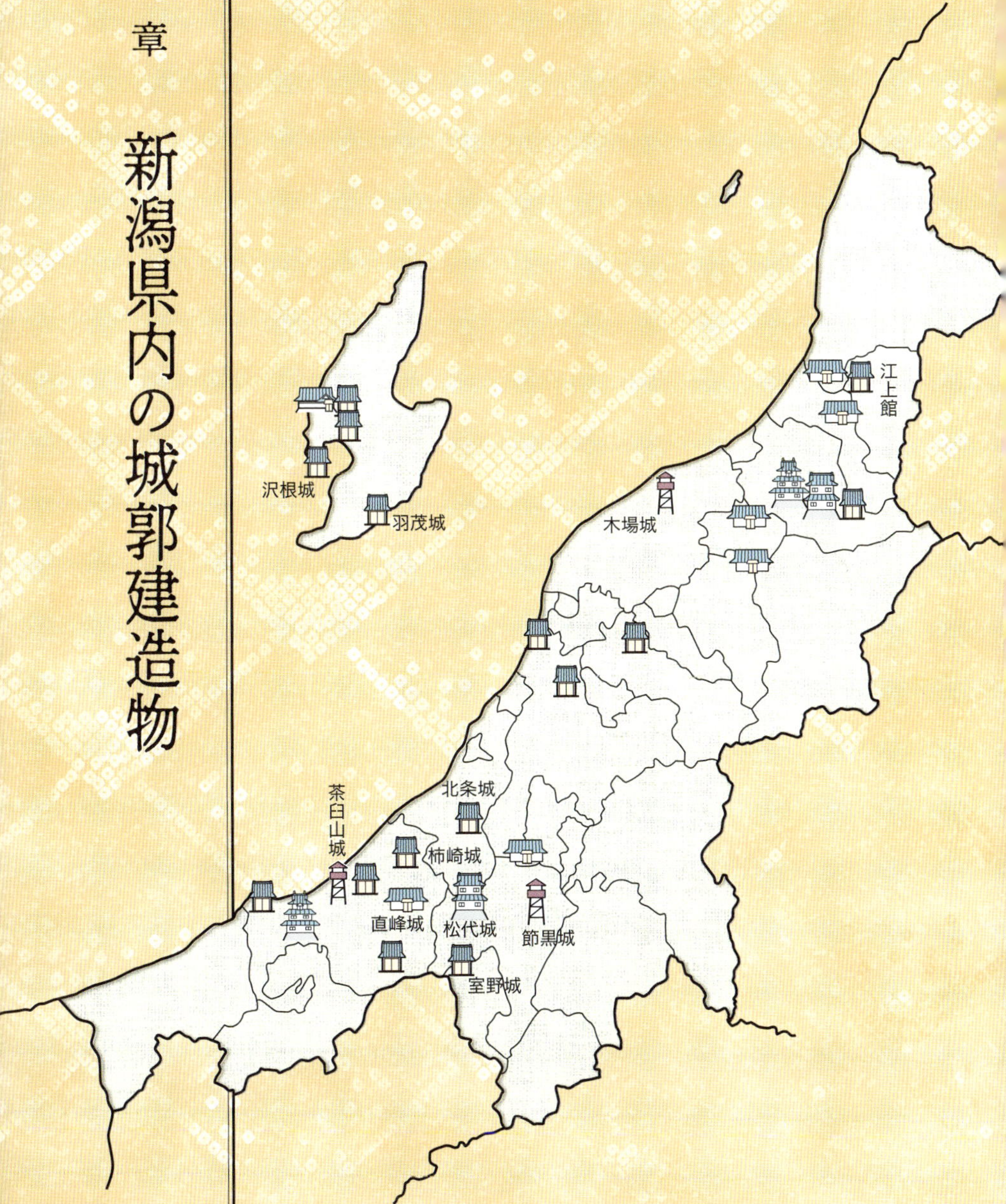

新潟県内の城郭建造物

本章では、現在、城館関連の建造物について整理したい。まとめるにあたっては、先ず、近世城郭・陣屋と中世城館とに分け、次にそれぞれについて、城跡にあるか移築建物であるかに分けた。そしてさらに、現存、史実に基づく復元建物、模擬建築に分類した。

一　近世城郭及び陣屋に所在する建築物（本章において既述）

◆高田城
三階櫓（木造再建）極楽橋（復元）

◆新発田城
二の丸隅櫓（現存）本丸表門（現存）御三階櫓（復元）本丸辰巳櫓（復元）清水谷下屋敷建物（現存）同足軽長屋（現存）五十公野茶屋建物（現存）塀重門（模擬）冠木門（模擬）表門番所（模擬）

◆相川奉行所
役所（復元）大門（復元）大門物見（復元）番所（復元）南門（復元）西門（復元）馬屋（復元）広間役屋敷門（復元）勝場建物（復興）

◆水原陣屋
役所（復元）表門（復元）西門（復興）東門（復興）

◆越後府
物見長屋（復興）

◆与板陣屋
冠木門（復興）

二　近世城郭、陣屋の移築建造物（本章において既述）

◆新発田城　三の丸知行所門（清水園表門）

◆与板陣屋　大手門（西本願寺与板別院）切手門（恩行寺山門）表門（西福寺山門）西門（正覚寺山門）

◆三条城　城門（本成寺黒門）

◆三日市陣屋　文書蔵（伊藤家）

◆相川奉行所　裏門（万照寺山門）

◆水原陣屋　表門（大野家）

◆小千谷陣屋　玄関車寄（五智院地蔵堂）

◆川浦陣屋　二の門（善功寺山門）

◆寺泊陣屋上の代官屋敷　屋敷門（常昌寺山門）

◆河原田陣屋　東門（本田寺総門）

◆越後府　門（長楽寺東門）

いずれも本章で詳述しているが、これらの建造物については、移築の際に部材の交換や補充が行われたとみるのが妥当である。さらに木材の耐用年数や移転先の環境から移転後の部材の新補も十分想定され、これらの建造物が該当城郭、陣屋内にどのように存在していたかについては、その外観も含めて慎重に検討する必要がある。

与板陣屋大手門主柱上部

三　中世城館の所在地にある復元建物

◆江上館　南門　北門　宿直所　板倉

胎内市（旧中条町）の江上館は「奥山庄城館遺跡」の一つとして、国の史跡に指定され、平成四年に建物の一部が復元された。中世城館の建物は、外観を確定できる良質な史料が少ないため、復元数は全国的にも僅かである。江上館の復元はその先駆的な例と言える。

四　中世城館の移築建造物（伝承を含む）

◆柿崎城　搦手門（楞厳寺山門）

◆北条城　豆の口門（専称寺山門）　裏門（普広寺山門）

◆羽茂城　裏門（大蓮寺山門）

◆沢根城　城門（長安寺山門）

新潟県内には近世城郭・陣屋に由来する建造物以外に中世城館の遺構であるとされる門が五棟存在する。しかしいずれの門も、城門であったという確証に乏しい。これらは仮に旧城門であったとしても、移築後の修築で当初の部材は限られた部分にしか残っていないとみるべきであろう。

五　中世城館跡にある模擬建造物

◆春日山城　護摩堂下平屋（休憩所）毘沙門堂　春日山神社冠木門（以上、既述。）
◆直峰城　大手下二階建物（トイレ）一の曲輪平屋（物置）（以上、既述。）
◆節黒城　中世城郭風物見櫓（展望台）
◆松代城　模擬天守　◆柿崎城　展望台　◆剣ヶ峰城　展望台　◆鷹持城　展望台　◆朝日城　展望台　◆大面城　木戸　◆茶臼山城　中世城郭風井楼（展望台）井戸屋形　◆室野城　模擬冠木門　模擬木戸　◆刈羽勝山城　ミニチュア天守

長岡市立郷土史料館

　ここに紹介した建造物は歴史的に全く根拠のない建物である。こうしたものを城跡に建てることについては、それが仮に往時の姿を想定したものであっても、見学者に誤った印象を与える危険性があることを理由に否定的な意見がある一方、一定程度の建造物は史跡の認知という点から必要であるという考えもある。また、公園管理上、どうしても必要な施設を城郭風に建設するという場合もある。春日山城、直峰城、節黒城の建物は中世城郭を想定している点で許容されてもよいが、茶臼山城井楼や室野城門は外見はともあれ大き過ぎる。その他は、城跡にあるというだけの建物である。

　また、長岡市立郷土史料館、木場城跡公園展望台などは城郭を意識した建物であるが、そもそも城跡に所在しないから、もはや昭和平成の「新城」である。

柿崎城 搦手門

楞厳寺山門

◆茅葺四脚門

主柱は円柱で、内側に角材を張り付け、この角材に肘壺金具で門扉を付ける。前後の控え柱は角柱である。冠木は横長面を主柱に載せる。

主柱の下部に補修の跡がある。

門は江戸中期の建立で元文元年改修の記録もある。城門の部材が残るとしても門扉など限定的であろう。

国登録有形文化財。

上越市柿崎区芋島

楞厳寺山門

北条城　豆の口門

専称寺山門

◆桟瓦葺四脚門

主柱は円柱で、内側に角材を張り付ける。門扉は軸吊である。前後の控え柱は角柱で主柱と共に足元金具が付く。冠木は横長面を主柱に載せる形態である。

元は北条城大手門であったとも伝わるが、形状から城門の遺構は門扉など限定的と思われる。

柏崎市北条

専称寺山門

北条城 裏門

普広寺山門

◆桟瓦葺四脚門

主柱は角柱で、門扉は肘壺金具で主柱に付く。前後の控え柱も角柱であるがこちらは新材による後補であろう。冠木は横長面を主柱に載せる古式形態である。門扉には八双金具や乳金具が残る。

形状からは城門の特徴が見られるが、後世の補修の部分も多い。

柏崎市北条

普広寺山門

羽茂城 裏門

大蓮寺山門

◆銅板葺四脚門

主柱控柱共に円柱で、門扉は内側に付けられた角材に肘壺金具で付く。冠木は主柱を通す形態である。門扉には八双金具等が残るが、板材の半分は最近の補修である。

近年の改修の際に貞享三年の棟札が発見されており、城門としての遺構があるとしても扉板など部分的であろう。

佐渡市羽茂本郷
大蓮寺山門

沢根城　長屋門

長安寺山門

◆銅板葺長屋門

正面向かって左に三間、右に四間の長屋が付く。長屋は下見板張り壁。窓は後世の改修であろう。門扉は残らない。屋根は寄棟造り。

ところで、中世に遡ることのできる城館の長屋門遺構は全国的に極めて少ない。この門も城門であったという根拠が不明である。長屋部分が後補であるならば、扉が欠損している現状から、城門遺構は冠木か本柱など門枠のみということになる。元は薬医門などであったが、長屋門に改造されたということもあろうか。

佐渡市沢根村
長安寺山門

南門

江上館 南門 北門
宿直所 板蔵

全て平成四年復元

◆江上館南門（正門）

（写真上）発掘調査により櫓門であったことが想定されたが、櫓部の外観が確定しなかったため に復元せず、門部だけの中途半端な復元建築となった。左右の板塀も復元。

◆江上館北門

（写真下）棟門。向かいの目隠し塀も共に復元されている。

北門

宿直所

板倉

◆江上館宿直所
（写真上）南東部は板壁造りで床板を張るが、三方は土間で開け放ちとする。史跡公園の休憩施設を兼ねている。

◆江上館板蔵
（写真下）二間四方の小規模な板蔵。東面に出入り口がある。四面に窓はない。

江上館
国指定史跡
胎内市本郷町
（旧中条町）

節黒城　模擬物見櫓

十日町市上野節黒城山

二階造り物見櫓。平成二十四年、現地には昭和四十五年建設の鉄骨造り展望台があったが、平成十六年の中越地震で被害を受けて撤去され、再建を機に中世城郭風な外観の戦国末期の物見櫓の外観を想定し、展望台として木造で建設。それまで展望台となった。

茶臼山城・模擬物見櫓・井戸屋形

上越市頸城区矢住

井楼櫓。平成初年、東城の主郭部に戦国末期の井楼風な外観の展望台を建設。しかし、中世の一山塞の物見としては巨大過ぎる。現地の説明板にも城郭を復元したものではないと記されている。なお、物見櫓下の腰郭には井戸屋形が木造で模擬復興されている。

物見櫓

井戸屋形

松代城 模擬天守

十日町市松代城跡公園

二重三階天守。昭和五十六年に近世城郭の外観で建設された。鉄筋造りで石垣も模造である。当初は展望台を兼ねた資料館として活用されていたが、近年は事実上の廃館状態である。松代城の廃城は慶長初年と考えられ、このような建築物が存在したという史実はない。

天守入口

松代城下からの遠望

室野城　冠木門

十日町市室野

大手口門

本城口門

室野城には大手口と本城口の二カ所に模擬城門が建設されている。どちらも木造であるが扉板はない。建設位置を含め、旧状の復元とは言い難い。

勝山城模擬天守
刈羽村寺尾

一の郭に建設された近世城郭風のミニチュア天守で高さ三mほどのコンクリート製。

勝山城は野呂氏の城で戦国末期には赤田城主斎藤朝信の持ち城となっていたと考えられている。

柿崎城展望台
上越市柿崎区

柿崎城山の頂に立つが、城郭風の建築物ではない。

城山は国道八号線沿いにあり、古くから柿崎景家の居城跡とされてきたが、この城山自体、景家の居城跡ではないという説も最近は有力である。

鷹持城展望台
魚沼市入広瀬

鷹持城一の郭に建つが、城郭を意識した建物ではない。

鷹持城は在地勢力の山城で、御館の乱の際は景勝方に組したため、景虎方本庄氏の攻撃を受けたという。城山南麓に鏡ヶ池が広がっている。

木場城展望台

新潟市西区木場

戦国末期、上杉景勝が新発田勢に備えて築城した木場城の所在地は明らかでなく、城の近辺とおぼしき場所に現在、歴史公園が造られている。公園には井楼形の展望台と櫓型の木製遊具が建てられているが、その位置、外観とも史実に沿った建築物ではない。

剣ヶ峰城展望台

加茂市上条

剣が峰城は加茂山城の出城である。展望台は山頂の曲輪跡に建てられているが、史実を踏まえたものではない。

大面城 冠木門
三条市小滝

大面城は三条長尾氏の持ち城で、御舘の乱の際に落城したと伝えられている。門は登山口に建てられたが、老朽化して倒壊寸前である。（平成二十九年五月の状況）

朝日城 展望台
長岡市朝日

朝日城は七寸五分氏の城で御舘の乱の際に景虎方に与したため、中条氏により落城したという。展望台はキャンプ場関連施設で城とは関係ない。

天神山城 冠木門
新潟市西蒲区

天神山城は上杉氏家臣小国氏の居城として慶長三年まで存城した。門は城山が中部北陸自然歩道のルートとして整備された際に山麓と城山登り口の三か所に建てられた。中世城郭風であるが、根拠はない。

大面城 冠木門　朝日城 展望台　天神山城 冠木門

県内の城郭風建物

商店

鳥坂城に近い胎内市中条地内の国道七号線沿いに建つ天守風の建物。これまで商店や会社事務所などに使用されてきた。外観は本格的な三階天守である。

咲花城天祥閣

阿賀町咲花温泉のホテルに付属した資料館として建てられた建物。阿賀野川を隔てた対岸の国道49号からも望むことができる。資料館としての営業は現在行われていない。

新潟市子ども創作活動館

幼稚園施設として建設されたが、現在は市営施設として使用されている。櫓門の両脇に二階櫓が付属する外観である。新潟市東区山木戸一丁目。

移築城門について

◆四本柱、六本柱の門

中世城郭から移築されたという伝承を持つ門に、薬医門ではない四本柱の門や六本柱の平門がある。四本柱の門は「四つ足門」などと説明されるが、「四つ足」は「四脚」と同意になり、「四脚門」にしてしまうと、古代寺院などに建てられた別の形態の門になってしまう。固有名称がないので、薬医門の中に含めて理解しておきたい。

◆櫓　門

元は城郭の二階門であったという伝承を持つ移築門も全国にはいくつか存在するが、中世にさかのぼる櫓門は稀である。

これに関し、四本柱、六本柱の移築門の中には旧態二階門があるのではないかと思う。移築の際、櫓部分を撤去し、屋根を付け替えて平門にするケースは近世城郭の移築門にも見られる。

全国に移築城門は数多い。しかし、幕末から既に百七十年、織豊期からは四百年以上が経っているのであるから、門の移動や修繕により、失われた部材が多いと想定すべきである。外観だけでは容易に判断できないが、移築修繕の痕跡が見られない部材は新品であることが考えられよう。「移築」が事実であっても「全てが城門時代のまま」ではないである。

ただ、同様のことは現存天守を始め、城郭内に「残る」建築物にも言えるのであって、旧態を踏襲して部材を交換しているのであれば、旧城門と見なしてもよいのかもしれない。

◆高麗門

近世城郭の虎口に存在した平門の多くは高麗門である。高麗門は織豊期城郭に発現する形態であり、中世まで遡れないとされる。従って中世城郭から移築された門の中には高麗門はない。

◆薬医門

薬医門は城内の御殿や屋敷の入口、近世陣屋の門として建てられることが多かった。このことから薬医門は、主の権威の象徴とみなされ、比較的安易に移築できたことも手伝って、菩提寺や所縁の寺院、関係の深かった商家などに移築されたと思われる。薬医門の移築城門は全国に数多い。

「近世新潟の城と陣屋」について

本書名は、「近世越後と佐渡の城と陣屋」ではなく、「近世新潟の城と陣屋」である。この「近世新潟」とは、現在の新潟市中央区付近の近世という意味ではなく、新潟県全域の近世を指している。このような書名としたのは、本書が二〇一一年に刊行した「近世栃木の城と陣屋」の姉妹本新潟編であるからである。対象時代を近世に、対象地域を現行の都道府県区分とした本書の最後に、新潟における「近世」城郭史の捉えと「城と陣屋」に関する課題に触れておきたい。

新潟県における近世城郭史の開始を、本書では慶長三年の上杉景勝会津転封とした。その根拠は上杉氏の会津国替えで国人領主層の大規模な移動と廃絶が生じ、結果、中世城館の多くが廃棄されたからである。不要な城館の整理はこれ以前にも上杉氏自らの手で行われていたが、上杉氏の転封と豊臣系大名の入封によって、いわゆる織豊系の城郭が越後国内にも出現し、城郭形態の地域性が大きく変化したことが近世への画期となったことは動かしがたい。この点を重視したからである。

次に「城と陣屋」の理解である。「城」とは何か。端的に言えば、城とは「軍事拠点」であると同時に「支配拠点」であった施設を指す。近世において「軍事」は非日常となったから、近世城郭においては、日常であった「支配拠点」としての諸要素が軍事よりも重視された。元和一国一城令以降、諸法令の整備で大名の格式が定まると、越後国内では村上、新発田、長岡、高田が「城」として認められ、これ以外の支配拠点は「陣屋」となった。

では、城と陣屋には格式とは別の構造的な違いがあったのであろうか。嘉永三年、城主格大名となった村松領主堀直央は村松陣屋を大改修している。その内容は、主郭を囲む帯郭を拡張し、副郭となる南郭を築き、御殿や枡形門を新築するというものであった。この後直央が村松「城」を公称することから、これらの整備は陣屋が城になるために必要な、「構造的な格式」の取得であったと考えることができる。また、文政六年に城主格大名となった与板領主井伊直朗は、新築した与板陣屋を城と称したが、その縄張りを見ると、基本的には単郭であるが、大手門外と主郭北隣に掘割に囲まれた郭を築き、主郭には表御殿と奥向御殿を建て、三か所の枡形門を設けている。この二つの例から、副郭以上の曲輪があること、枡形門が存在すること、一定規模の御殿が存在することは、陣屋が城とみなされるにあたり重要な要素であったと推測することができる。

寛永十二年発令の武家諸法度では、奉行所へ通達すべき城郭の修繕に関して「隍塁、石壁」を挙げている。即ち「堀、土塁、石垣」が近世城郭の軍事的構成要素として最も重視された部分であった。村松陣屋と与板陣屋の例は、「堀、土塁、石垣」に加えて「枡形」と「御殿」が城と陣屋とを構造的に格式付ける要素となったのではないか。今後さらに検討したい。

もう一つ残された課題がある。それは陣屋を構造物として定義することである。近世陣屋には大名・旗本の本陣屋と彼らや幕府代官の出張陣屋（代官陣屋）があったが、大名陣屋と旗本陣屋との違い、本陣屋と出張陣屋の違いは構造的に存在したのか。出張陣屋の中には、在所名主の屋敷を陣屋とした例があったが、名主屋敷を陣屋とした場合に新設しなければならないものがあったのか。という点について明確な事例が見つかっていない。領主、代官を迎える玄関や代官の間などの有無などは一つの手掛りであるが、名主屋敷と代官陣屋との違いを構造面から説明することは可能であろうか。

「近世新潟」における特徴的な呼称である「おたや」の中には、いわゆる出張陣屋よりもさらに簡易な施設が含まれている。例えば「おたや」が単純な間取りの平屋一棟である場合は、代官の臨時滞在建築物でしかなく、構造物に軍事的要素は全く欠落してしまっている。近世陣屋を理解する際、城を自称した大名陣屋から郷蔵の付属施設になっていたような「おたや」までも共通の「陣屋」として括ってよいものかどうか、近世陣屋の概念をどう説明するかに関わる課題である。

参考書籍と現地調査

参考書籍と現地調査

◆**高田城**

「日本城郭大系7新潟・富山・石川」　新人物往来社　昭和五十五年
「図説日本城郭大事典2」　日本図書センター　二〇〇〇年
「歴史群像シリーズ【決定版】図説江戸三百藩「城と陣屋」総覧東国編」　学習研究社　二〇〇六年
「国別城郭・陣屋要害台場事典」　東京堂出版　二〇〇二年
「城郭と城下町4　北陸・甲信越」　小学館　昭和五十九年
「復元大系　日本の城　③北信越」　ぎょうせい　一九九二年
「歴史群像シリーズ　よみがえる日本の城14」　学習研究社　二〇〇五年
「週刊　日本の城」　デアゴスティーニ・ジャパン　二〇一二〜二〇一五年
「上越市史　別編6　藩政資料二」　平成十二年
「高田開府四〇〇年」　高田開府四〇〇年祭実行委員会　平成二十六年
「榊原家のれきし絵巻」　上越市立総合博物館　平成十七年
「シリーズ藩物語　高田藩」　村山和夫　現代書館　二〇〇八年
「週刊ビジュアル江戸三百藩」　1122707793号　ハーパーコリンズジャパン　平成二十八年
「角川地名大辞典　新潟県」　角川書店　平成三年
パンフレット「高田城三重櫓」
史跡高田城跡案内板解説
※現地調査　昭和五十八年八月　平成八年七月　平成二十年七月
平成二十五年二月　平成二十六年十月　平成二十七年九月・十月
平成二十九年十一月

◆**村上城**

「日本城郭大系7新潟・富山・石川」　新人物往来社　昭和五十五年
「図説日本城郭大事典2」　日本図書センター　二〇〇〇年
「歴史群像シリーズ【決定版】図説江戸三百藩「城と陣屋」総覧東国編」　学習研究社　二〇〇六年
「国別城郭・陣屋要害台場事典」　東京堂出版　二〇〇二年
「城郭と城下町4　北陸・甲信越」　小学館　昭和五十九年
「復元大系　日本の城　③北信越」　ぎょうせい　一九九二年
「歴史群像シリーズ　よみがえる日本の城14」　学習研究社　二〇〇五年
「週刊　日本の城」　デアゴスティーニ・ジャパン　二〇一二〜二〇一五年
「お城山とその周辺整備基本計画」　村上市　平成四年
「シリーズ藩物語　村上藩」　大場喜代司　現代書館　二〇〇八年
「週刊ビジュアル江戸三百藩」　40100号　ハーパーコリンズジャパン　平成二十八年
「角川地名大辞典　新潟県」　角川書店　平成三年
史跡村上城跡案内板解説
HP　古城址狂が行く！　越後古城址一館跡
※現地調査　平成十六年八月　平成二十七年五月　平成二十八年十月
平成二十九年六月

◆**新発田城**

「日本城郭大系7新潟・富山・石川」　新人物往来社　昭和五十五年
「図説日本城郭大事典2」　日本図書センター　二〇〇〇年
「歴史群像シリーズ【決定版】図説江戸三百藩「城と陣屋」総覧東国編」　学習研究社　二〇〇六年
「国別城郭・陣屋要害台場事典」　東京堂出版　二〇〇二年
「城郭と城下町4　北陸・甲信越」　小学館　昭和五十九年
「復元大系　日本の城　③北信越」　ぎょうせい　一九九二年
「歴史群像シリーズ　よみがえる日本の城14」　学習研究社　二〇〇五年
「週刊　日本の城」　デアゴスティーニ・ジャパン　二〇一二〜二〇一五年
「甦る新発田城〔新発田城三階櫓・辰巳櫓復元のあゆみ〕」　新発田市　平成十六年
「城下町しばた」　北方文化資料館（清水園）　平成五年

「シリーズ藩物語　新発田藩」鈴木康　現代書館　二〇〇八年

「週刊ビジュアル江戸三百藩」1647697592号　ハーパーコリンズジャパン　平成二十八年

「角川地名大辞典　新潟県」　角川書店　平成三年

パンフレット「新発田城」

史跡新発田城跡案内板解説

HP 古城址狂が行く！　越後古城址ー館跡

※現地調査　平成八年七月　平成十六年八月

平成二十六年十一月・十一月（五十公野茶屋）

◆長岡城

「日本城郭大系7新潟・富山・石川」　新人物往来社　昭和五十五年

「図説日本城郭大事典2」　日本図書センター　二〇〇〇年

「歴史群像シリーズ【決定版】図説江戸三百藩「城と陣屋」総覧東国編」　学習研究社　二〇〇六年

「国別城郭・陣屋要害台場事典」　東京堂出版　二〇〇二年

「城郭と城下町4　北陸・甲信越」　小学館　昭和五十九年

「復元大系　日本の城　③北信越」　ぎょうせい　一九九二年

「歴史群像シリーズ　よみがえる日本の城14」　学習研究社　二〇〇五年

「週刊　日本の城」　デアゴスティーニ・ジャパン　二〇一一〜二〇一五年

「長岡城を歩く」　青柳孝司　新潟日報事業社　二〇〇四年

「シリーズ藩物語　長岡藩」　稲川明雄　現代書館　二〇〇四年

「週刊ビジュアル江戸三百藩」12345号　ハーパーコリンズジャパン　平成二十七年

「角川地名大辞典　新潟県」　角川書店　平成三年

さいわいプラザ内　長岡藩主牧野家史料館　展示物・解説・パンフレット

パンフレット「新潟県長岡市郷土資料館」

HP 古城址狂が行く！　越後古城址ー館跡

※現地調査　平成二年七月　平成二十年二月　平成二十八年十月

◆村松陣屋

「日本城郭大系7新潟・富山・石川」　新人物往来社　昭和五十五年

「図説日本城郭大事典2」　日本図書センター　二〇〇〇年

「歴史群像シリーズ【決定版】図説江戸三百藩「城と陣屋」総覧東国編」　学習研究社　二〇〇六年

「国別城郭・陣屋要害台場事典」　東京堂出版　二〇〇二年

「城郭と城下町4　北陸・甲信越」　小学館　昭和五十九年

「週刊ビジュアル江戸三百藩」5296号　ハーパーコリンズジャパン　平成二十八年

「角川地名大辞典　新潟県」　角川書店　平成三年

村松歴史資料館展示絵図、展示模型

HP 古城址狂が行く！　越後古城址ー館跡

※現地調査　平成二十六年十一月

◆与板陣屋

「図説日本城郭大事典2」　日本図書センター　二〇〇〇年

「歴史群像シリーズ【決定版】図説江戸三百藩「城と陣屋」総覧東国編」　学習研究社　二〇〇六年

「国別城郭・陣屋要害台場事典」　東京堂出版　二〇〇二年

「城郭と城下町4　北陸・甲信越」　小学館　昭和五十九年

「三島町史　上巻」　一九八四年

「与板町史　近世編」所収『与板城御住居絵図』　一九九九年

「住雲園と久須美家の人々」　和島観光協会　平成十九年

「週刊ビジュアル江戸三百藩」63号　ハーパーコリンズジャパン　平成二十八年

「角川地名大辞典　新潟県」　角川書店　平成三年

HP 古城址狂が行く！　越後古城址ー館跡

参考書籍と現地調査

※現地調査　平成二十年二月　平成二十七年六月・十月（牧野氏与板陣屋）

◆椎谷陣屋

「日本城郭大系7新潟・富山・石川」　新人物往来社　昭和五十五年
「図説日本城郭大事典2」　日本図書センター　二〇〇〇年
「歴史群像シリーズ【決定版】図説江戸三百藩「城と陣屋」総覧東国編」　学習研究社　二〇〇六年
「国別城郭・陣屋要害台場事典」　東京堂出版　二〇〇二年
「城郭と城下町4　北陸・甲信越」　小学館　昭和五十九年
『椎谷陣屋跡』花ケ前盛明　「柏崎刈羽」創刊号　一九七四年
「北国街道を歩く」　岸本豊　信濃毎日新聞社　二〇一〇年
「週刊ビジュアル江戸三百藩」97号　ハーパーコリンズジャパン　平成二十八年
「角川地名大辞典　新潟県」　角川書店　平成三年
HP 古城址狂が行く！　越後古城址ー館跡
椎谷陣屋史跡案内板解説
※現地調査　平成二十六年十月　平成二十九年五月

◆三根山陣屋

「図説日本城郭大事典2」　日本図書センター　二〇〇〇年
「歴史群像シリーズ【決定版】図説江戸三百藩「城と陣屋」総覧東国編」　学習研究社　二〇〇六年
「国別城郭・陣屋要害台場事典」　東京堂出版　二〇〇二年
「城郭と城下町4　北陸・甲信越」　小学館　昭和五十九年
「越後三根山藩」ビジュアルふるさと風土記　考古堂書店　二〇〇二年
「週刊ビジュアル江戸三百藩」74号　ハーパーコリンズジャパン　平成二十八年
「角川地名大辞典　新潟県」　角川書店　平成三年
三根山陣屋史跡案内板解説
HP 古城址狂が行く！　越後古城址ー館跡
※現地調査　平成二十六年十月

◆黒川陣屋・幕領黒川陣屋

「図説日本城郭大事典2」　日本図書センター　二〇〇〇年
「歴史群像シリーズ【決定版】図説江戸三百藩「城と陣屋」総覧東国編」　学習研究社　二〇〇六年
「国別城郭・陣屋要害台場事典」　東京堂出版　二〇〇二年
「城郭と城下町4　北陸・甲信越」　小学館　昭和五十九年
『越後国蒲原郡黒川藩陣屋での暮らし二』斎藤熊蔵　「おくやましょう　三四号」　平成二十一年
「新潟県史　通史編3　近世1」　昭和六十二年
「糸魚川市史　三近世二」所収『黒川藩陣屋絵図』（写真版）　一九七八年
「笹神村史　通史編」　平成十六年
「週刊ビジュアル江戸三百藩」29号　ハーパーコリンズジャパン　平成二十八年
「角川地名大辞典　新潟県」　角川書店　平成三年
HP 古城址狂が行く！　越後古城址ー館跡
※現地調査　平成二十七年五月　平成二十八年七月

◆三日市（館村）陣屋

「図説日本城郭大事典2」　日本図書センター　二〇〇〇年
「歴史群像シリーズ【決定版】図説江戸三百藩「城と陣屋」総覧東国編」　学習研究社　二〇〇六年
「国別城郭・陣屋要害台場事典」　東京堂出版　二〇〇二年
「城郭と城下町4　北陸・甲信越」　小学館　昭和五十九年
「新発田市史　上巻」　一九八〇年
「笹神村史　通史編」　平成十六年
「週刊ビジュアル江戸三百藩」81号ハーパーコリンズジャパン　平成二十九年

参考書籍と現地調査

「角川地名大辞典　新潟県」　角川書店　平成三年
三日市陣屋史跡案内板解説
※現地調査　平成二十六年十一月 ※伊藤喜行氏御教示

◆**糸魚川陣屋**

「図説日本城郭大事典2」　日本図書センター　二〇〇〇年
「歴史群像シリーズ【決定版】図説江戸三百藩「城と陣屋」総覧東国編」　学習研究社　二〇〇六年
「国別城郭・陣屋要害台場事典」　東京堂出版　二〇〇二年
「城郭と城下町4　北陸・甲信越」　小学館　昭和五十九年
「糸魚川市史通史編」第4編所収　陣屋と陣屋町『糸魚川陣屋町図』（写真版）、『陣屋平面図』、『表御門の図』（写真版）
「糸魚川市史3　近世2」　一九七八年
「週刊ビジュアル江戸三百藩」50号　ハーパーコリンズジャパン　平成二十八年
「角川地名大辞典　新潟県」　角川書店　平成三年
※現地調査　糸魚川陣屋　平成二十七年六月　糸魚川横町陣屋　平成二十七年六月　平成二十七年十月

◆**福嶋城**

「日本城郭大系7新潟・富山・石川」　新人物往来社　昭和五十五年
「甦る「越後福嶋城」」　北越出版　平成十八年
「上越市史　普及版」所収『福嶋城絵図』　一九九一年
パンフレット「福島城・港まち　まち歩きマップ」
「角川地名大辞典　新潟県」　角川書店　平成三年
福島城跡資料室内展示資料、展示模型
福島城跡史跡案内板解説
HP 古城址狂が行く!　越後古城址ー館跡
※現地調査　平成八年七月　平成二十七年六月・九月　平成二十八年七月

◆**津川城・津川陣屋**

「日本城郭大系7新潟・富山・石川」　新人物往来社　昭和五十五年
「新潟県中世城館跡等分布調査報告書」　新潟県教育委員会　一九八七年
「角川地名大辞典　新潟県」　角川書店　平成三年
HP 古城址狂が行く!　越後古城址ー館跡
※現地調査　平成二十七年五月

◆**清崎城**

「日本城郭大系7新潟・富山・石川」　新人物往来社　昭和五十五年
「糸魚川市史　二」所収『清崎城図』　一九八七年
「角川地名大辞典　新潟県」　角川書店　平成三年
「日本古城絵図」国立国会図書館デジタル資料
※現地調査　平成二十七年六月

◆**長峰城**

「日本城郭大系7新潟・富山・石川」　新人物往来社　昭和五十五年
『牧野氏の長峰城』松永靖夫　「長岡郷土誌　第二十八号」一九九一年
「北国街道を歩く」岸本豊　信濃毎日新聞社　二〇一〇年
「角川地名大辞典　新潟県」　角川書店　平成三年
長峰城跡史跡案内板解説
HP 古城址狂が行く!　越後古城址ー館跡
※現地調査　平成二十六年十月

◆**三条城・三条陣屋・一ノ木戸陣屋**

「日本城郭大系7新潟・富山・石川」　新人物往来社　昭和五十五年
「三条市史　上巻」　一九八三年
「三条むかしむかし物語」　三条市　平成二十三年
「浅野文庫蔵諸国古城之図」　新人物往来社　昭和五十六年
「日本古城絵図」国立国会図書館デジタル資料

参考書籍と現地調査

「古城田畑絵図」現地史跡案内説明版
「角川地名大辞典　新潟県」　角川書店　平成三年
HP 古城址狂が行く！　越後古城址ー館跡
※現地調査　平成二十六年十月　平成二十七年五月（一ノ木戸陣屋）
平成二十八年七月

◆藤井城
「日本城郭大系7新潟・富山・石川」　新人物往来社　昭和五十五年
「角川地名大辞典　新潟県」　角川書店　平成三年
※現地調査　平成二十六年十月

◆沢海城・沢海陣屋
「沢海城物語」角田夏夫　沢海書林　昭和五十一年
「新津市史　通史編　上巻」　平成五年
北方文化博物館伊藤邸内展示　沢海城下町絵図
『沢海城絵図』　新発田市立図書館蔵
「週刊ビジュアル江戸三百藩」53号　ハーパーコリンズジャパン　平成二十八年
「角川地名大辞典　新潟県」　角川書店　平成三年
沢海城跡史跡案内板解説
HP 古城址狂が行く！　越後古城址ー館跡
※現地調査　平成二十六年十一月

◆安田城
「日本城郭大系7新潟・富山・石川」　新人物往来社　昭和五十五年
「角川地名大辞典　新潟県」　角川書店　平成三年
安田城跡史跡案内板解説
※現地調査　平成二十六年十一月

◆高柳陣屋
「三和村史　通史編」　平成十四年
「週刊ビジュアル江戸三百藩」54号　ハーパーコリンズジャパン　平成二十八年
「角川地名大辞典　新潟県」　角川書店　平成三年
HP 古城址狂が行く！　越後古城址ー館跡
※現地調査　平成二十六年十月

◆豊浦（池之端）陣屋・切梅陣屋・二ツ堂陣屋・山口陣屋・溝口氏水原陣屋
「新津市史　通史編　上巻」　平成五年
「新潟県中世城館跡等分布調査報告書」豊浦陣屋　新潟県教育委員会　一九八七年
「黒崎町史　通史編」池之端陣屋　一九九二年
「角川地名大辞典　新潟県」　角川書店　平成三年
「水原郷土誌」山口陣屋　小林存　歴史図書社　昭和五十一年
池之端陣屋跡史跡案内板解説
HP 古城址狂が行く！　越後古城址ー館跡
※現地調査　平成二十六年十一月（池之端陣屋、切梅陣屋）
平成二十七年五月（二ツ堂陣屋、山口陣屋）　平成二十八年七月（山口陣屋）

◆春日陣屋
「新潟県史　通史編3近世一」　昭和六十二年
「角川地名大辞典　新潟県」　角川書店　平成三年
HP 古城址狂が行く！　越後古城址ー館跡
※現地調査　平成二十六年十月

◆小島谷陣屋
「住雲園と久須美家の人々」　和島観光協会　平成十九年
「新潟県史　通史編3近世一」　昭和六十二年
「角川地名大辞典　新潟県」　角川書店　平成三年
※現地調査　平成二十七年六月

参考書籍と現地調査

◆**高野陣屋**
『中条地方における旗本領―高野松平氏の成立と知行形態』高橋亀司郎 「おくやましょう 八号」
「新潟県史 通史編3近世二」 昭和六十二年
HP 古城址狂が行く！ 越後古城址―館跡
※現地調査 平成二十七年五月

◆**今町陣屋**
「上越市史 通史編4近世二」所収『今町陣屋絵図』 二〇〇四年
※現地調査 平成二十七年六月

◆**堀之内陣屋**
「堀之内町史」通史編上巻 平成九年
※現地調査 平成二十九年六月

◆**松代陣屋**
「松之山郷の歴史散歩」 関谷哲郎 野島出版 平成九年
「角川地名大辞典 新潟県」 角川書店 平成三年
※現地調査 平成二十七年七月（松代集落） 平成二十八年七月

◆**柏崎陣屋（扇町陣屋、島町陣屋、大久保陣屋）**
「柏崎・刈羽の歴史」 岩下正雄 一九九七年
企画展図録「描かれたふるさと」 柏崎ふるさと人物館 平成二十四年
「城郭と城下町4 北陸・甲信越」 小学館 昭和五十九年
「北国街道を歩く」 岸本豊 信濃毎日新聞社 二〇一〇年
「角川地名大辞典 新潟県」 角川書店 平成三年
柏崎大久保陣屋史跡案内板解説
HP 古城址狂が行く！ 越後古城址―館跡
※現地調査 平成二十六年十月 平成二十八年十月
平成二十九年五月（島町陣屋）

◆**桃川陣屋**
「角川地名大辞典 新潟県」 角川書店 平成三年
※現地調査 平成二十八年十月（桃川集落）

◆**巻陣屋**
「角川地名大辞典 新潟県」 角川書店 平成三年
※現地調査 平成二十八年十月

◆**曽根陣屋**
「角川地名大辞典 新潟県」 角川書店 平成三年
曽根陣屋史跡案内板解説
西川ふれあい公園案内板解説
HP 古城址狂が行く！ 越後古城址―館跡
※現地調査 平成二十六年十月

◆**吉田陣屋**
「吉田町史 通史編 上巻」 二〇〇三年
※現地調査 平成二十八年十月

◆**栃尾陣屋**
「栃尾市史 上巻」 昭和五十二年
「角川地名大辞典 新潟県」 角川書店 平成三年
※現地調査 平成二十七年六月 平成二十九年十一月

◆**寺泊陣屋・笹岡陣屋**
「寺泊町史 通史編上巻」 平成四年
「寺泊町史 資料編2近世」 平成二年
「分水町史 通史編」 平成十八年
「寺泊町史 通史編上巻」笹岡陣屋 平成四年
「角川地名大辞典 新潟県」 角川書店 平成三年
※現地調査 平成二十七年七月 同日（笹岡集落）

参考書籍と現地調査

◆燕陣屋
「燕市史　通史編」　平成五年
※現地調査　平成二十八年十月

◆上関陣屋・宮前陣屋
「神林村誌」　昭和六〇年
「関川村史」　平成四年
「せきかわ歴史散歩」　高橋重右衛門　関川村　平成元年
「米沢街道」　高橋重右衛門　関川村教育委員会　平成九年
※現地調査　平成二十八年七月

◆金ヶ沢陣屋・須原陣屋
「広神村史」　昭和五十五年
「入広瀬の近世」　平成十年
※現地調査　平成二十九年六月（須原陣屋）

◆橋田陣屋
「五泉市史　通史編」　平成十四年
ＨＰ　古城址狂が行く！　越後古城址ー館跡
※現地調査　平成二十八年六月

◆海老江陣屋
ＨＰ　あらかわ地区まちづくり協議会
海老江陣屋史跡碑解説
※現地調査　平成二十七年七月

◆福岡陣屋
「小出町史　通史編」
「水原の歴史風土」　水原町教育委員会　平成三年
「分田郷土史」　昭和二十五年
ＨＰ　福岡の会津藩陣屋跡／阿賀野市ー新潟県北部の史跡巡り
※現地調査　平成二十八年六月　平成二十八年七月

◆小出島陣屋
「小出町史　通史編」　一九九六年
「角川地名大辞典　新潟県」　角川書店　平成三年
ＨＰ　古城址狂が行く！　越後古城址ー館跡
※現地調査　平成二十七年六月

◆酒屋陣屋
「角川地名大辞典　新潟県」　角川書店　平成三年
酒屋陣屋史跡案内板解説
ＨＰ　古城址狂が行く！　越後古城址ー館跡
※現地調査　平成二十六年十一月

◆脇野町陣屋
「長岡市史　通史編上巻」　平成八年
「国別城郭・陣屋要害台場事典」　東京堂出版　二〇〇二年
『脇野町代官所の成立と展開』本山幸一　長岡郷土誌　第二十一号　一九八四年
「角川地名大辞典　新潟県」　角川書店　平成三年
脇野町陣屋史跡案内板解説
ＨＰ　古城址狂が行く！　越後古城址ー館跡
※現地調査　平成二十六年十月　平成二十七年十月日

◆五泉陣屋・三本木陣屋
「五泉市史　通史編」　二〇〇二年
「沼津市史　通史編」所収『五泉陣屋絵図』（写真版）　二〇〇六年
「角川地名大辞典　新潟県」　角川書店　平成三年
ＨＰ　古城址狂が行く！　越後古城址ー館跡
※現地調査　平成二十七年五月　平成二十八年六月日

◆七日町陣屋
「三島町史　上巻」　一九八四年

「越路町史　通史編　上巻」　二〇〇一年
「角川地名大辞典　新潟県」　角川書店　平成三年
※現地調査　平成二十七年六月

◆上出陣屋
「糸魚川市史　通史編」第5編
※現地調査　平成二十九年十一月

◆金屋陣屋
「新潟県史　通史編4　近世二」口絵　金屋陣屋絵図　昭和六十三年
「荒川町史　資料編」所収　金屋陣屋絵図　一九八六年
「角川地名大辞典　新潟県」　角川書店　平成三年
※現地調査　平成二十七年五月
HP 古城址狂が行く！　越後古城址ー館跡

◆佐渡奉行所（相川陣屋）
「日本城郭大系7新潟・富山・石川」　新人物往来社　昭和五十五年
「図説日本城郭大事典2」　日本図書センター　二〇〇〇年
「国別城郭・陣屋要害台場事典」　東京堂出版　二〇〇二年
「城郭と城下町4　北陸・甲信越」　小学館　昭和五十九年
「角川地名大辞典　新潟県」　角川書店　平成三年
史跡佐渡奉行所建物内解説、展示資料
※現地調査　平成二十七年九月

◆新潟奉行所
「新潟市史」通史編2近世（下）　一九九七年
※現地調査　平成二十九年六月

◆黒井陣屋・四ケ所陣屋・潟町陣屋・馬正面陣屋・福田陣屋
「新潟県史　通史編4　近世二」　昭和六十三年
「大潟町史　歴史編」潟町陣屋　一九八八年
「三和村史　上巻」四ケ所陣屋　二〇〇二年
「三和村史　通史編」　平成十四年
「馬正面部落史」桑名源次　昭和六十年
「角川地名大辞典　新潟県」　角川書店　平成三年
※現地調査　平成二十七年十月（黒井宿）平成二十七年十月（馬正面陣屋、福田宿）　平成二十九年十一月（馬正面陣屋）

◆楯陣屋
「角川地名大辞典　新潟県」　角川書店　平成三年
※現地調査　平成二十八年十月

◆出雲崎陣屋
「国別城郭・陣屋要害台場事典」　東京堂出版　二〇〇二年
「新潟県史　通史編4　近世二」　昭和六十三年
「山古志村史　通史編」　一九八五年
「角川地名大辞典　新潟県」　角川書店　平成三年
越後出雲崎天領の里時代館内展示資料
現地史跡案内板解説
HP 古城址狂が行く！　越後古城址ー館跡
※現地調査　平成二十一年三月　平成二十八年十月

◆川浦陣屋
「国別城郭・陣屋要害台場事典」　東京堂出版　二〇〇二年
「新潟県史　通史編4　近世二」　昭和六十三年
「上越市史　別編6　藩政資料二」
「三和村誌　上巻」所収　川浦陣屋図　二〇〇二年
「三和村史　通史編」　平成十四年
「角川地名大辞典　新潟県」　角川書店　平成三年
川浦陣屋史跡案内板解説
HP 古城址狂が行く！　越後古城址ー館跡
※現地調査　平成二十六年十月

参考書籍と現地調査

◆新井陣屋・吉木陣屋・高野陣屋

「新潟県史　通史編４　近世二」　昭和六十三年
「三和村史　通史編」　平成十四年
「柿崎町史　通史編」所収『荒井御陣屋附新規御長屋絵図』　二〇〇四年
「妙高村史」　平成六年
「北国街道を歩く」新井陣屋　岸本豊　信濃毎日新聞社　二〇一〇年
「角川地名大辞典　新潟県」　角川書店　平成三年
新井陣屋町屋史跡地図板　吉木陣屋史跡碑解説　高野陣屋史跡案内板解説
ＨＰ古城址狂が行く！　越後古城址―館跡
※現地調査　平成二十六年十月

◆小千谷陣屋

「国別城郭・陣屋要害台場事典」　東京堂出版　二〇〇二年
「小千谷市史　上巻」　一九六九年
『文化十一年小千谷陣屋付近絵図』（写真）、五智院の式台口（写真）「にいがた歴史散歩」小千谷・北魚沼・古志　新潟日報事業社　小千谷陣屋図（写真）　昭和五十九年
「角川地名大辞典　新潟県」　角川書店　平成三年
十日町市博物館内展示資料、絵図
小千谷陣屋史跡碑解説
ＨＰ古城址狂が行く！　越後古城址―館跡
※現地調査　平成二十六年十一月

◆十日町陣屋

「新潟県史　通史編４　近世二」　昭和六十三年
「十日町市史　通史編」　平成七年
「中里村史　通史編上巻」　昭和六十三年
「角川地名大辞典　新潟県」　角川書店　平成三年
※現地調査　平成二十七年七月

◆石瀬陣屋

「新潟県史　通史編４　近世二」　昭和六十三年
「角川地名大辞典　新潟県」　角川書店　平成三年
石瀬陣屋史跡案内板解説
※現地調査　平成二十六年十月

◆水原陣屋

『水原陣屋復元について憶う』吉川正夫「五頭郷土文化　第三四号」　平成七年
『水原代官所門の行くへについての考察』山賀兵一「水原郷土誌料　第七集」　昭和五十年
「新潟県史　通史編４　近世二」　昭和六十三年
「国別城郭・陣屋要害台場事典」　東京堂出版　二〇〇二年
パンフレット「水原代官所」
「越後豪農めぐり」（水原陣屋移築門）　新潟日報事業社　二〇一〇年
「角川地名大辞典　新潟県」　角川書店　平成三年
史跡水原代官所内展示資料、絵図
※現地調査　平成十六年八月　平成二十六年十　月　平成二十七年七月

◆戸野目陣屋・百間町陣屋・稲村陣屋・真砂陣屋・上三分一陣屋・安塚陣屋・下条陣屋・小泉陣屋

「新潟県史　通史編３近世一」　昭和六十二年
「上越市史　普及版」戸野目陣屋　一九九二年
「安塚町史　通史編」安塚陣屋　平成十六年
「能生町史　上巻」　昭和六十一年
『近世期の越後国における郷蔵所の空間構成に関する研究』相模誓雄　日本建築学会計画系論文集77巻　二〇一二年
「角川地名大辞典　新潟県」　角川書店　平成三年
戸野目陣屋史跡案内板解説

※現地調査　平成二十七年九月（戸野目陣屋）・十月（百間町宿）・十月（上真砂集落、上三分一集落、小泉集落）平成二十九年十一月（長岡集落）

◆比角陣屋・半田陣屋

企画展図録「描かれたふるさと」　柏崎ふるさと人物館　平成二十四年
「ひすみ歴史散歩」　比角公民館　平成十三年
「新潟県史　資料編6近世　上越編」　昭和五十六年
※現地調査

◆能生陣屋・桂陣屋・梶屋敷陣屋

「能生町史　上巻」桂村陣屋　能生陣屋　昭和六ー一年
「ふるさと再発見」　能生ふるさとサークル　平成二ー一年
「角川地名大辞典　新潟県」　角川書店　平成三年
※現地調査　平成二十七年十月（能生宿、梶屋敷宿）
平成二十九年十一月（桂集落）

◆満願寺陣屋

「新津市史　通史編　上巻」　平成五年
「角川地名大辞典　新潟県」　角川書店　平成三年
※現地調査　平成二十九年六月

◆竹森陣屋・塚野山陣屋・千谷沢陣屋・相野原陣屋

「寺泊町史　通史編上巻」竹森陣屋　平成四年
「越路町史　通史編　上巻」塚野山陣屋　平成十三年
重要文化財長谷川邸内展示絵図　塚野山陣屋
『刈羽郡の幕府領を探る』本山幸一「柏崎刈羽」第三六号　千谷沢陣屋　二〇〇九年
「角川地名大辞典　新潟県」　角川書店　平成三年
※現地調査　平成二十七年七月（塚野山陣屋・千谷沢集落）平成二十八年十月（竹森集落）平成二十九年八月（相野原陣屋・千谷沢陣屋）・十一月（竹森集落）

◆千手陣屋・上野陣屋・塩澤陣屋・六日町陣屋・浦佐陣屋・大崎陣屋・片田陣屋・虫野陣屋

「川西町史　通史編上巻」千手陣屋　上野陣屋　昭和六十二年
『千手陣屋のこと』上村政基「町史こぼれ話第一集」川西町史編さん委員会　昭和五十六年
「川西町の歴史（草稿）」上村政基　千手陣屋　平成十四年
「南魚沼郡誌」　大正九年
『御蔵小路』遠藤利和　郷土誌編さん誌「みなみうおぬま」第八号　六日町陣屋　二〇一一年
『塩澤陣屋の門』本山幸一　郷土誌編さん誌「みなみうおぬま」第八号　塩澤陣屋　二〇一一年
「角川地名大辞典　新潟県」　角川書店　平成三年
※現地調査　平成二十七年六月（塩澤陣屋、浦佐集落、虫野伊米ヶ崎集落）・七月（六日町陣屋、千手集落、上野集落）平成二十八年六月（大崎集落）
平成二十九年六月（千手陣屋）・十一月（上野集落）

◆塩野町陣屋

「国別城郭・陣屋要害台場事典」　東京堂出版　二〇〇二年
※現地調査　平成二十七年五月

◆鶴子銀山陣屋・河原田陣屋・小木陣屋・湊陣屋

「日本城郭大系7新潟・富山・石川」小木港役屋遺構図　新人物往来社　昭和五十五年
「新潟県中世城館跡等分布調査報告書」小木城山　新潟県教育委員会　一九八七年
鶴子銀山史跡案内板解説
獅子が城史跡案内板解説
HP 余湖くんのお城のページ
※現地調査　平成二十七年九月（鶴子陣屋、河原田陣屋）・九月（小木陣屋）

参考書籍と現地調査

◆越後府

「水原郷土資料」第二十六集　水原町教育委員会　平成九年

越後府史跡案内板解説

※現地調査　平成二十六年十一月

◇幕府代官陣屋・大名出張陣屋

「江戸幕府の代官群像」同成社江戸時代史叢書1　村上直　同成社　一九九七年

「幕領陣屋と代官支配」近世史研究叢書4　西沢淳男　岩田書院　平成十年

「徳川幕府領の形成と展開」同成社江戸時代史叢書28　和泉清治　同成社　二〇一一年

◇台場

「国別城郭・陣屋要害台場事典」　東京堂出版　二〇〇二年

◆洲崎台場・田伏台場・横町台場・須沢台場・岩ヶ崎台場・後山台場・池の平台場・大浜平台場・青海川向田台場・笠島岩の谷台場・竹ヶ鼻台場・柿崎鍋屋町台場・上下浜堂の鼻台場・下土底塩地頭台場・行野浜古宮台場・高崎新田市野町台場・今町塩谷新田台場・虫生岩戸台場・長浜台場・有間川家浦台場・名立小泊浜平台場・徳合馬鍬台場・藤崎塩浜台場・能生町古川尻台場・鬼伏崩山台場・中宿扇谷台場・青海荒登台場・外波台場・風羽見台場・市振角が鼻台場・小川台場

「新潟市史」通史編2近世（下）　一九九七年

「能生町史　上巻」　昭和六十一年

◆能生町村台場

「榊原家のれきし絵巻」　上越市立総合博物館　平成十七年

◆高崎新田市野町台場・蜂崎村大間々台場・柿崎村鍋屋町台場・笠島村岩の谷台場・下土底浜塩地頭台場・市振村風羽見台場

企画展図録「描かれたふるさと」　柏崎ふるさと人物館　平成二十四年

「北国街道を歩く」　古宮台場　岸本豊　信濃毎日新聞社　二〇一〇年

『車輌形台場惣図』　天保十五年　新潟佐渡デジタルライブラリー　新潟県立文書館

『台場絵図面』天保年間　新潟佐渡デジタルライブラリー　新潟県立文書館

中宿台場史跡案内板解説

あらた浜（小川台場）史跡案内板解説

※現地調査　平成二十七年六月（中宿台場）・九月（小川台場）・十月（能生台場　古宮台場）平成二十八年十月（後山台場）平成二十九年五月（虫生岩戸台場　番神岬台場）・十一月（五十嵐浜台場）

◇関所・番所

「新潟県史　資料編6近世　上越編」口絵　昭和五十六年　関川、鉢崎、市振関所絵図

「十日町市史　通史編」　平成七年

「上田村郷土誌」　昭和五十一年

『悪田鯨波間街道海岸絵図』　新潟佐渡デジタルライブラリー　新潟県立文書館

『越後国頚城苅羽魚沼古志三嶋郡絵図』天保年間成立　新潟佐渡デジタルライブラリー　新潟県立文書館

「近世関所探訪」うすいの歴史を残す会　桑原剛志　上毛新聞社　二〇一四年

「北国街道を歩く」関川関所　鉢崎関所　岸本豊　信濃毎日新聞社　二〇一〇年

『関川の関所絵図』　新潟佐渡デジタルライブラリー　新潟県立文書館

史跡関川の関歴史情報館内資料

※現地調査　平成二十六年十一月（八木沢口留番所旧荒砥城）平成二十七年九月（関川関所）平成二十八年七月（上関口留番所）平成二十九年五月（市振関所・鉢崎関所）・十一月（山内口留番所）

参考書籍と現地調査

◇本誌掲載中世城郭

「週刊　日本の城」　デアゴスティーニ・ジャパン　二〇一一〜二〇一五年

◆春日山城・坂戸城・栃尾城

「新潟県中世城館跡等分布調査報告書」　新潟県教育委員会　一九八七年

◆渡部城・護摩堂城・蔵王堂城・栃尾城・下倉城・坂戸城・犬伏城・直峰城・春日山城

パンフレット「坂戸城跡」「直峰城跡」

つばめ文化財だより第三号「渡部城」　二〇一四年

春日山城史跡案内板解説

犬伏城史跡案内板解説

蔵王堂城史跡案内板解説

HP　古城址狂が行く！　越後古城址―館跡

HP　余湖くんのお城のページ

HP　城郭放浪記

※現地調査　（春日山城）平成二年七月　平成二十年七月　平成二十五年二月　平成二十七年九月（栃尾城）平成二十一年三月　平成二十九年十一月（下倉城）平成二十八年六月（犬伏城）平成二十七年七月（直峰城）平成二十七年十月（根知城）平成二十七年十月（渡部城）平成二十七年六月（護摩堂城）平成二十八年六月（坂戸城）平成二十一年三月（蔵王堂城）平成二年七月　平成二十六年十月（鷹持城）平成二十八年六月（茶臼山城）平成二十八年七月（室野城）平成二十八年七月

◇新潟県の近世城郭と陣屋一般

「新潟県史　資料編6近世一」　一九八一年

「新潟県史　資料編7近世二」　一九八二年

「新潟県史　資料編8近世三」　一九八三年

「新潟県史　通史編3近世一」　一九八七年

「新潟県史　通史編4近世二」　一九八八年

「角川地名大辞典　新潟県」　角川書店　平成三年

「新潟県の歴史」　山川出版社　一九九八年初版　二〇一二年二版

「日本歴史地名大系15　新潟県の地名」　平凡社　平成九年

越後佐渡デジタルライブラリー　新潟県立図書館・新潟県立文書館

あとがき

私の郷土栃木の「近世城と陣屋」の特徴といえば、奥州の勢力から江戸を守るという北への意識と日光社参のための街道や御殿の整備があげられた。対して、新潟の「近世城と陣屋」の特徴は、天領陣屋の分布と変遷、中でも「おたや」と称された多数の出張陣屋の存在である。新潟の陣屋を調べてみて初めて、民俗学的な意味ではない「おたや」という言葉に接したことは、私にとっては大きな収穫であった。

平成二十六年秋から本格的にスタートした執筆は、昨年度に擱筆する目論見であったが、結果として一年の上梓延期となった。まだ知り得ていない情報があるはずだ。という思いが擱筆を遅らせたからである。この二、三年は県内各市の図書館を調べ回り、「おたやとの格闘」であった。結果、次第に得られる新情報は確実に減り、このあたりで一区切りしてもよいかと思えるようになった。

私が初めて新潟の近世城郭を訪れた昭和の終わりから平成の初めころは、高田城三階櫓も新発田城御三階櫓もまだこの世に存在していなかった。昨今の城ブームに押されて、きれいになった城跡が増えたのは大変喜ばしい。遺構が全く消滅した長岡城でさえ、市内に牧野氏を顕彰する資料室が造られ、御三階櫓の精巧な復元模型が展示された。一方、災害などで倒壊の危機にある建造物や一旦は住民の力で整備された小城塞が、その後の管理ままならず元の山林に戻りつつある現状も見た。

陣屋のどこで「城との線引き」をするか、新潟の調査を終えても結論は出なかった。むしろ「おたや」を知ったことで課題は一層複雑になった気がする。

この度の出版に際しても、随想舎の石川栄介さんにお世話になった。感謝申し上げたい。

平成二十九年晩秋は、数えればもう十四回目の新潟訪問であった。

平成二十九年　歳末

杉浦昭博

[著者略歴]
杉浦昭博（すぎうら　あきひろ）
1960年、栃木県鹿沼市生まれ　國學院大學文学部史学科卒
日本城郭史学会会員　栃木県歴史文化研究会会員
鹿沼史談会会員

[主な著作]
『近世栃木の城と陣屋』（随想舎　1997年）
『改訂増補 近世栃木の城と陣屋』（随想舎　2011年）
『大関台遺跡』栃木県埋蔵文化財調査報告書第251集（2001年）
「天正期宇都宮氏の城・館についての一考察」栃木県埋蔵文化財センター研究紀要第九号（2001年）
『北の前遺跡』中・近世の章　栃木県埋蔵文化財調査報告書第252集（2002年）
「中世の久我と久我の城についての一考察」『鹿沼史林』第42号（2002年）
「西方氏・西方城考」『鹿沼史林』第43号（2003年）
「粟野城と諏訪山城をめぐる一考察」『鹿沼史林』第47号（2007年）
「八坊舘考」『鹿沼史林』第48号（2008年）
「鹿沼城御殿場考」『鹿沼史林』第49号（2009年）
「小山義政の乱と粕尾の城」『鹿沼史林』第51号（2011年）
「壬生城移築門について」『鹿沼史林』第52号（2012年）
「烏山城の縄張り遺構について」『烏山城跡確認調査概報』（2014年）

近世新潟の城と陣屋

2019年4月10日　第1刷発行

著　者●杉浦昭博
〒322-0021 栃木県鹿沼市上野町65-3

発　行●有限会社 随想舎
〒320-0033 栃木県宇都宮市本町10-3 TSビル
TEL 028-616-6605　FAX 028-616-6607
振替 00360 - 0 - 36984
URL http://www.zuisousha.co.jp/

印　刷●シナノ パブリッシング プレス

装丁●塚原英雄
定価はカバーに表示してあります／乱丁・落丁はお取りかえいたします
© Sugiura Akihiro 2019 Printed in Japan
ISBN978-4-88748-366-8